身体の文化人類学

―身体変工と食人

新装版

吉岡郁夫 著

Yoshioka Ikuo

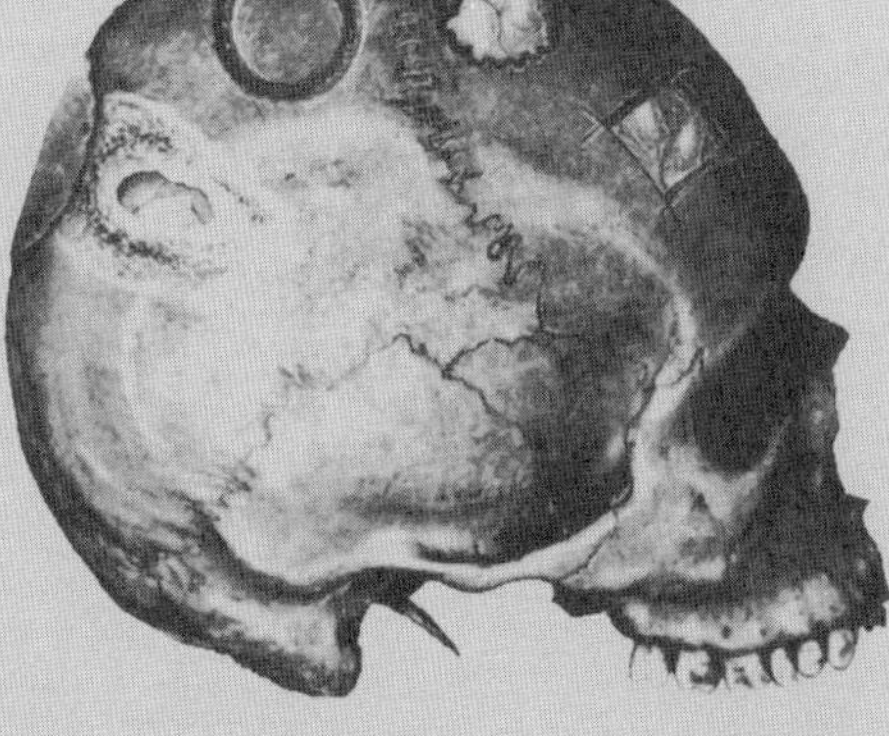

雄山閣

〈新装版〉刊行にあたって

本書は、弊社より平成元年（一九八九）十二月に刊行された〈初版〉を底本とした〈新装版〉ですが、より読みやすくなるよう判型や文字が大きくなっております。なお、本文中の地名や学術用語等に関して、今日の観点から一部に不適切な表記や表現が見受けられますが、本書の資料的価値や発表時の時代的背景などを考慮し、原文通りにいたしましたこと何卒御了承願います。

（雄山閣編集部）

はじめに

人体には、生れつき備わった形態のほかに、生後、その人の習慣や生活の過程で、種々の変形や傷痕などが刻みこまれる。このような〝人体の履歴書〟ともいうべき痕跡のなかには、生理的なものもあるが、とくに著しいものは、身体変工と総称される変形であろう。

身体変工とは、この本文の最初で説明するが、入墨や抜歯のように、身体に永久的な人工的変形を加えるものである。そのなかには、文明社会で生活している人々には、想像できないようなものが少なくない。本書はそれに食人を加え、人体に関する文化人類学的な対象について述べたものである。

ここに収めた個々の項目について書かれた著書や報告は多いが、一冊にまとめた本は、日本でははじめてなので、概説書、入門書としての存在価値はあると思う。このような習俗は、従来、ともすれば〝奇習〟として好奇の目で見られがちであった。しかし、それを社会的習俗としている社会では、それは奇習でも何でもない。それらが、われわれの文化とは違った文化の一つであることを、理解しなければならない。これからますます進んで行くであろう国際化のなかで、このような認識の上に立って、考えたり行動しなければならない。

なお、この内容は講義ノートに手を入れたものであって、自分の調査した資料はなく、すべて引用によるものである。それに、できるだけ医学的な業績も紹介し、所々に自分の意見もつけ加えてお いた。もう一つお断りしておくことは、本文では「私」という第一人称を用いたが、敬称はすべて省略させていただいた。

この原稿が世に出ることになったのは、愛知大学豊橋校の木下忠教授のおかげである。出版に際して直接お世話になった、雄山閣出版株式会社の芳賀章内編集部長は木下氏の御紹介による。筑波大学の佐野賢治教授には、木下氏とともにこの機会を与えていただいた。また、本稿をまとめるに当って、愛知学院大学歯学部の中垣晴男教授から貴重な蔵書をお貸りした。伊勢民俗学会の堀田吉雄先生、名古屋民俗研究会の伊藤良吉氏からは文献あるいは資料を提供していただいた。著者の前任校、愛知医科大学医学情報センター（図書館）の森下孝子・坪内政義両氏には文献の収集に当り、いろいろお世話になった。以上の方々に心から厚くお礼を申し上げる。

平成元年三月

著　者

目　次

第一部　身体変工

1　身体変工とは

「身体変工《しんたいへんこう》」という言葉をはじめてお聞きになる方も、少なくないと思う。これは生きている人体の一定の部分に、長期的ないし不可逆的な変形や傷を、意図的につくる習俗である。英語では、mutilation あるいは deformation の語を当て、その訳語として「身体変工」が一般に使われている。mutilate には本来手足を「切断する」という意味があり、それが拡大されて、身体全体の変形を意味するようになった。

この変形は伸長、狭窄、穿孔、切開、切断、縫合、打撃、焼灼などの方法で行い、傷身は皮膚を傷つけたり、毛、爪、歯を抜いたりするものである。こういうと、何か特殊な習俗のように思われがちだが、文明人、われわれ日本人の間でも、身近なところに見られる。例えば、入墨を知らない人はいないだろうし、ピアス（穿孔性耳飾り）をつけるために、耳垂（耳たぶ）に孔をあけるのも、身体変工の一つである。

身体の変形はしばしば偶然に、非意図的に起こることがある。例えば、履物の使用によって足の形が変ることは、日常しばしば経験している。また、いつも馬に乗っている人は脚が曲っている。また、生体ではなく、死体に意図的に手を加えることがある。このようなものは、身体変工から除外するのが普通である。

その目的は地域や社会によってまちまちであり、文化が違えば、身体変工の内容も異なる。一般に呪術、儀礼、医療、美容の目的で行われることが多いが、宗教、地位や所属の表示、刑罰などに関連したものもある。

次に、種々の身体変工の型式を、部位別にあげてみよう。

1　全　身　日本、中国、欧米では、普通細い女性が好まれる傾向にある。最近、日本では、痩せるために、栄養失調で死亡する女性まで現れたが、あまりにも痩せすぎると、非健康的で、かえって性的魅力に乏しい。

その逆の場合にも、同じようなことがいえる。西アフリカなどでは、成熟期の少女を数ヵ月間、隔離して、とくに栄養の高い食物を与えて肥らせる。これらの地方では、極度に肥満した女性が好まれるからである（第2章）。これを見た欧州人は、不健康で不格好なよちよち歩きをしている裕福な女性よりも、激しい労働と貧しい食餌で生活している女性の方が、優美で魅力的だ、といっている。第三者がその地域や種族の習俗について、とやかくいうべきではないが、無理をしてつくられた過度の肥満やるい痩《そう》は、健康という点からは好ましくない。

2　皮　膚　入墨や瘢痕《はんこん》（瘢痕傷身）がこれに入る。皮膚の黒い民族は入墨をしてもあまり目立たないせいか、瘢痕傷身を施すことが多い。

入墨は、古代中国（越、雲南）、シベリア、日本、台湾、フィリピン、東南アジア大陸部、インドネシア、ペルシア、アラビア、オセアニア、カナダ・エスキモー、南北アメリカ・インディアンなどの間に、広く分布している（第4章）。

瘢痕傷身はアフリカの大部分、オーストラリアおよびタスマニア島原住民、ニューギニア、メラネシア（ソロモン諸島、サンタクルーズ諸島、ニューカレドニア島、フィジー諸島）、アンダマン諸島（エレウ族、ホジンギジ族）などで行われている。

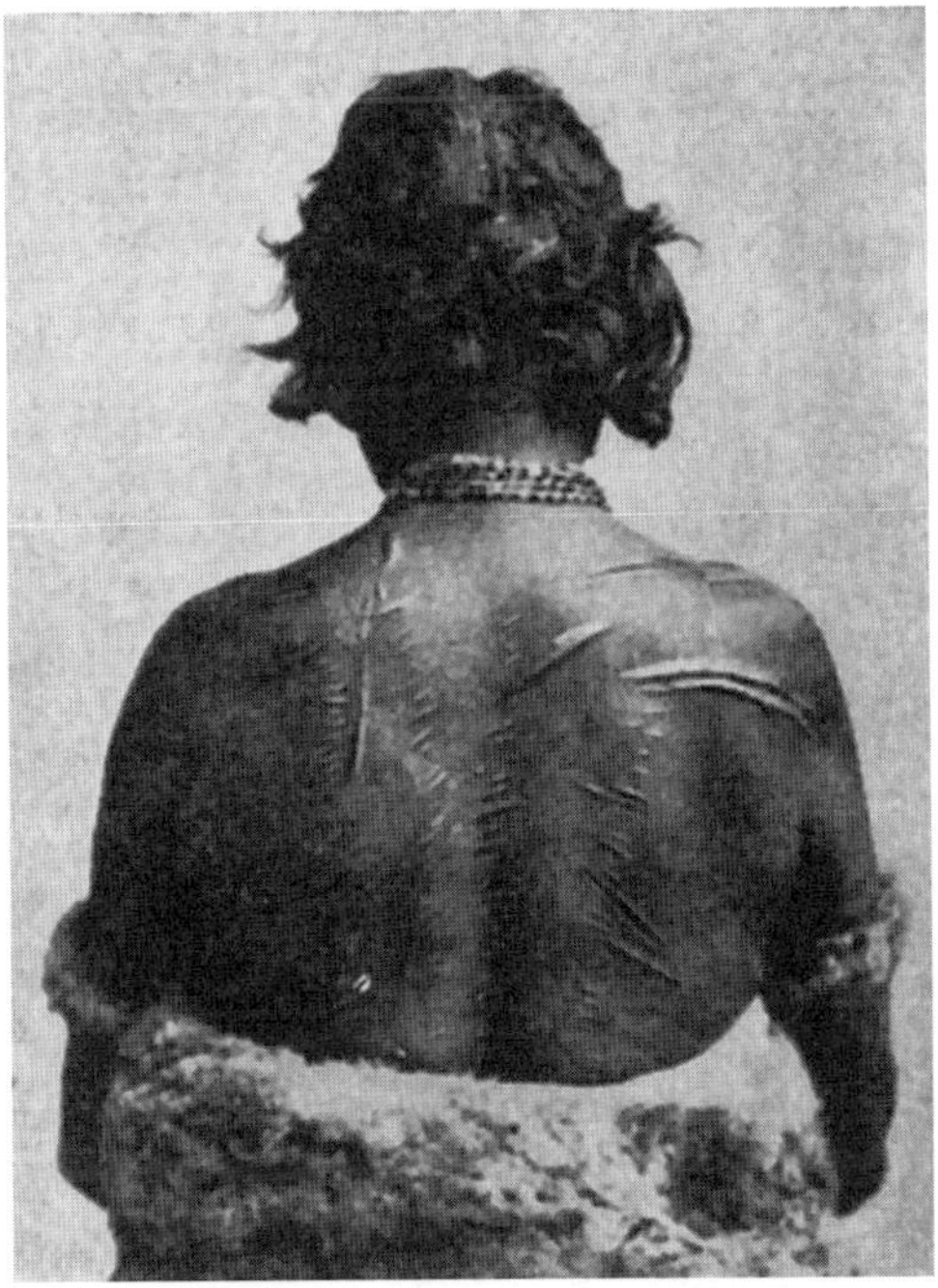

瘢痕傷身　オーストラリア原住民
〈Ploss & Bartels, 1927〉

瘢痕を施す部位とその紋様は地域や部族によって異なるが、紋様は施術の方法からして、入墨よりもはるかに単純である。オーストラリアでは、胸と腹に横線状に線と点を連続した紋様が多い。サンタクルーズ諸島では、顔、胸、背に魚、とかげ、三角形の連続紋様などを描く。施術には、ニューギニアでは黒曜石片、ソロモン諸島では貝殻、オーストラリアでは貝殻あるいは石片、近年ではガラスの破片、アンダマン諸島では水晶の破片を使用していた。傷が速やかに治ると、瘢痕が目立たないので、石灰と木の汁を混ぜたもの（ニューギニア）あるいは粘土や軟泥（オーストラリア）などを傷口に塗って、治癒を遅らせる。

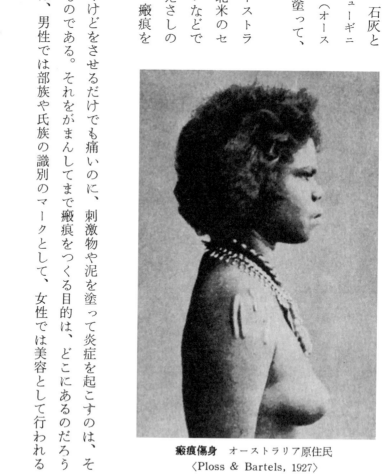

チモール島、北部オーストラリア、ニューギニア、北米のセミノール・インディアンなどでは、火のついている燃えさしの棒ぎれを使った火傷で、瘢痕をつくる。

瘢痕傷身　オーストラリア原住民
〈Ploss & Bartels, 1927〉

皮膚を傷つけたり、やけどをさせるだけでも痛いのに、刺激物や泥を塗って炎症を起こすのは、それ以上に苦痛を強いるものである。それをがまんしてまで瘢痕をつくる目的は、どこにあるのだろうか。これまでの事例には、男性では部族や氏族の識別のマークとして、女性では美容として行われるものが多い。

スーダン南部のディンカ族、マンダリ族、ニァングブワラ族などは、戦闘状態の際、敵味方を区別するために、ニューギニアでも、しばしば氏族の表徴として瘢痕をつける。オーストラリア原住民では、成年あるいは階級の表徴であり、親戚の死亡したときには、服喪のしるしとしても行う。

トーゴ北部のタンベルマ族では、幼女期に施術を始め、成女式までに五回の施術を行って、瘢痕を完成させる。これによって、結婚の条件が整った、とみなされる。ザイールのテテラ族やベナン族では、瘢痕傷身は単なる装飾ではなく、エロチックな魅力を高めるためのものである。皮膚面からもり上った瘢痕ケロイドは、セックスの際、男性に性的な皮膚感覚を起こさせる、といわれる。タンベルマ族のなかで生活した和田正平は、見なれたせいか、傷痕のない女性は不自然に見え、ヨーロッパ人の目には、これがなぜグロテスクとしか映らなかったのだろうか、と首をかしげている。

その他、呪術的治療として、アフリカのオコバンゴ河畔の住民に見られるコメカミ（側頭部）や頬の小さい瘢痕、ニューギニア低地での、写血のための切り傷などがある。

3　頭　蓋

よく知られているのは、人工頭蓋変形であろう。これは先史時代のものを入れると、オーストラリア以外のすべての大陸およびオセアニアの島々で認められている。この習俗はグリーンランドからパタゴニアまでの南北アメリカ、コンゴなどでは、近年まで行われ、一部の地域では、現在でも見られる（第9章）。

頭蓋に穴をあける頭蓋穿孔（穿頭術）は、ヨーロッパ、アフリカ、オセアニア、南北アメリカなどに見られる。この習俗もアフリカの一部の地域で、現在なお行われている（第10章）。

前頭部の手術として、前頭部変工と呼ばれるものがある。これはその部分の皮膚をT字形あるいはL字形に焼いて、骨膜まで達する傷をつくることがある。その一本の線は前頭部から正中線（矢状縫合）に沿って後方へ走り、もう一つの線はそれと直角に、左右の頭頂結節（頭頂部の最も突出している部位）を結ぶ方向に走る。

前頭部変工は、西欧では、セーヌ河とオアーズ河との間の、現在のパリの北方地区に限られ、大部分は女性に行われていた。また、ペルーの先史時代頭蓋にも、T字形のくぼみ、あるいは隆起のあるものが報告されている。ペドロ・ワイスによると、これらは子供が女性に限られ、その多くはT字形の傷痕に骨新生が認められ、施術後も生きていたことを示している。

このような処置がどういう目的で行われたかは、明らかでない。ヨーロッパでは、てんかんや痴呆の治療として、温熱的あるいは化学的焼灼が行われたことが、医学的記録から知られているし、カスピ海西方のデゲスタンの住民が病気を防ぐ目的で、頭蓋焼灼の一型を行っていたことが報告されている。前頭部変工はおそらく治療的処置として行われたのであろう、と推測されている。

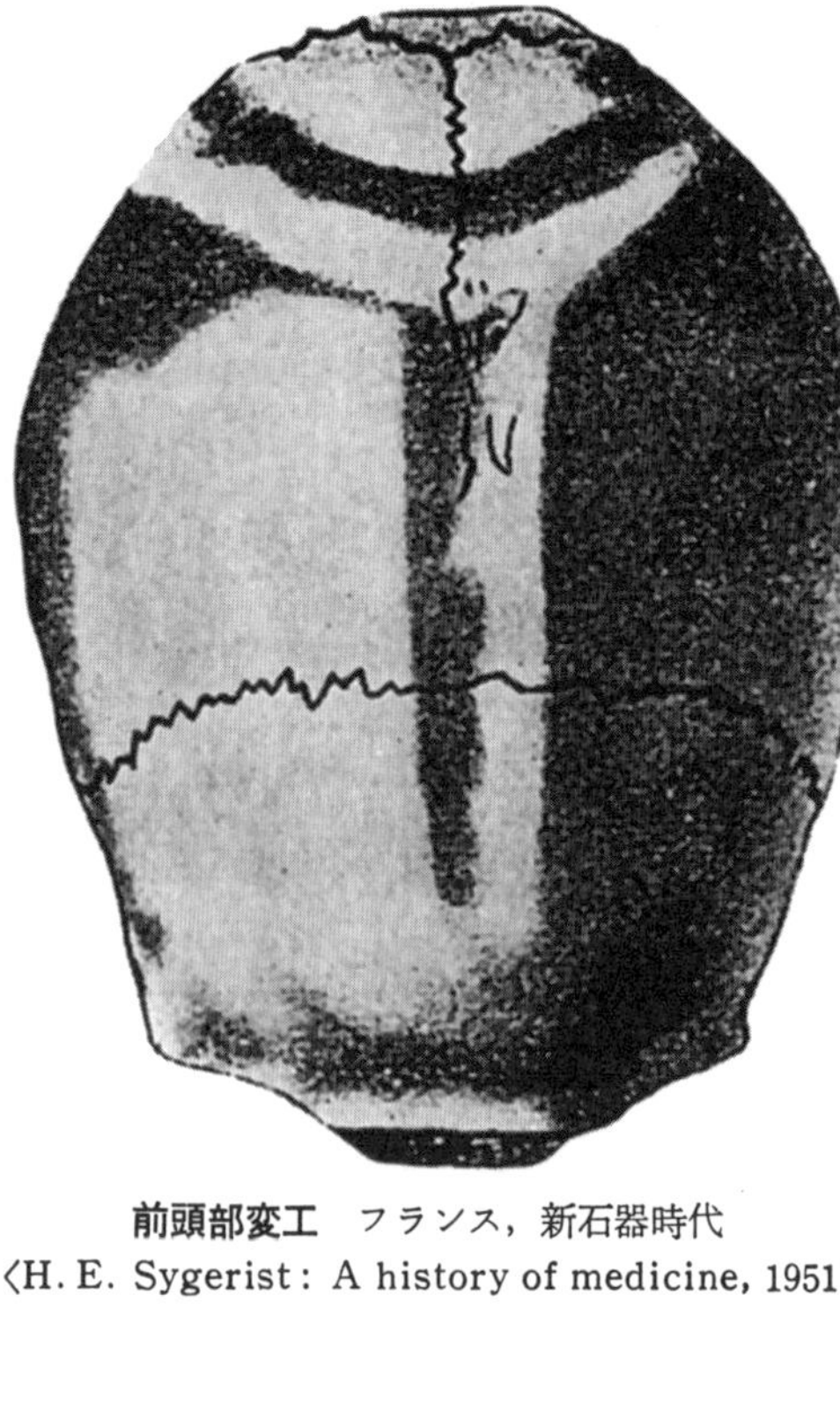

前頭部変工　フランス，新石器時代
〈H. E. Sygerist: A history of medicine, 1951〉

4　顔

顔面の変工は装飾に関係のあるものが多いが、そのために、逆に懲罰の対象になった。

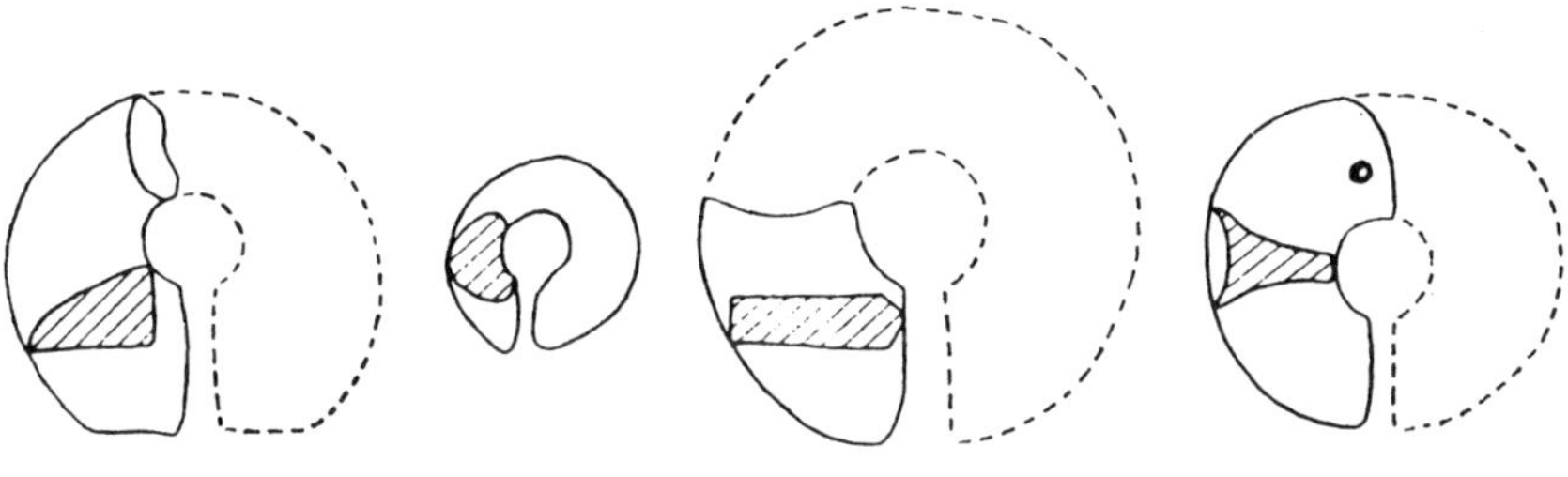

1　2　3　4

縄文前期の土製玦状耳飾り　東日本各地〈高山純：人類学雑誌73巻4号，1965〉

古代メキシコのマヤ族は斜視を美しいと考え、乳児の両目の間に、物を吊して、斜視を起こさせた。懲罰として、盲目にすることは歴史上、多くの社会に見られる。

耳垂《じすい》（耳朶《じだ》）に孔をあけて、耳飾りを入れることは古今東西、あるいは原始社会であると文明社会であるとを問わず、広く世界各地で行われている。この部位は感覚が鈍く、ほとんど痛みを伴わないからである。

耳飾りは古くから行われ、古代エジプトの壁画に描かれているアメノフィス四世（BC一三七五—五八）の娘の像には、王女であることを示す大きな耳輪が表されている。耳飾りはバビロニア、アッシリアでも、さかんに使用された。インカ帝国でも、貴族の嗣子は成人になると、金製のキリで耳垂に孔をあけて、耳輪をはめた。この耳輪は大きいほど地位が高いことを表し、〝太陽の子〟（皇帝）では、装飾品が肩まで垂れ下っていた。スペイン人はそれを見て、インカの貴族を〝大耳〟orejones（orej は耳の意）と呼んだ。

わが国の縄文早期から後期にかけて、玦《けつ》状耳飾りが使用されている。これはその形が、中国古代の玦という腰飾りに似ているので、こう呼

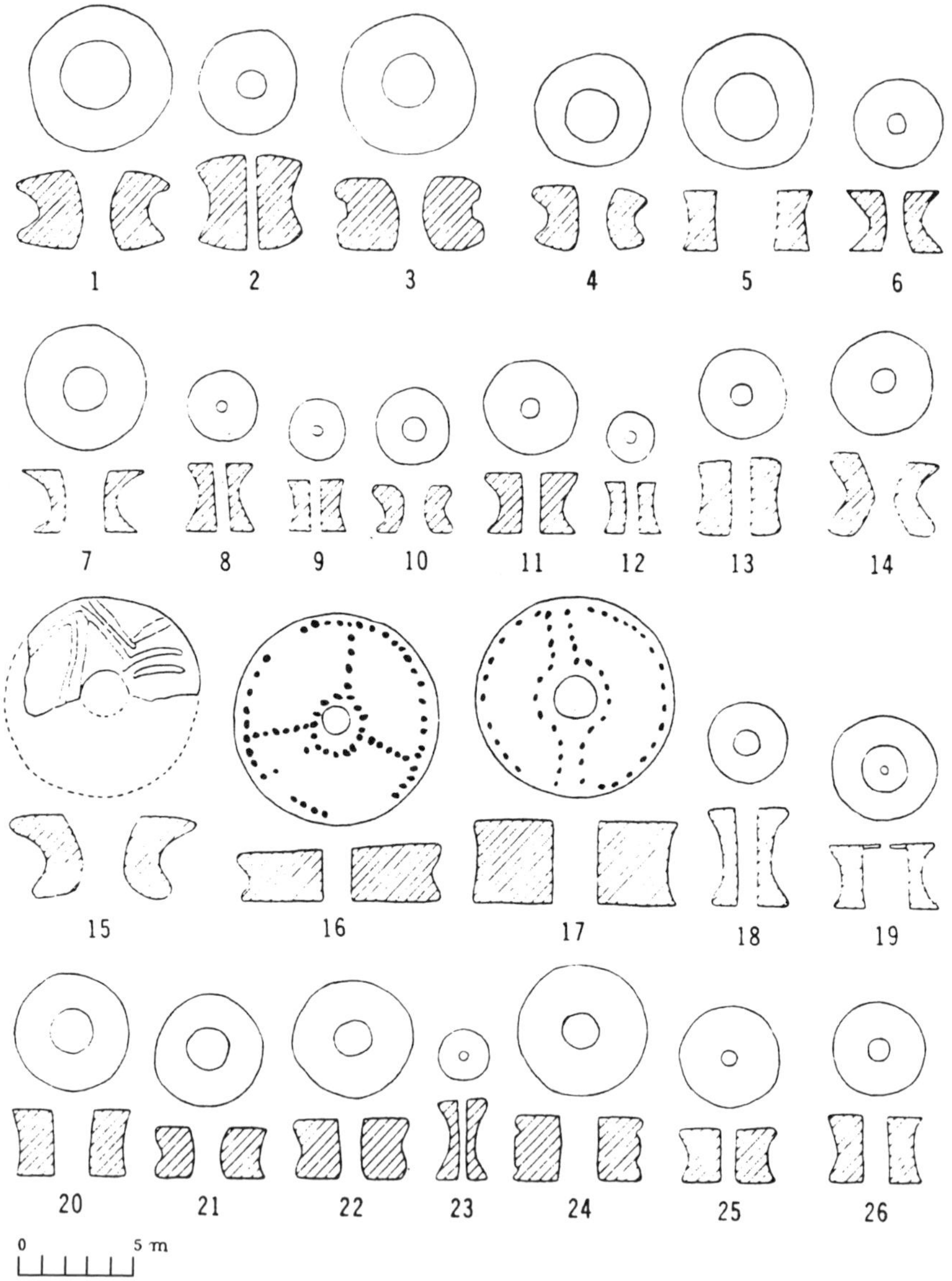

縄文中期の耳栓　中・東日本各地出土〈高山純：人類学雑誌73巻 4 号，1965〉

ばれている。「玦」というのは、輪の一部が欠けているので、ケツ（欠）と称したのだそうである。フィリピンのイガオ族、ニューギニアのパプア人は玦状耳飾りによく似た耳飾りをつけている。

縄文時代の中期後半から晩期にかけて、土製の滑車状耳飾りが流行する。この耳飾りは、その形が耳栓に似ているので、栓状耳飾り、あるいは耳栓と呼ばれることがある。縄文時代の土偶のなかには、この耳飾りを着けた状態を表現したものがある。ソロモン諸島、スマトラ、フィリピンのコンギァン族、台湾のパイワン族およびアミ族、アフリカのある部族、アマゾンのボトクード族などはこれを使用している。材料は部族や個人によって異なり、木、象牙、石、骨、貝、土、硝子、金属が使われ、その大きさも直径一センチ前後のものから、七、八センチに達するものまである。朝鮮楽浪の漢代遺跡、ペルー、メキシコ、北アメリカの先史遺跡からもこの型の耳飾りが発見されている。

縄文時代晩期の土偶　耳栓を表現している．
埼玉県鴻巣市滝馬室出土〈江坂，1960〉

縄文時代に流行した耳飾りは、弥生時代には姿を消し、古墳時代になると、耳輪が現れる。これには二つのタイプがあり、一つは垂飾付耳輪、一つは垂飾のない耳輪である。前者は金、銀あるいは金

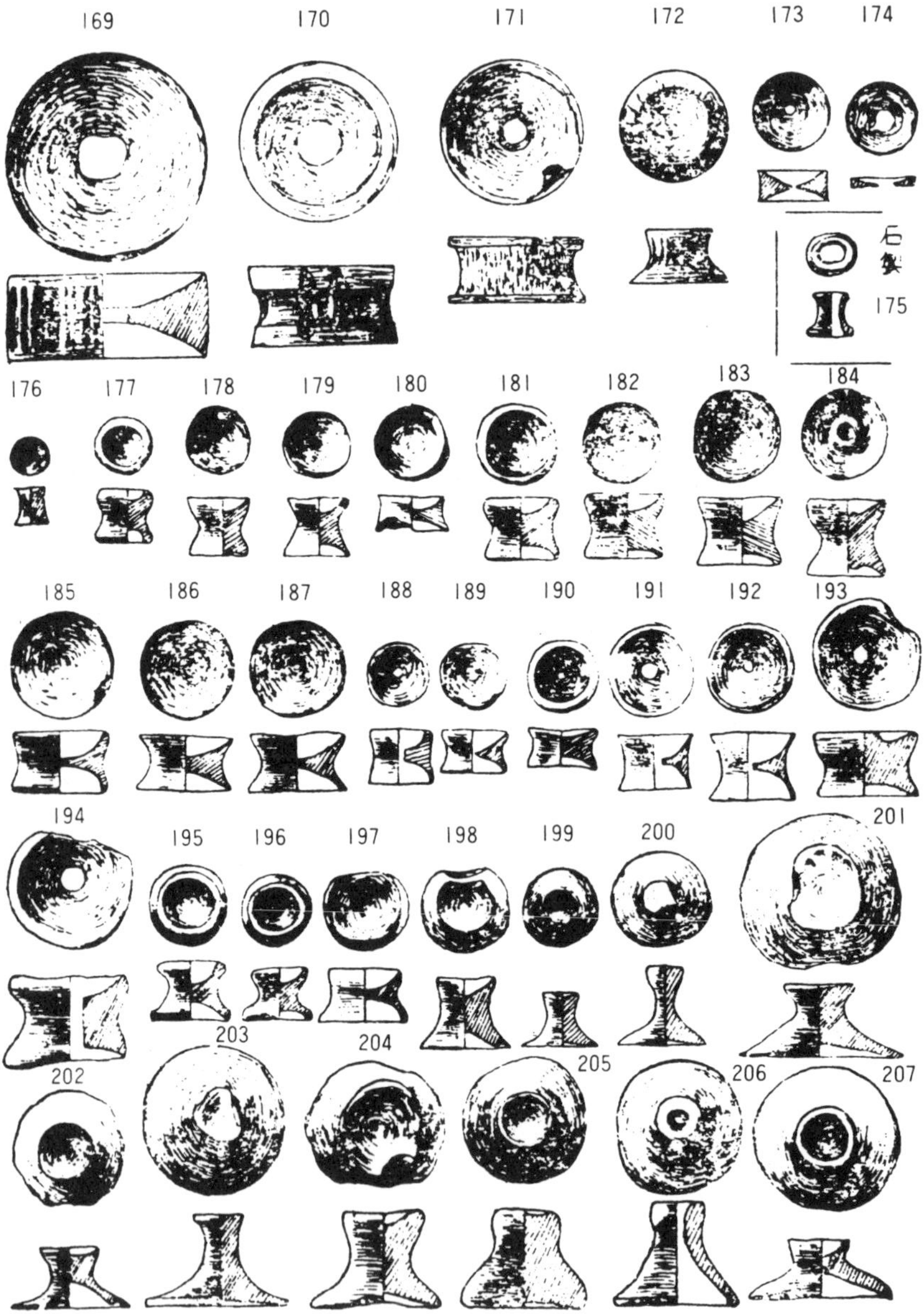

縄文時代の栓状耳飾り（耳栓） 各地出土〈樋口清之：人類学先史学講座14巻，1940〉

銅製で、限られた階級のみに使用され、七世紀にはほとんど影をひそめる。後者は古墳時代の終りまで、広く着用され、農夫の埴輪にまで見ることができる。このタイプの耳飾りは未開人から文明人に至るまで、あらゆる文化過程の民族に見られる。ボルネオのダヤク族では、生後七日目から、耳垂に孔をあけるといわれ、男女とも錫や硝子の輪を数多く吊り下げる。とくに女性は重い耳飾りで、耳垂が長く引き伸ばされる。ボルネオ中部のサプタン族では、耳の長い女性が美女とされ、長いものでは、耳介を三回巻くことができるほどになる、という。

耳飾り　カンボジア・アホング族
〈Ploss & Bartels, 1927〉

最近のように、イアリングをネジで止めるようになったのは、非常に大きな変化であるが、ふたたび昔に返って、ピアスド・イアリングの盛行を迎えている。

台湾のタイヤル族、ニューギニアのパプア人、アッサム地方のミシュミ族、アメリカインディアンの一部では、耳垂の孔に、竹、木、金属製の棒状耳飾りを挿入する。インドネシアでは、竹、真鍮、銀製の管に、花、山羊の毛、羽毛などを挟みこむ。ニューアイルランド島、マーシャル諸島、ギルバート諸島などで、植物の葉を巻いて、耳垂の孔に挿しこむのも、このタイプに入れることができるだろう。

　耳垂以外の部位に孔をあける例は、比較的少ない。トランスバールのバスト族は耳輪（耳介の外縁）と耳垂との間に孔をあけ、モザンビークのマクア族少女は数個の孔をあける。ボルネオのペニアボング族では、男は三カ所、女は耳介の中央部と耳垂の二カ所に孔をあける。懲罰として耳介を切り取ることは、北アメリカの諸部族において行われた。

　鼻の装飾には、鼻棒（棒状鼻飾り）、鼻環、ボタン状鼻飾りなどがあるが、文明人の間には見られない。鼻棒は鼻中隔に孔をあけて挿しこむものである。棒は木、骨、貝、べっ甲などで作られ、その長さは部族や個人によって不定であるが、ニューギニアでは、顔の幅とほぼ同じか、それよりもやや長いものが用いられる。ニューギニアでは、鼻飾りは高地や南岸の住民に見られ、鼻に孔をあけないものは、死後、食物の乏しいところへ行かなければならない、という信仰がある。ヤップ島でも、ヤシ

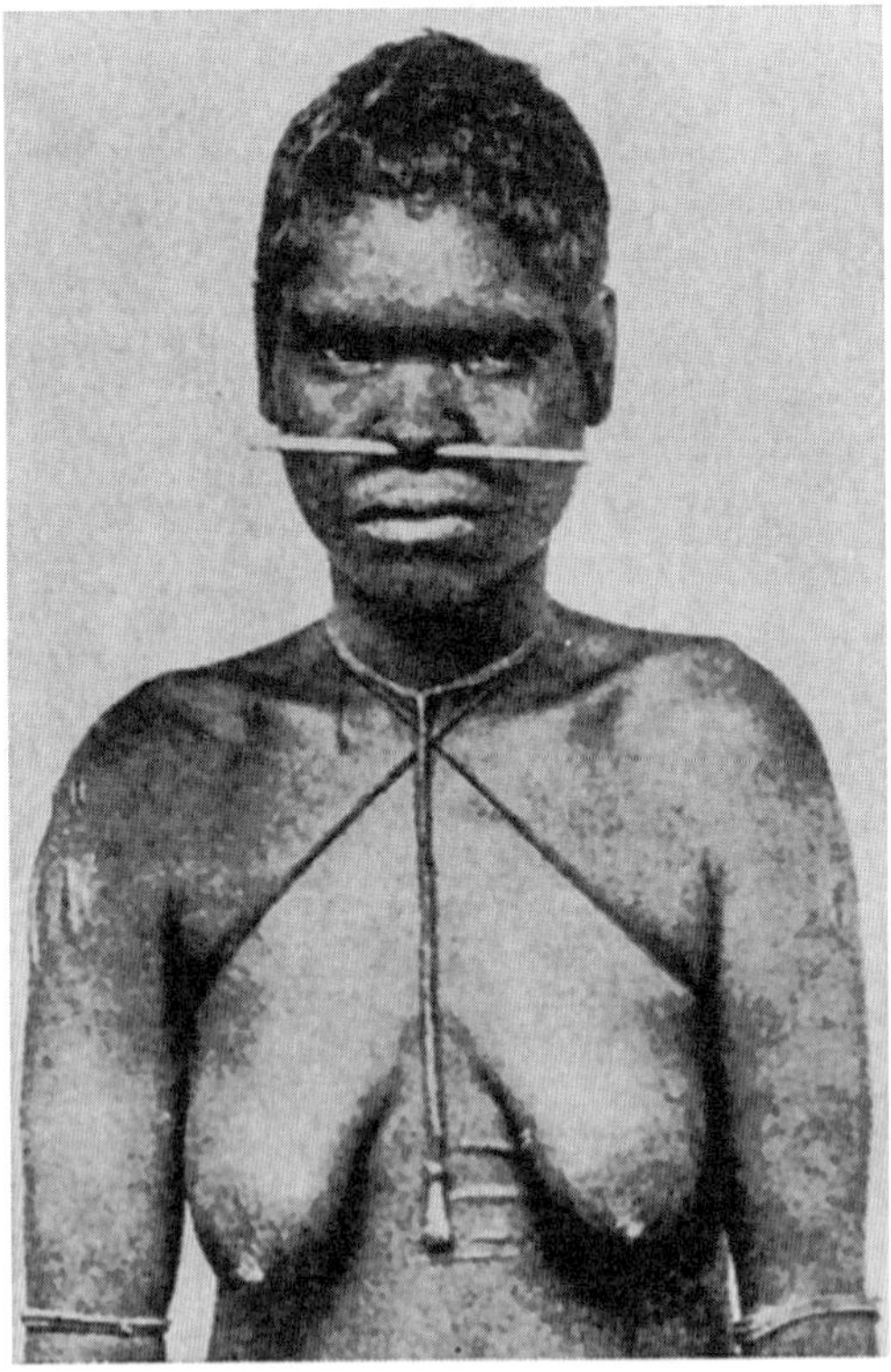

鼻　棒　オーストラリア原住民，クイースランド
〈Ploss & Bartels, 1927〉

の葉柄で作った短い棒をつけ、鼻に孔をあけないと、死後、霊魂が天に昇ることができない、といわれていた。その他、鼻棒はオーストラリア原住民、マレー半島のセマング族、ソロモン諸島、ニューアイルランド島、サンタクルーズ諸島、アメリカインディアンの一部、アフリカ黒人の一部などで用いられていた。

鼻環には、鼻中隔の孔に金属製あるいは貝製のリングをつけるものと、鼻翼（コバナ）に孔をあけて着用するものとがある。前者はソロモン諸島、ニューギニア、アフリカ黒人の一部、アメリカインディアンの一部、インドのイスラム教徒などに見られる。後者は比較的少なく、インドのヒンズー族女性は左側の鼻翼に孔をあけて、葉状の飾りを吊り下げるが、現代では簡単なピン状のものを好んでつける。サンタクルーズ諸島の男性は鼻中隔の鼻棒に加えて、鼻翼に真珠貝の鎖をつけることがある。

ボタン状鼻飾りは鼻翼に一個だけ着けられる。類例が少なく、アッサムのナガ族、アフリカ黒

口唇飾り　19歳の南アメリカインディアン少女，ガイアナ〈Ploss & Bartels, 1927〉

人の一部、アメリカインディアンの一部に使用された。

メキシコ中南部のインディアンやアイヌでは、姦通の罰として、鼻が切り落とされた。

下唇、ときには上唇に孔をあけて、栓状あるいは留針状の装身具を挿入することがある。これはわれわれの目から見ると、奇異に感じるが、アフリカの一部、南アメリカ低地の原住民、北アメリカ北西海岸のインディアンやエスキモーでは、普通に行われていた。古代メキシコ・アツテケンの戦士も唇栓を用いていた。

これらのうち、有名なのは、中央アフリカのサラ族（アメリカの興行師P・T・バーナムの広告に誤ってウバンギ族の名が使われたので、一般にウバンギ族として知られている）と、アマゾンのボトクード族である。サラ族の女性は口唇に割れ目をつくり、それを徐々に拡大して、上唇には直径が平均約一〇センチの皿形の唇栓、下唇に約一八センチの栓を入れる。ときには下唇に直径二三—二五センチもある唇栓を入れることがある、といわれる。彼女らの写真を見ると、まるでアヒルのくちばしのようである。ボトクード族の男は下唇に、直径約一〇センチの栓を入れる。botoque はボ

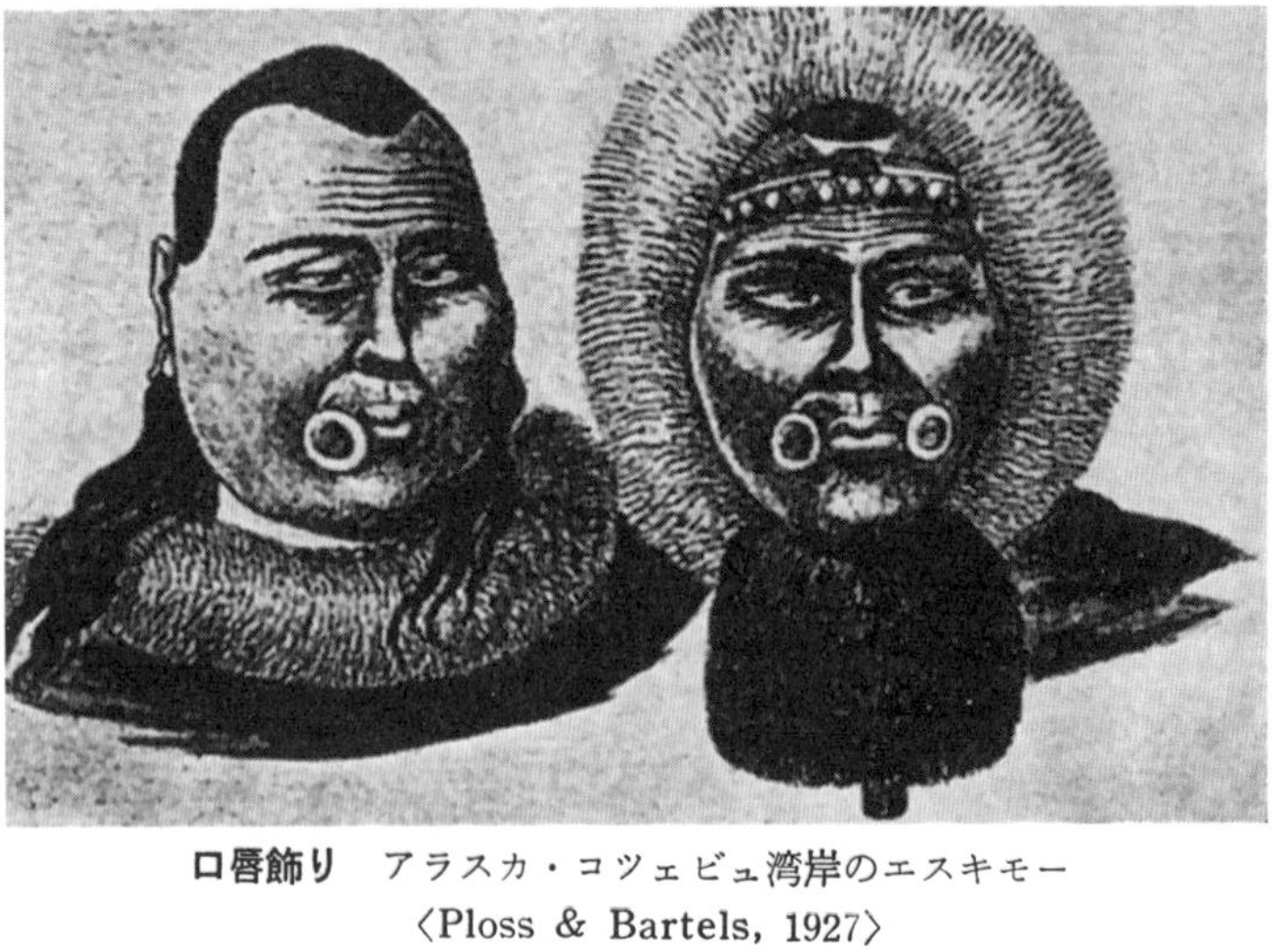

口唇飾り　アラスカ・コツェビュ湾岸のエスキモー
〈Ploss & Bartels, 1927〉

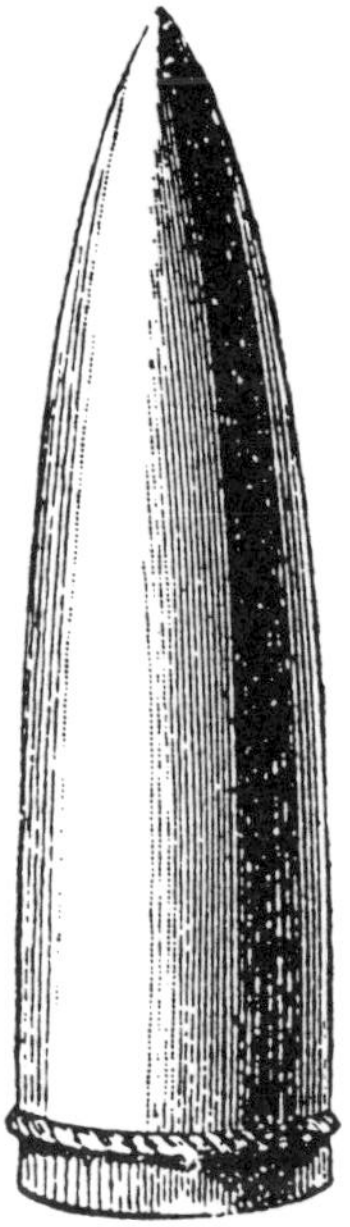

石英製の口唇装飾
上ナイル〈Ploss & Bartels, 1927〉

口唇の人工的変形　チャド湖東南のサラ族〈Ploss & Bartels, 1927〉

ルトガル語で「栓」の意であり、この装飾をはじめて見たポルトガル人が、それをいかに奇異に感じたかが察せられる。

5　歯　健康な歯を抜いたり、人工的に変形させる習俗がある。そのなかで、最も普通に行われていたものは、抜歯である。抜歯は先史時代から、日本、中国、南アメリカなどで行われ、近年は東アジア、東南アジア、オーストラリア、メラネシア、アフリカに及んでいるが、ヨーロッパには少ない。現在でも、この習俗は一部の地域で行われている（第11章）。

歯牙変形としては、歯を打ち欠いたり（欠歯）、尖らせたり（尖歯）、切りこみを入れる（叉状研歯）ことがあり、アフリカ諸族や中央アメリカでは、集団のマークとして行われた。これらの処置は非常な苦痛を伴うものであるから、成人式やイニシエーション（参入）の目的で行われたこともあったと思われる。縄文時代には、叉状研歯が見られるが、抜歯に比べて著しく少なく、河内国府遺跡、三河伊川津、保美、吉胡、平井貝塚などの発見例を合わせても、一〇例内外にすぎない。

歯を黒く染めるお歯黒は、南インド、ビルマの山地諸族、マレーシアの一部、日本、朝鮮などで行われた。日本では、平安時代からさかんになり、明治の終りごろまで、既婚のしるしとして女性が行っていた。

古代アテスカ族やマヤ族は、供犠の一つとして、舌に棘のついた細綱を通したという。オーストラリアのある部族では、イニシエーションのとき、舌の下に深い切り傷をつくって、血を採った。ヨーロッパやアフリカでは、刑罰として舌を切断したことが、歴史に見えている。

6　首　ビルマのパダウン族の女性は首の長いことでよく知られている。女子は五歳ごろに、高さ一〇センチぐらいの真鍮あるいは銅製の、らせん状の首輪をつける。二年ぐらい経つと、さらに長いらせんにつけ替える。このころには、自分で首を支える力を失っているので、つけ替えるときには、

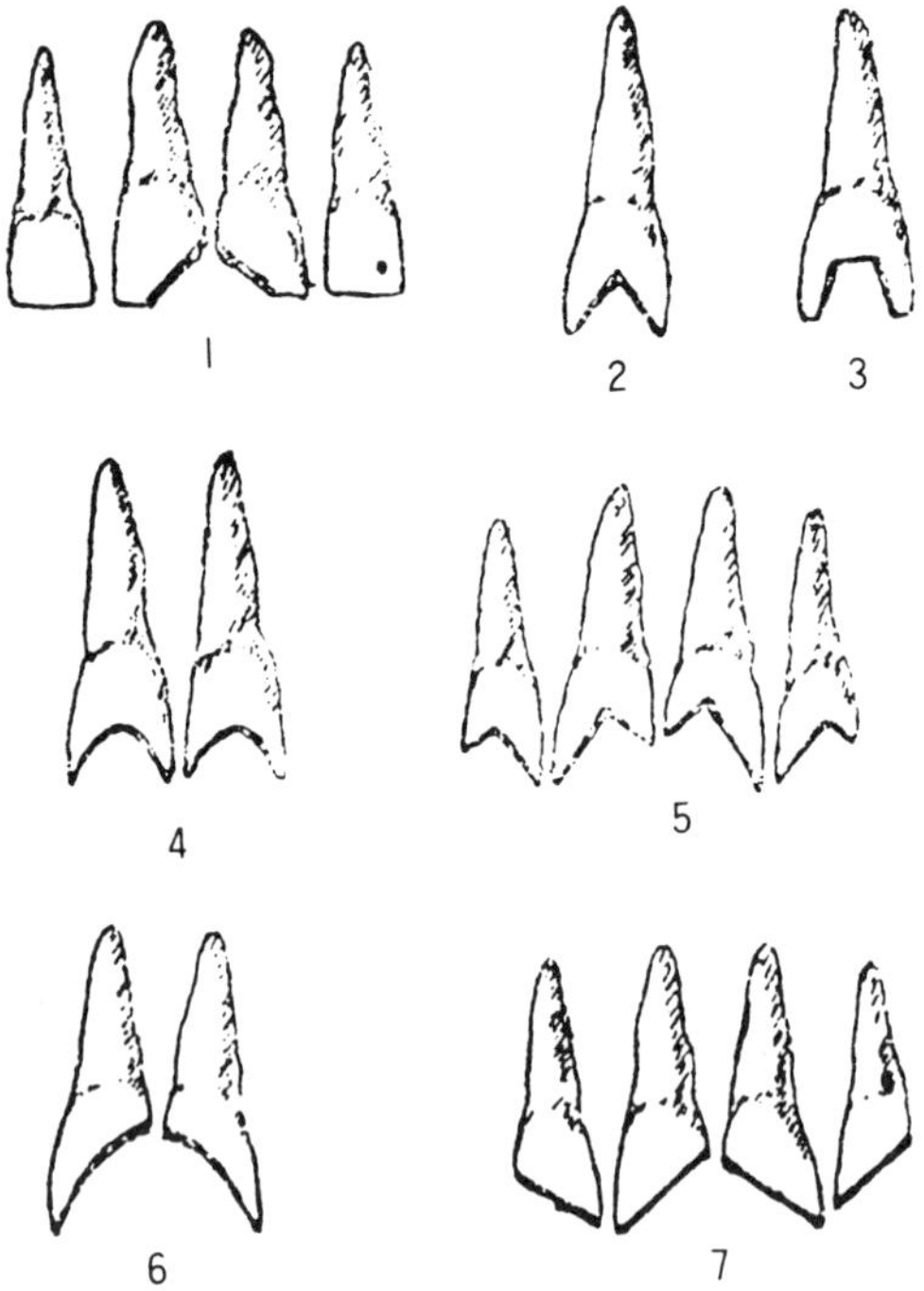

隅角研歯(1)と叉状研歯の諸型
(1・5および7は上顎左右第1・2切歯，2～4および6は上顎第1切歯を示す)
〈鈴木誠：人類学先史学講座12巻，1941〉

母親が頭を支えてやらなければならない。こうして、何年ごとかに、長い首輪に替えて、長さが三八センチぐらいになるまで引き伸ばす。この場合、約四個の胸椎が首輪のなかに引き上げられる、という。

この首輪は主に装飾の目的で行われるが、富や地位の象徴でもあり、首輪をした娘は結婚相手として高く評価される。パダウン族自身は、首輪の起源を、それが発生した中国ではトラが多く、トラにのどを嚙まれないように、防具として首輪をつけるようになった、と説明している。首輪をつけた女性は腰を折り曲げないと、自分の足もとを見ることができない。また、汗をかくと、銅に緑青が浮いて、皮膚がただれてくるので、首輪と肌との間に濡れた布を入れ、それを上下に動かして、首輪と皮膚を拭いている。この手入れは毎日二回行う、という。彼女らはこのように不自由な生活を一生強いられることになるが、この風俗もしだいに少なくなっている。

この首輪を外すと、首は支柱を失って、だらりと垂れてしまう。不貞を働いた女性は罰として首輪を外される。その女性は横になるか、両手で頭を支えて、残りの人生を暮らさなければならない。

7　体　幹

映画「風と共に去りぬ」を見た人のなかには、主人公のスカーレット・オハラが、舞踏会に出るため、召使いにコルセットを締めてもらう場面を憶えておられる方があるだろう。ヨーロッパでは、中世から十九世紀にかけて、コルセットで女性の腰を締めて、細く見せようとした。このため、胸郭や内臓に永久的な偏位や変形が生じた（第2章）。

日本でも、帯を締めると、かなりの圧力がかかった。江戸時代以前の女性の帯は幅が一〇センチぐらいだったが、しだいに幅が広くなり、二〇センチにもなった。それとともに、帯の材料も厚手のものに変っていった。それによって、胸郭の下部が変形し、肝臓にも帯による浅い溝を生じることがあった。東京帝国大学で医学を教えていたE・ベルツは、日本女性の姿勢が悪いのは、非活動的な着物と帯のせいだ、と警告したが、効果がなかった。

女性の乳房は性的魅力の対象であるから、話題には事欠かないが、人工的変形は比較的少ない。大きい乳房を好むパヤグァ族（パラグァイ）では、少女期からそれを引っ張り続け、子供に背負ったままで乳を与えることができるほど、長くすることがある。それに対して、十六、七世紀のスペインでは、美的な理由から、胸に鉛板を当てて縛り、乳房の発育を抑えた。乳頭（乳首）にリングや鎖をつける習俗はコロンビア、北アフリカのカビール族、中世のヨーロッパで行われた。乳頭のリングは乳腺を傷つけないので、授乳には差し支えない。

その他、西洋古典伝説のアマゾン（女族）の右乳房除去、去勢派（十八世紀ロシアのキリスト教の一宗派）による両側の乳頭ないし乳房の除去、ハムラビ法典による刑罰としての両側乳房の切断などがある（第3章）。

8　四　肢

下肢をバンドで締めつける習俗には、足根部（足首）から腓腹部（腓）までを、ソックス状に締めるものと、靴下どめのように、下腿の二、三カ所を締めるものとがある。前者の例としては、アフリカのある種族では、膝から足関節部までの下腿を、金属製のリングでおおっている。後者には、西インド諸島やガイアナの女性のように、膝から下を、バンドで締め、バンドの間では、筋肉が著しく膨れている。

手指の切断は供犠の一つあるいは哀悼傷身として行われるのが普通である。哀悼傷身とは、ある個人が死亡したとき、その遺族または臣下が自分の体を傷つけて、哀悼の意を表したり、喪に服したりすることで、その一つとして抜歯が行われることもある。手指の切断は北アメリカ・インディアン、オーストラリア原住民、メラネシア、ポリネシア、ニコバル諸島、ホッテントット、ブッシュマンなどで行われていた。ヨーロッパの旧石器時代の洞窟壁画のなかに、指の一部または全部の欠けた手の輪郭があるので、指を切断する習慣があったのではないか、と考える研究者もある。足指の切断は手指のそれよりも少なく、フィジー諸島の哀悼習俗のなかに見出される。

脚のリング　ガボン住民
〈Ploss & Bartels, 1927〉

いつも靴をはいている文明人には、足の変形が起こることがまれでない。とくに、ハイヒールをはく女性には、外反母指など、足指の変形が起こりやすい。以前は欧米の女性にこれらの変形が多かったが、下駄をはかなくなった日本人の足も欧米人のそれに近づいている。しかし、意図的に足を不具にしたのは中国人とアラスカのクチン・インディアンのみである。中国女性の纏《てん》足《そく》は唐代から今世紀前半にかけて行われ、幼時から小さい靴をはかせて、足の成長を妨げた（第12章）。クチン・インディアンでは、それよりも緩い足の縮小変形であった、といわれている。

9　性器

性器の変工のうち、最もよく知られているのは、陰茎の包皮を切り取る割礼である。世界各地で、現在も広く行われており、世界の男性人口の約七分の一は割礼をしている、と信じられている。ペニスの下部を切る尿道切開は包皮切除を伴うことが多く、広義の割礼に含まれることがある（第5章）。尿道切開はオーストラリア原住民では、成年式の慣習として行われ、また、フィジー諸島、トンガ諸島、アマゾンのインディアンでは、治療の手段として行ったことが記録されている。

片側の睾丸を摘出する習俗は、中央アルジェリア、エジプトのベジァ族、エチオピアのシダマ族、東アフリカのジンジェロ族、ブッシュマン、ホッテントット、オーストラリア原住民の一部、ポナペ島などで行われた（第8章）。

両側去勢は、イスラム教国ではハレムの召使い、古代地中海諸国、メソポタミア、ビザンチンおよび中国では、奴隷、王の召使い、あるいは祭司に対して行われた。中国の宮廷に仕えるものは、宦官《かんがん》の名で知られている。

ローマのカトリック教会では、聖歌隊に女性を入れることが認められなかったため、去勢された男性がソプラノやアルトを受け持った。また、オペラでも去勢された男性歌手が活躍し、法王レオ十三世（一八七八―一九〇三）によって禁止されるまで、歌手をつくるための去勢が行われた。ロシアの去勢派でも、宗教的な目的のために、去勢が行われた（第8章）。

刑罰としての去勢は、中央アフリカのアザンデ族、バビロニア人、古代エジプト、古代中国などで行われた。

セックスの際、相手の女性の性的快楽を増大させるため、陰茎亀頭に異物を入れることがある。一五八八年、トーマス・キャベンディッシュは、インド洋のカプル島の原住民が、亀頭に錫の鋲を突き刺していたことを報告している。ボルネオのダヤク族は亀頭に小球を入れたり、孔をあけてピンをはめる。フィリピンのビサホス族は鉛の鋲を使用している。セレベスのアルフール族は亀頭の皮下に小石を入れることが知られている。

一方、禁欲のために、亀頭や包皮にリングをつけることは、古代から行われていた。古代ローマでは、普通陰部を封鎖するため、金あるいは銀の糸で陰茎をくくったり、結び目をつけたりした。当時、セックスはよい声を失わせると信じられていたので、歌手や楽士が行った。また、強制的に禁欲している男性は、女性に最大の性的快楽を与えるといわれていたので、奴隷たちは好んでこの処置を受けた。このような男の奴隷はローマの貴婦人に高く買いとられた。

少し変ったところでは、インドのジュウギー族では、一人の男性が包皮に孔をあけて、金製の大きなリングをつけ、村の新婚の女性たちが、その陰茎にキスをしていたことが報告されている。

女性の性器切除には多くの型式があり、女性の割礼と総称されることが多いが、なかには、男性の割礼と同じように、陰核包皮の切除のみを女性割礼と定義する研究者もある。この手術は、陰核包皮のみの切除、陰核の一部ないし全部の切除、陰核と小陰唇の切除など、地域や部族によって異なっている。この手術はアフリカの多くの地方、南アメリカのインディアン、古代エジプト、オーストラリア、イスラム教徒（包皮のみ）、ロシアの去勢派などで行われ、アフリカでは今なお行われている。陰核や小陰唇などを切除した後、陰裂を縫合する膣閉鎖は、東アフリカやスーダンなどで行われた（第6章）。

膣口を広げる膣切開は、オーストラリア原住民の一部で行われる。女性割礼とは区別すべきものと考えられるが、女性外陰部に対する外科的処置の一つとして、しばしば女性割礼に含めて論じられる（第6章）。

小陰唇が陰裂から長く垂れ下った状態は、ホッテントットの前垂れ（エプロン）として知られ、南アフリカのホッテントットおよびブッシュマンの習俗といわれているが、これを先天性のものとする意見もある（第7章）。

カロリン諸島でも、サタワル島からトラック島にかけて、小陰唇を引き伸ばすことが、女性のたしなみとされていた。だから、その小陰唇はホッテントットのエプロンのように長くなるが、どれくらいの長さになるかは報告がない。長くなった小陰唇に孔をあけて、ココヤシの殻の飾りをつけることがあり、歩くとカラカラと音がした、といわれる。現在は長い小陰唇を美しいとする習俗はない。

処女膜を人工的に破瓜することはオーストラリア原住民において知られている。日本でも、ある地方では、特定の男性が人工破瓜を行う習俗があった（第11章）。

2 体幹の変形

肥満

男性側から見て、肥った女性がいいか、痩せた女性がいいかは、個人の好みが違うが、国や地域によって、好みの傾向がある。足の小さい女性が好まれた中国では、纏足《てんそく》という特異な習俗が生まれたように、アフリカの大部分やアラブでは、よく肥った脂肪の多い女性が好まれ、痩せた女性は貧相で格好が悪く、不自然と考えられている。

このような地方あるいは種族では、極度に肥満した女性をつくるため、特別の食餌を与えることが行われた。ナイル河上流地域では、凝結したミルク、薄い肉のスープあるいはトウモロコシ粉のスープを与え、S・H・スペクらは肥りすぎて手足の使えない少女や、一種の家族の動産として扱われている少女の例を報告している。アラブでも、男性の好みは肥満した女性に傾き、女性は運動をしないで栄養価の高い食餌を摂る。

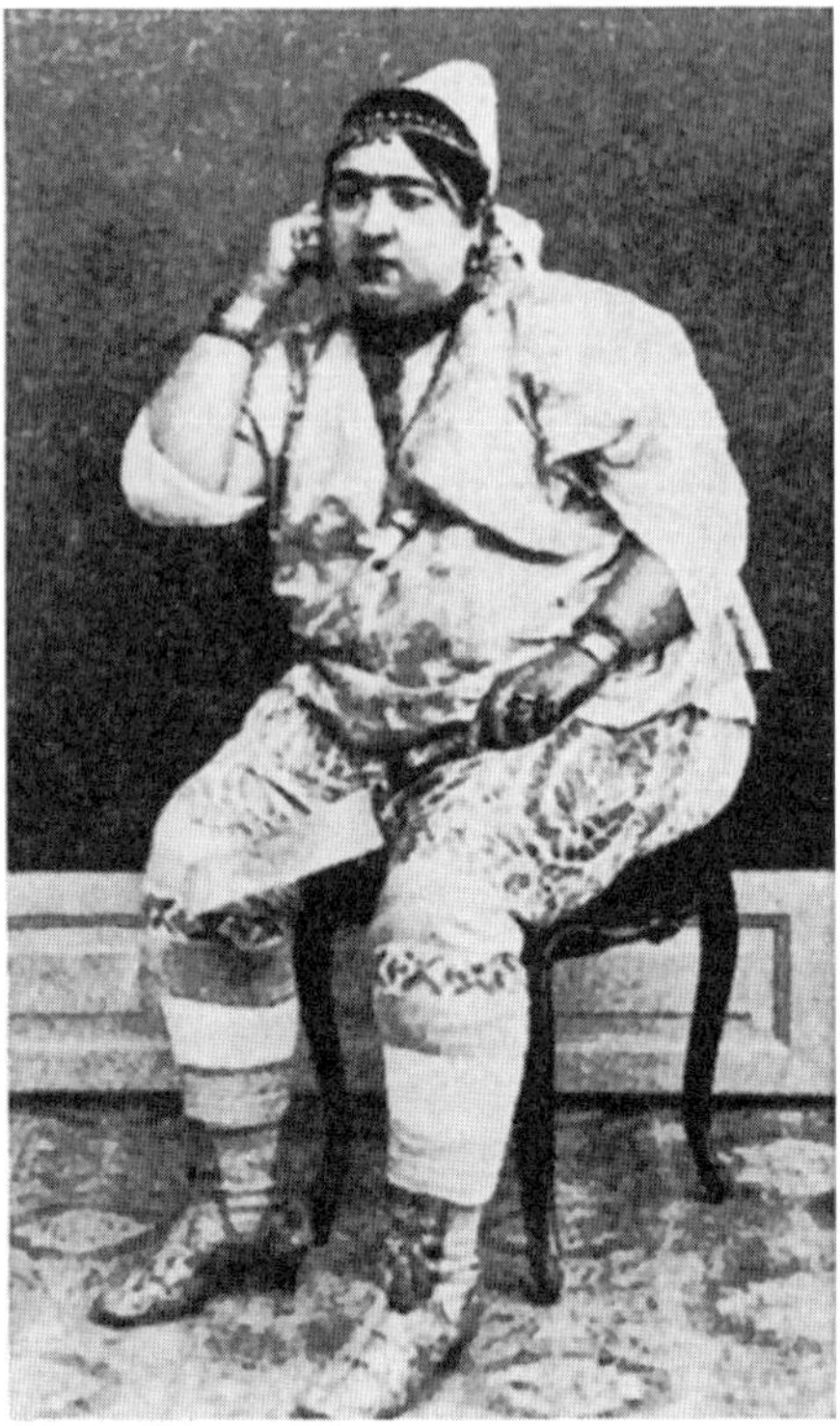

チュニジア・ユダヤ教徒の肥満
〈Ploss & Bartels, 1927〉

J・シァバンヌは、サハラのトラルサ族の少女がミルクとバターで著しく肥らされることを報告し、C・ベルグホフは、南ヌビアでは、結婚する前の四十日間、少女は穀物のひき割りや肉の入った山羊の乳を強制的に飲ませられることを記している。これと同じようなことは、ソマリアやナイジェリアでも知られている。

ハワイ、タヒチ、ニューアイルランドなどオセアニアでも、著しい肥満女性が養われ、讃美される。ヒンズー族では、若い象のようにしとやかに歩く肥った花嫁が讃美される、という。

コルセットの歴史

それに対して、ヨーロッパでは、近年まで、腰の細い砂時計型の体形をした女性が好まれた。女性の腰が男性に比べて、一般に細く括《くび》れているのは、女性の胸郭下部が男性よりも小さく、反対に骨盤は男性よりも大きいからである。人間は文化の程度に関係なく、極端に走りやすく、文明社会でも、女性の腰をコルセットで締めあげて、人工的奇形をつくることが流行した。

コルセットは胸の下から腰にかけて、女性の胴を細く見せるために使う胴着である。その先祖は、乳房をできるだけ目立たないように押さえつけるステイ（「支え」の意）である、といわれている。ステイの前後はコルセットのようなものであるが、前を編み紐で締めていたので、コルセットのように不自然ではなかったし、コルセットと違って、洋服の上から締めることが多かった。ステイが現れたのは、十三世紀ごろといわれている。

コルセットが出現したのは、十三世紀半ばごろといわれ、十四世紀から、砂時計のように細い腰が女性美の典型とされるようになった。

十五世紀のコルセットは乳房をおおわず、腰の部分をえぐり取るように形作られている。これはやがてウエストを細く締めながら、漏斗状に広がって胸のふくらみを消すようになった。イギリスのヴィクトリア・アルバート博物館には、十六世紀初頭のものといわれる鋼鉄製のコルセットが二着ある。これは前後の身頃四枚を二枚ずつ蝶番で止めたものである。しかし、このような着心地の悪いものは、長くは使われなかった。

バロック時代（一六二五―一七一〇）には、ウエストラインをバストのすぐ下まであげ、それを着けた人は胸を紐できつく締めたので、〝かがむことも、息をすることもできない〟ほどであった。

フランスでは、十八世紀のルイ十四世治下になると、ついに世界の流行の覇権を奪い、コルセットとハイヒールの流行はピークに達した。コルセットは中世の形にもどり、十七世紀のものほどではなかったが、これも胸をかなり強く締めた。この時代のものは針金か鯨の骨の枠を入れ、日常着では緩く締めたが、イヴニングドレスでは、極端にきつく締めあげた。

フランス革命前の数年間、フランスでは、コルセットはしだいに小さくなり、腰の上に取り付けたパッドに置き変った。十八世紀には、コルセットにはじめて靴下つりの役目が加わった。十八世紀末になると、コルセットはこの世紀の中葉よりも下に伸びて、大腿の中ほどまで下ってきた。シュミーズの上に長いコルセットを着けて体を締めつけ、その下には靴下つりが下っていた。

フランスでは、十九世紀に入ると、いったん消滅したコルセットがふたたび流行するようになり、それを着けるために、うつ伏せになり、だれかが背中にのって、紐を締めなければならなかった。このようなコルセットは一九〇〇年ごろまで使われたが、そのころには、コルセットは緩くなり、腰を締めるカーブは直線に近くなった。

コルセットの長さも短くなり、第一次世界大戦の始まった一九一四年ごろには、大腿のつけ根ぐらいまでになった。ウエストから上の部分もなくなり、胸はコルセットから解放されて、ブラジャーが現れた。このころのコルセットは靴下つりとしてのみ使われていたが、まもなくそれに代って、靴下つりを使う女性が多くなった。

コルセットの長さはその後も短くなり、腸骨の部分までになってきた。一九二三年ごろのコルセットは気孔のある伸縮性のゴム入り布地で作られ、バストは扁平で、ウエストラインは高くなった。そして、ほとんどは後身頃か前身頃の中央部で、ジッパーで開閉するようになっていた。また、このころから、コルセットに代って、ガードルが流行するようになった。

アメリカでは、一九二一年、コルセット式コンビネーションとブラジャーが現れた。一九三二年には、ブラジャー、コルセット、靴下つりが一体になったり、分かれたりして用いられた。

日本にコルセットが入ってきたのは、明治年間である。元薩摩藩の上屋敷跡、博物館のあったところ(千代田区内幸町山下門田)に鹿鳴館が建てられ、明治十五年(一八八二)十一月二十八日、開館式が行われた。このときに集った婦人の下着として、コルセットが使われた。そのころのコルセットは後を紐で締めるものであるから、洋装になれない日本女性はかなり苦痛であったと思われる。

コルセットによる体の変形

コルセットがしだいに普及するようになると、身体への影響が問題になり始め、十七世紀には、すでに宗教家や医師がその害を説き、十八世紀には、それを戒める本が出版されたが、女性たちもその周囲もまったく耳を借そうとしなかった。

ドイツでも、十八世紀後半には、コルセットの流行は頂点に達し、それとともに偏頭痛や風気(?)などが多くなり、肺結核も著しく増加した。これには、コルセットだけでなく、髪に粉をふりかける当時の風習も関与していた、と考えられている。この時代に、S・T・ゼンメリングは有名なコルセット反対論を書き、十九世紀にも、コルセットの批判や改良を唱えた人がいたが、あまり効果があがらなかった。

C・H・シュトラッツは『女体美と衣服』のなかで、ゼンメリングの図を引用して説明している。この図を見ると、コルセットで変形した胸郭は、第五肋骨以下が内方に圧迫されて、垂直に近くなり、胸骨下角は鋭角（正常では鈍角）をなして、左右の肋骨弓はほとんど触れ合わんばかりになっている。これによって、胸郭下口の大きさは正常の三分の一近くになっている。

筋肉では、腹筋（腹直筋）と背筋（広背筋、僧帽筋下部）が締めつけられる。最も強く締めつけられるのは、胸郭下縁から骨盤前縁に至る腹直筋である。

内臓では、まず肺の下半部での呼吸が妨げられ、それに伴って、肝臓が下方へ圧迫され、変形する。それとともに、胃、腸、腎臓が下方に転位する。これによって下半身の大血管は当然圧迫されるし、転位もするだろう。

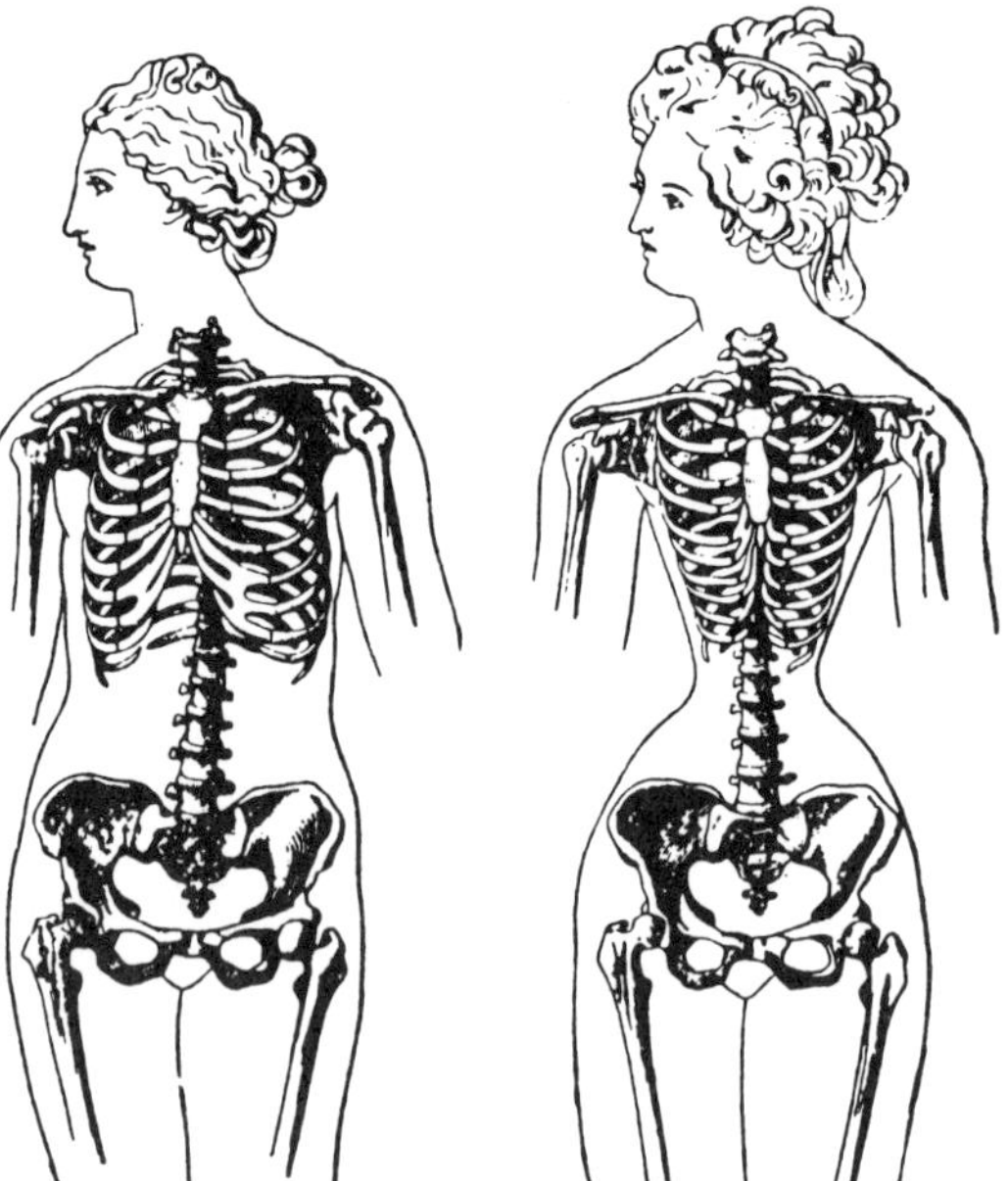

コルセットによる胸郭の変形　左：正常　右：変形
〈C. H. Stratz：女体美と衣服，刀江書院，1979〉

シュトラッツはこのような内臓の変位によって、呼吸および消化障害、便秘、腸内ガス形成などが起こり、血管の圧迫は呼吸、消化および循環の障害を起こす、といっている。それによってひき起こされた栄養障害の結果、貧血、萎黄病、不自然な脂肪蓄積などが起こる。やがて、肺拡張不全、胃痙攣、胃痛、胃炎、肝炎、胃下垂、腎臓下垂、腸下垂、便秘、月経困難症、無月経、子宮内膜炎が起こり、最後に肥満、神経衰弱、ヒステリー、結核などをあげている。

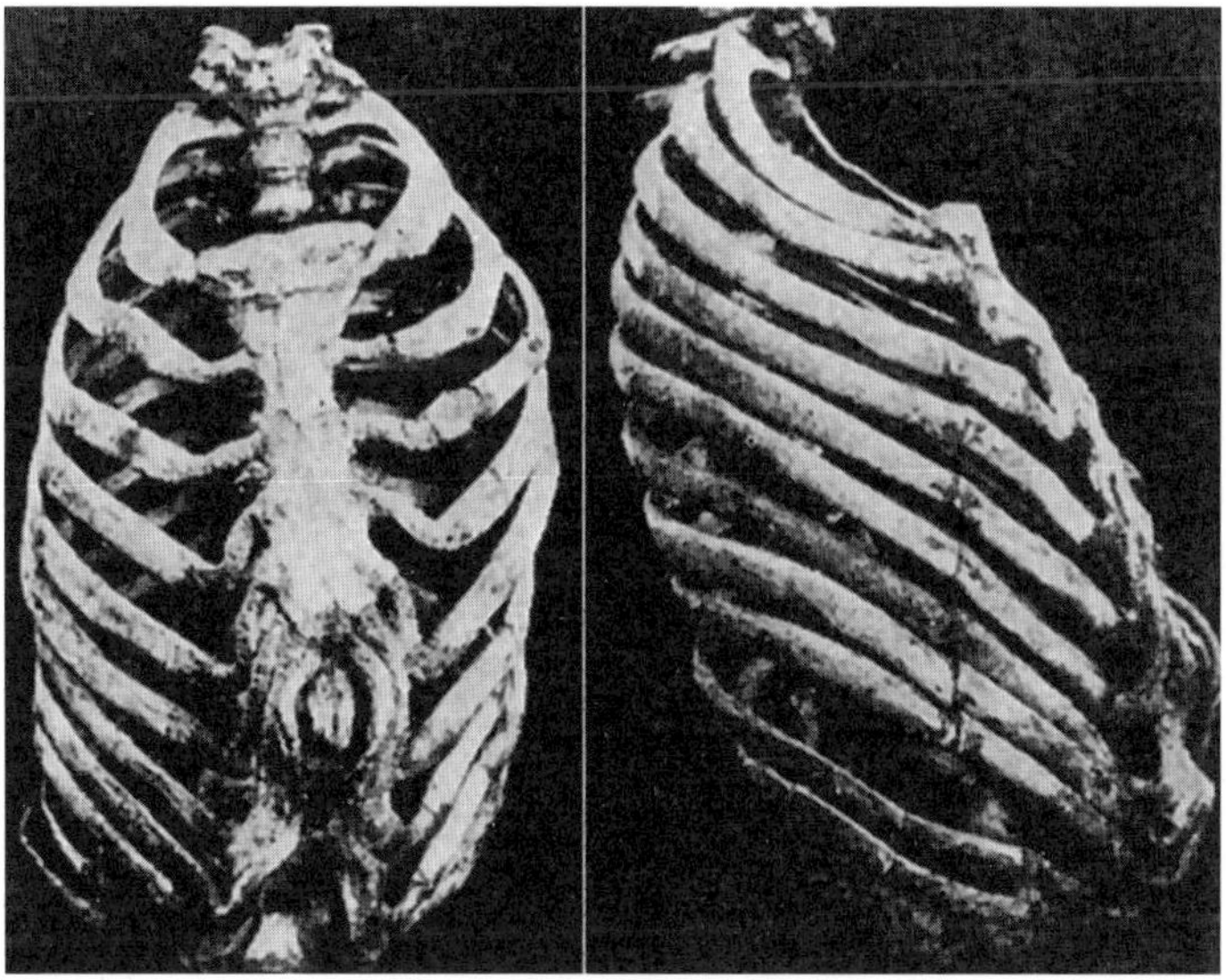

コルセットによる胸郭の変形
〈Ploss & Bartels, 1927〉

胸郭や内臓の解剖学的変化は剖検によって確認されているが、シュトラッツのあげた症状や疾患はおそらくこれらの変化から導き出されたものであろう。はじめて聞く人には、たかがコルセットぐらいで、こんなに多くの障害が起こるだろうか、と半信半疑のこともあると思う。が、考えてみると、確かにすじは通っている。しかし、今となっては、コルセットと疾患との因果関係を確かめるすべはない。

コルセットの流行が、長い間、生理学者に誤解を与えてきたのは、男女による呼吸の様式である。昭和二十年代の後半、私は高校生のころ、男性は腹式呼吸、女性は胸式呼吸が主体と聞いたことを記憶している。この原稿を書いたおかげで、私はこの誤解の原因がコルセットにあることを知った。これが間違いであることは、一九一〇年、すでにハヴェロック・エリスが書いている。

近年まで男の呼吸と女の呼吸とでは、そこに根本的な相違があり、女は胸部をもつて呼吸し、男は腹部をもつて呼吸するものと解せられた。尤も今日では、決して然うした差異はなく、男女共に全く同一なる方法で呼吸するものだといふ事が分つた。(草深熊一訳)

この誤りは最近まで、一般の人々の間で信じられてきた。日本でも、生物の教科書や一般書に書かれていたので、今でもかなり信じている人がいるようである。これも一種の民俗知識といえるだろう。

コルセットによる変形の頻度について、シュトラッツは、一八七〇年代に生まれた女性一五〇名のうち、一〇〇名が生き残っていると考えると、九五名は身体の形を損っており、完全に正常な女性はわずか五名にすぎない、と述べている。

コルセットの社会的必要性

エリスは、コルセットがヨーロッパばかりでなく、それ以外の国々でも普及したのは、女性の服装のなかで、最も主な性的魅力のある胸と臀部の二次性徴を目立たせるからだ、といっている。だから、医者が科学的根拠をあげて、コルセットの害を説いても、流行に歯止めをかけることができなかった、という。

しかし、それだけでは、生活の不便をがまんし、健康を害してまで、コルセットを着けなければならない理由は説明できない。育ち盛りの幼女でも、三、四歳ごろから、子供用のコルセットに押しこめられて、体の奇形がつくられていった。この点では、中国の纏足と通ずるところがあるが、コルセットの方は美の条件の一つであっても、結婚の条件ではない。コルセットが体によくないことはわかっていたが、女性たちがそれを必要としたのは、道徳的な理由からであった。

十八、九世紀のヨーロッパの女性は、コルセットの上を、さらに数枚の肌着、三、四枚のシュミーズ、ペティコート、スカート、重い生地のドレスでおおった。それに羽根、リボン、帽子などのアクセサリーを着け、最終的には四・五—一三・七キロの重さを身に着けて運ぶことになった。

このころの女性は男性の肉欲および自分自身の誘惑に対する弱さから、男性の餌食になる危険にさらされている、と信じられていた。だから、いく重にも補強された衣服によって、防御する必要があった。これだけの服を脱いだり、脱がせたりするのは、困難で時間のかかる仕事だった。しかし、十九世紀中ごろの女性は現代風のパンティーをはいていなかったし、ドロワース（ズロース）をはくこともあったが、これは股間が開いていたので、方向が変ると、守りは弱かった。事故などにあうと、当時の女性はさぞ恥しい思いをしただろう、とアリソン・リュリーは同情している。

これらは主に貴婦人か裕福な人々のことで、最下層の労働階級の女性はコルセットも緩く、重たい服を着ないですんだ。コルセットをしていない女性はみだらな女とみなされた。

医者も不道徳とみられることを恐れて、コルセットを禁止することをためらった。そればかりか、ときには、コルセットの宣伝に一役買って出ることがあった。バーナード・ルドフスキーはその例として、一八八三年、『ハーパーズ・バザール』誌に載った、スコット博士の〝電気コルセット〟の広告をあげている。この頑丈なコルセットは、麻痺、リューマチ、脊椎疾患、消化不良、便秘、循環障害、肝および腎臓疾患、神経衰弱、しびれなどに即効がある、というものであった。

コルセットは元来女性の下着であったが、フランスでは、一七七〇年以後になると、おしゃれな男性もコルセットを着けるようになり、とくに一八〇〇年から約二十年間流行した。ルドフスキーは、アメリカでも、一九〇三年の雑誌に、男性がコルセットを着用した記事があることをあげている。

現在、整形外科では、腰痛などの治療に布製コルセットを使っている。これを長期間使用すると、腰や背中の筋肉の運動が制限されるので、筋力が衰えてくる。だから、コルセットを常用したヨーロッパの女性は、コルセットの助けがなければ、長い時間体を支えることがむずかしかったに違いない。これもコルセットが長続きした消極的な理由の一つに、数えることができるかも知れない。

3　乳房の人工的変形

女性の乳房はなぜ大きいか

人類が解剖学的に他の哺乳動物と異なるユニークなものの一つは、女性の乳房が恒常的に大きいことである。他の哺乳動物では、雌の乳房（といえるかどうか）が大きくなるのは授乳期だけで、それが終ると、その肥大は消失するが、人類では、授乳と関係なく、思春期になると、乳房の肥大が始まる。

女性の乳房は、他の哺乳類と違って、なぜこのように恒常的に大きいのか。この問題について、人類学者や生物学者がいくつかの仮説をたてている。

最もポピュラーな説の一つは、デズモンド・モリスのそれである。彼は、女性の乳房は人類が四足歩行から二足歩行へ移るに従って発達した、と説いている。人類の祖先の雌は、臀部と陰唇で後方から雄の性的関心をひいてきたが、直立するようになると、前方から雄の関心を誘う必要を生じ、赤い口唇と乳房の肥大が生じた。前者は陰唇、後者は尻のコピーだという。この仮説について、私は人の口唇はモリスがいうように、口腔粘膜が外に反り返ったものではないことを指摘しているし、尻が大きいのは、ゴードン・G・ギャラップのいうように、直立姿勢を保つために、臀筋が発達したからである。モリスの『裸のサル』はアメリカだけでなく、日本でもベストセラーになったが、一般の人々の評判とは反対に、研究者の間ではあまりかんばしくない。

E・モーガンは、女性の乳房は子供を抱くための付属器官として発達した、と女性研究者らしい考えを発表した。乳房の発達によって、女性の手は食餌を与える動作から解放されたという。ギャラップはこの説に対しても、乳房は体重が一五―二〇ポンドもある乳児を支えることはできないし、そんなことをしたら、乳房の痛みや不快感を伴う、と批判している。

J・G・H・カントは、恒常的な乳房肥大はその女性の栄養状態を示すものであり、また、男親が関与していることを強調する意味で役立つだろう、といっている。

また、ブランコ・ボークンは学者ではないが、モリスのいうように、乳房と臀部とが関係があるとは、どうしても信じられないといって、次のようなユニークな仮説を述べている。

木から降りて、サバンナで生活を始めた人類は、不安にかられて過食を始め、それが快楽の一つとなった。これによって、人類は皮下脂肪を蓄えていき、徐々に体毛を減少させていった。女性は幼児や幼児的な雄に対する二重の責任があるので、男性に比べていっそう不安に陥りがちであり、男たちよりもよけいに脂肪を身につけるようになった。

こうして、人類が身につけた余分な脂肪の大半は、もともと首、腹、大腿の周りに蓄積していた。

しかし、人類の雌が直立するようになると、首の周りの脂肪はしだいに体の前面を下って、雄よりもはるかに大きい臀部とのバランスをとるため、乳房を肥大させることになったのだと。

この仮説もあげ足を取る材料はいくつかあるが、実証の困難な人類の進化に関する問題は、どうしても推測に頼らなければならない。イタリアのジャーナリストの仮説として、乳房の進化に関する説の一つに加えておきたい。

それに比べると、ギァラップの説は医学的な基礎の上に立って論じられている。彼は、女性の体脂肪の蓄積は性機能と関係がある、というR・E・フリッシュらの研究を引用している。例えば、初潮が起こるためには、少女の脂肪が体重の一七パーセントぐらいまで蓄積しなければならないし、妊娠が可能となるには、さらに体脂肪が体重の約二七パーセントに達しなければならない。他方、成人女性でも、それが体重の二七パーセント以下になると、月経がとまってしまうし、反対にあまり多すぎても無月経になる。F・H・トリンブルは、十分なエネルギーの蓄積がないと、胎児の発育や安全性がおびやかされるだけでなく、母体の健康も損われるだろう。そして、乳房の肥大は脂肪の局所的な蓄積である、という。

ギァラップは、乳房の発育は脂肪蓄積の一つで、性機能と相関があることを認めたうえで、これを卵巣機能の示標とみなしている。つまり、多くの霊長類は肛門や性器が赤く腫れあがるので、それによって雄に排卵を知らせることができるが、人類には排卵を明らかにする徴候がない。だから、思春期から閉経期までの乳房の形や大きさは、女性の生殖能力の示標になる。乳房が大きいことは、エネルギーの蓄えが十分にあり、排卵のポテンシャルを知らせているのである。男性はそれによって女性の生殖能力を推測し、セックス・パートナーとしての女性を選ぶ目やすの一つとする、と説いている。

彼の説はモリスやボークンの仮説のように面白くないから、一般の読者には受けないかも知れない。また、この説で女性の乳房が大きくなった理由をすべて説明できるものではないが、乳房の発育を皮下脂肪蓄積の一つとしてとらえ、それと性機能との関係を考えた点では、これまでのどの仮説よりもすぐれている、といえるだろう。

乳房の文化史

現在、文明国の人々は女性の乳房に、女性美と性的魅力を見出しているが、その基準は地域や時代によって違いがある。あるときには、女性は豊満な胸を誇らしげに強調し、あるときには、それを目立たないように努めた。

女性の胸に美しさを認めたのは、旧石器時代の昔からである。ヨーロッパでは、旧石器時代の一時期、女性をかたどったヴィナス像がかなり作られている。それらのうち、有名なものは、フランスのドルドーニュ地方のローセル岩陰から出土した、石に刻まれたレリーフである。このヴィナスは大きな垂れ下った乳房と、よく脂肪のついた腰部とを持ち、右手に角の坏をささげているので、「飲む女」とか「角坏をささげる女」などと呼ばれている。

彫刻では、チェコスロヴァキア・モラヴィア地方のトリニ・ヴィエヌトニエ、オーストリアのヴィレンドルフ、イタリアのパロナから発見されたヴィナスがよく知られている。イタリアとフランスとの国境に近いグリマルディ洞窟からは、二つのヴィナスが出土しており、その一つは妊婦、一つは脂臀の持主である。

これらの女性像はいずれもオーリニアック期（後期旧石器時代）のものである。これらに共通しているのは、全身が肥満し、大きな垂れ下った乳房、よく脂肪がついた腰、ホッテントットのように大きく突き出した臀部が特徴である。肥満している割に、腕は細い。このような女性像には、誇張されたものもあるだろうが、好んで肥満体のヴィナスが作られたのは、この時代の女性美の典型を表していると思われる。そして、どういうわけか、ヨーロッパの旧石器時代でも、人物像はオーリニアック期だけが豊富で、他の時期には少ない。

BC三〇〇〇—BC一〇〇〇年ごろのメソポタミア、シュメール、アッシリアでも、女性像の乳房は豊かな紡錘形である。これらオリエント文化の女性神の乳房は写実的ではなく、抽象的、

角坏をささげる女（飲む女）　ローセル出土
(G. Lalanne)〈Boule & Vallois, 1957〉

超官能的である。

エジプトでは、BC一三〇〇―BC一〇〇〇年ごろのパピルスに、しばしば乳房の出てくる愛の詩や歌が書かれている。絵や彫刻でも、BC一五〇〇年ごろのものには、上半身をあらわにした女性が見られるが、この時代の絵や彫刻が、すべて乳房を丸出しにしているのではない。上流社会の女性たちを描いた像では、半球形の円味をもった乳房が女性美の典型となっている。

ギリシアでは、ギリシア神話に出てくる愛と美の女神、アフロディーテ(ヴィナスと同一視されている)が現れ、その彫刻や絵画に美しい乳房を見ることができる。古代ギリシアのヴィナスはエジプトの女性像と同じように、半球形の乳房を持っていたが、プラトン（四二七―三四七）の時代になると、豊満な乳房が消え、中等度の均整のとれた乳房を持った彫刻が作られた。そして、ヘレニズム時代になると、写実的な姿のヴィナスが誕生した。BC五世紀ごろの作とされるメディチのヴィナスは乳房の大きさの割には臀部が大きく、その性的魅力は乳房よりも臀部にあった、と福田和彦はいう。ギリシアの女性たちも、豊満な乳房よりは手のひらに入るぐらいの大きさを理想とし、このような考え方はローマに引き継がれた。

ヨーロッパの古代には、ミロのヴィナスに見られる乳房が理想的な美しさとされ、この形をもとにして、酒坏が作られたといわれる。また、伝説によると、トロイのヘレンはダイアナの女神(月の女神)に捧げる黄金の坏が作られるとき、自分の乳房をモデルにしてほしい、と申し出たといわれる。ロードス島にあったアテネ神殿には、ヘレンが奉納した酒坏があり、それは彼女の乳房の寸法と同じだったといわれる。ギリシア人はこういう坏を「エピトーメ」または「マストス」と呼んでいた。クレオパトラの乳房をもとにして作った坏もあった、といわれる。時代は降るが、マリー・アントワネットの乳房をモデルにしたといわれる坏が、フランスのセーブルの陶器工場に保存されている。

ローマが滅びて、中世になると、キリスト教の禁欲主義の影響からか、乳房はできるだけ目立たないように、抑えられた。十三世紀には、ステイ（コルセットの前身）が現れて、胸のふくらみを押さえつけ、十三世紀半ばには、悪名高いコルセットが出現して、乳房の圧迫だけにとどまらず、腰まで締めあげて、砂時計のように細い腰の女性を作りあげた。しかし、それ以後、乳房がまったく人目につかなくなったのではない。

それはルネサンス（十五—十六世紀）の到来である。ヨーロッパでは、十五世紀から十八世紀にかけて、襟の低い、胸をあらわにしたドレスが現れ、乳房を礼讃する詩や美術が数多くつくられた。ただ、春山行夫は、それがどの程度流行したかは、いろいろの見方があって、ほんとうのことはよくわからない、といっている。画家は聖母マリアの姿を借りて、豊満な胸の女性像を描いた。十六世紀には、それをエロティシズムの対象にしたものが多くなり、それに伴って、乳房に化粧をすることも行われた。

ところが、十八世紀になると、乳房はふたたび人目につかなくなり、男性たちを失望させた。そればかりでなく、「乳房」という言葉は禁句となり、「胸」（乳房）と「足」は異性の前で口にしてはならない言葉となり、それに続いて、小説や詩からも消えていった。それ以後の乳房の歴史は、コルセットやブラジャーの消長とともに推移することになる。

乳房の切断

乳房は医学的にいうと、二次性徴の一つであるが、女性の乳房は性器そのものだ、という人が少なくない。解剖学の教科書でも、乳房は普通感覚器（皮膚の一部）に分類されているが、ときには生殖器の章に入れる著者もある。

「乳房」という言葉が禁句になったのは、このような性感帯としての機能にあずかるところが大きい。禁欲的な生活を強いられる修道尼にとっては、乳房が発達することは好ましいことではない。キリスト教では、献身的な見習僧をつくり、あるいは天使のような中性的な修道尼をつくるため、意識的に乳房を切り取ったり、持続的に圧迫して萎縮をはかった。

ローマ時代の地理学者ストラボは、ヨーロッパの古典伝説に出てくるアマゾン（女族）のような、右

アマゾンの女兵士　右乳房を切除したといわれる（大英博物館蔵）

の乳房を焼く手術を記録している。他方、ディオドルス・シクルスは両側の乳房を潰していた。故に、彼女らのギリシア名は〃乳なし〃である。ヒポクラテスによると、彼女らはアゾフ海のそばに住み、真鍮板を赤く熱して、右乳房に押しつけた。

バビロニアのハムラビ法典（BC二二五〇年）では、罰としての両側乳房切除を定めている。カメロンはタンガニイカ湖畔のアカルンガ族で、女性の乳頭が切除されているのを認め、刑罰による切除を疑っている。W・E・ロスによると、ハーバート河畔のオーストラリア原住民は、ある少女たちに、子供を育てられないように、乳頭の切除を行った、という。

乳房切断　スコプトの20歳女性
〈Ploss & Bartels, 1927〉

十九世紀ごろ、ロシアでは、キリスト教の一宗派スコプト派によって、乳頭ないし乳房の切除が行われた。E・フォン・ペリカンらは、七・九・十歳の少女が乳頭を切り落された例を述べている。ペリカンはその乳房切除を三段階に分けている。

1　片側のみあるいは両側の乳頭の切除、腐食あるいは焼灼。

2　乳房の一部切除あるいは両側乳

房全部の切断。手術後のような長い斜めの瘢痕が残る。

3　両側乳房の種々の切開。一般に左右対称的に配列する。

H・コッホは、彼らは去勢（卵巣摘出）は行わないが、無差別に乳房切除を行って、性的情動や性交の可能性を制限し、阻止しようと試みた、と報告している。

乳房の変形

文明社会では、女性の乳房を美しい魅力的なものと考えるのが普通であり、自分の住んでいる社会の通念で、美醜を判断しがちである。ところが、時代、地域あるいは種族によって、女性の乳房を見る目も違っている。

乳房を圧迫して、できるだけ目立たないような胸にしようとする試みや、逆に乳房を長く引き伸ばそうという努力が、世界各地で行われてきた。前章で述べたように、ヨーロッパでは、医師の忠告を無視して、よろいのようなコルセットが流行したことがある。それ以外の地域でも、これと似たような処置が行われていた。

十六―十七世紀、スペインでは、思春期初めの少女は鉛の板で乳房をおおって、乳房の発育を抑えた。極度に薄い胸は美しい、と考えられていたからである。

胸を締めつけたのは都会の女性ばかりでなく、中央ヨーロッパのある地域では、農民の間でも行われた。M・R・ブークは、上スウァビアでは、きつい衣服と胴着で、胸には乳頭（乳首）の名残りがあるだけで、乳児に乳を与えることができないように、乳腺の完全な萎縮をひき起こしたことを述べている。そのために、乳児の死亡が多かったという。

バヴァリアのダハウでは、女性は若いときから板状の装具で胸を圧迫して、子供に授乳できないような状態になっていた。彼女らの子供たちは四〇—五〇パーセントが乳児のときに死亡している。西ドイツのヴュルテンベルグ、オーストリアのブレゲンツ・ヴァルトでも、同じようなことが見られた。

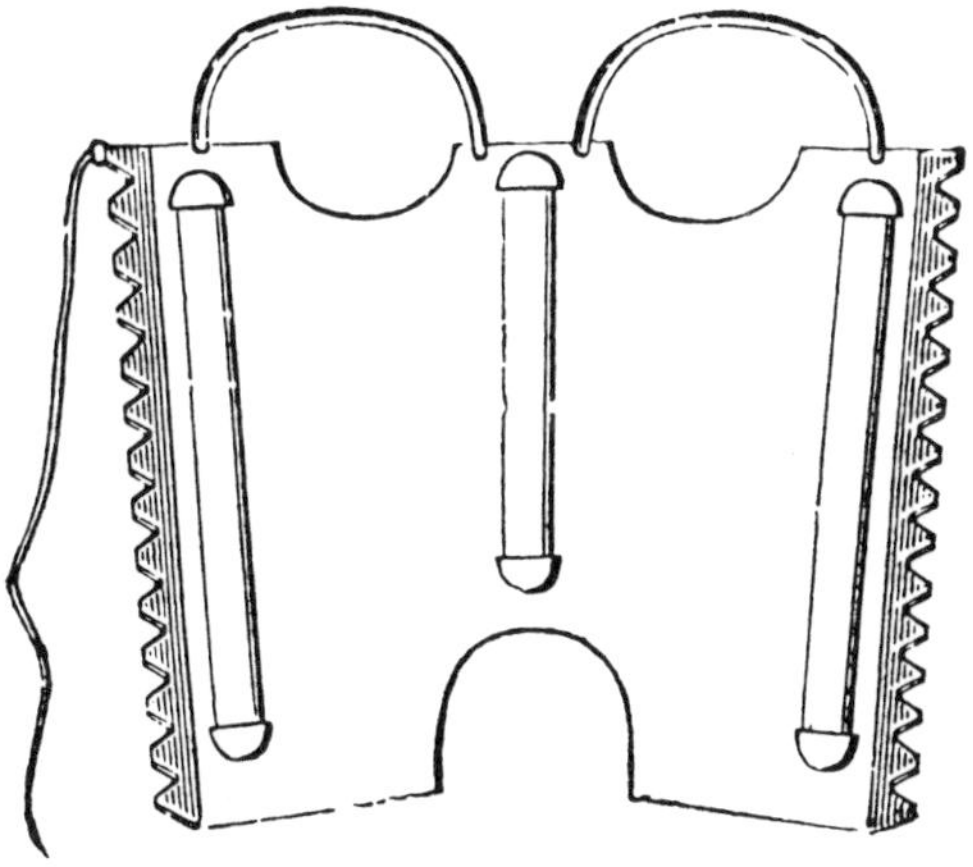

オセッテ族女性のコルセット　コーカサス
〈Ploss & Bartels, 1927〉

彼女らは筋性のよく発育した骨組み、まっすぐな脚、広いヒップを持ちながら、胸がないので、奇妙な姿だった、とA・オッペルマンらは述べているし、ロス・ビルもこの地方の女性がきゅうくつなジャケットで身を包んでいたことを記している。チロルのドイツ人でも、同様であるが、イタリア人の居住地域では、このような乳房の変形は行われていなかった。

ソ連のサーカシアでは、十—十二歳の少女は乳房の真上からヒップまで達するガードルで締めつけられる。オセッテ族の少女は七—八歳でガードルをつける。そして、結婚の初夜、新郎がその縫い目を切り開いて外すまで、それをつけたままであった。コーカサス・クバン地方のアババゼー族は木の平板、カルムク自治共和国のカルムク族はきゅうくつなコルセットをつける。クイーン・シャーロット諸島（カナダ）の女性にも、乳房の変形があったといわれる。A・F・クリールは、ノースカロライナ州のチェロキー族女性は乳房の発育を妨げるために、丸い平らな石で乳房を圧迫した、といっている。

これとは反対に、乳房を引き伸ばして、垂れ下った乳房をつくることも少なくない。南アフリカの諸族では、七、八歳までに、少女の乳房を脂と植物の根から作った軟膏で擦り、次に、乳房を意図的に引き伸ばす。L・ホレンデルは、南アフリカのバスト族では、尻の上に子供を乗せたまま、乳房を肩に上げて授乳できるように、出産のずっと前から乳房を引っぱったり、もんだりする、と報告している。

ニューギニア・フィンシュハーフェンのカイ族は乳房をより早く大きくするために、乳房を摩擦したり、乳頭を引っぱったりする。アシァンティ族の少女は乳房の上から幅広いバンドをつけて、均整のとれた乳房を円錐形にしている。ウガンダ、コンゴ、アンゴラ、ガラ族（東アフリカ）、ワポロロ族（タンザニア）、ガリクゥエ族（コンゴ）、南太平洋ロイヤルティ諸島のウベア島、スリナムのニグロ、パラグァイ河畔のパヤグゥア族、カンボジアのアンナメース族、スマトラ西部メンタウェイ諸島のパグァイ島（一部）、インドネシアのルアンダ島およびセルマータ島でも、バンド、ひも、布ぎれなどで、乳房が垂れ下がるように、下方に圧迫する習俗がある。これらの地域や種族では、垂れ下った乳房が美しい、と考えられている。

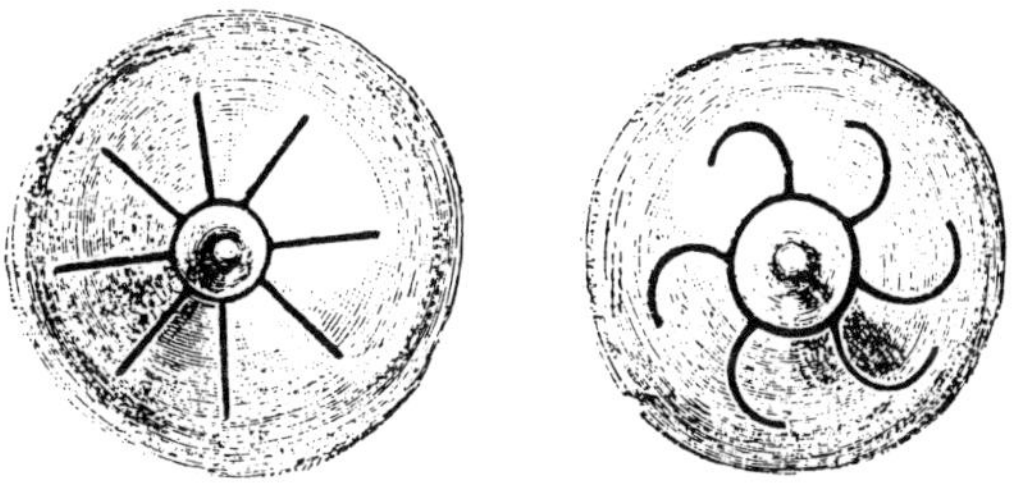

乳房の入墨　テニンブ族　〈Ploss & Bartels, 1927〉

乳房の装飾

乳房の皮膚に、装飾の目的で入墨や瘢痕を施すことがある。赤道アフリカの多くの部族では、乳房の皮膚に、短い切開を垂直あるいは斜めに配列することがある。バスト族の少女は乳房を、水平あるいは垂直方向の瘢痕で、美しく飾ることがある。

インドネシアのモルッカ諸島では、入墨の紋様が見られる。そのなかのセラム島では、乳房の輪郭に沿って、点を曲線状に配列している。テニンブ族では、乳房を中心として、直線あるいは規則的な曲線、星形のパターンを描いている。これらの装飾は乳房の圧迫のような害はなく、授乳にもまったく支障がない。

少し変ったところでは、乳頭に孔をあけて金属のリングをつけることがある。アメリゴ・ヴェスプッチィはコロンビアの女性たちが耳だけでなく、乳房にも飾りをつけていたことを報告している。乳房のリングは、ヨーロッパでは、それほど珍しいことではないらしい。

フランスでは、ルイ十四世は婦人服に深い切れこみを入れることを、教会に命じて変更させたが、乳頭に黄金製のリングをつけることは禁じなかった。このリングは〝非常に魅力的〟に見えたからだ、という。フランス革命後、このリングはヨーロッパ全土に流行した。これは現在でも行われていて、イギリスの開業医ティム・ヒーリーは、乳頭の穿孔で癌になった例は一例も知らない、といっているくらいであるから、少なくないようである。乳頭の穿孔も乳腺には影響がないので、授乳は正常に行われる。

4 入　墨

縄文時代に入墨が行われたか

「入墨」は「文身」「刺青」とも書き、明治以前は「文身」が用いられた。『魏志』倭人伝では、顔の入墨を「鯨面文身」と呼んで区別し、「文身」の文字はこれに由来している。中国の書物には、「彫青」「劄青」「膚劄」などと記されている。『日本書紀』では、「文身(みおもとろげ)」「斑(まだら)する」「黥(めさききざむ)」「面鯨(ひたいきざむ)」といっている。

日本では、いつごろから入墨が行われていたか、ということは早くから説かれている。明治時代の人類学者や考古学者は縄文時代の土偶に見られる顔面の装飾を入墨と考え、それによって、縄文時代の入墨の風習を論じた。

土偶の顔面装飾のうち、いままで入墨と推定されたものは、甲野勇によると、次のように分類される。

1　口を中心として環状の線刻があるもの。
2　両眼の下縁から頬にかけて八字状の線刻があるもの。
3　口の周りに点列のあるもの。
4　口の両端に沈刻または半彫による三角形があり、その頂点が口端に向くもの。
5　4と同じ三角形であるが、その向きが4と逆であるもの。

これらの土偶のうち、1・2は主として勝坂式（中期）（1は晩期に伴うことが判明している）に伴うらしく、3はだいたい加曾利B式（晩期）、4・5はおそらく亀ヶ岡式（晩期）に伴うらしい。地域的にみると、1・2は主に甲斐・信濃を中心とする山岳地帯、3は関東平野、4・5は東北地方の北部にとくに多く発見されている、という。

土偶が入墨を表現しているという説の根拠は、土偶には比較的、写真的に作られているものがあることである。その一例として、滑車形耳飾り(耳栓)が表現されている、いわゆる〝みみずく土偶〟（埼玉県真福寺貝塚出土、後期）があげられる。反対説は、土偶の顔面線刻は単に空間を埋めるための装飾にすぎない、というのである。甲野はその代表的な例として、宮城県宝ヶ峯から発見された猿の土製品をあげている。これは写実的に作られているが、口辺には土偶と同じように三角形の線刻がある。猿が入墨をしたり、口唇具をつけたりすることは考えられない。

甲野は縄文時代に入墨の風習のあった可能性は認められるが、土偶の装飾がそれであるとは断定できない。土偶だけで入墨の風習の有無を証明することは困難であり、この問題を解決するには、ミイラのような入墨をした人間が発見されることである、と結んでいる。

高山純は、土偶の文様のうち、入墨とするには、少なくとも次の条件に当てはまらなければならない、という。それはかなり写実的とみられる文様で、同じものが各地に見出され、ひげと間違えるおそれがなく、しかも単なる装飾としての手法上のテクニックから生れたものであることが明らかなものである。このような条件に当てはまるものは、両頰の八字形の線刻(甲野の2型に当る。高山は「ダブル・ハの字」と呼んでいる)以外に見当らない、といっている。

土偶の装飾を入墨とみなすかどうかは、今なお賛否両論があり、決着がついていない。しかし、弥生時代に入墨の習俗があったことは『魏志』倭人伝の記録があり、その後も行われているので、その起源が縄文時代にさかのぼると考える研究者が多い。土偶の文様には、写実的な部分と非写実的な部分とがあることは事実であり、そのなかには、おそらく入墨を表したものもあるだろう、と私も想像している。

古代日本人の入墨

わが国の入墨に関する最も古い記録は『魏志』にある倭人の記録である(以下『倭人伝』と記す)。その内容は一般に三世紀末の状態を記していると考えられているので、日本では弥生時代に当る。そのなかに、次のような記述がある。

男子は大小と無く、皆鯨面文身す。……夏后少康の子、会稽に封ぜられ、断髪文身、以つて蛟龍の害を避く。今倭の水人、好んで沈没して魚蛤《こう》を捕へ、文身し亦以つて大魚・水禽を厭《はら》う。後稍《やや》以つて飾りと為す。諸国の文身は各異なり、或は左に或は右に、或は大に或は小に、尊卑差有り。（岩波文庫、一部改変）

これによると、日本のある地方で、水中に潜って魚貝を捕る目的で、入墨をする習俗のあったことがわかる。『倭人伝』には、倭人の入墨がどういう紋様であったかは書かれていないが、鳥居龍蔵は『史記』を引いて、龍子のようなものではないか、と推定している。

「夏后少康の子……断髪文身し」という字句は『史記』の記事を引用したもので、倭人の入墨もそれと同じ目的であったことを、いおうとしている。『史記』の註の「集解」には、「其の文身は龍子を象るを以て、故に傷害を見ず」とある。当時の人々は水中に蛟龍などの魔物が住んでいると考えたので、その危険から身を守るために、水界の王である龍子の入墨をすれば、魔物は怖れて近寄らないと考えた。

水中での危害を防ぐために入墨をする習俗は、日本からインドシナ半島に至る、東アジアの東縁に広く分布していた、と大林太良は述べている。ベトナムでは、龍やワニの紋様を描き、ラオスでもウロコ紋様や下肢にズボンをはいているような入墨をしていた。また少し離れているが、ミクロネシアのヤップ島でも、女性は鮫に襲われないように、下肢や手背に鮫の紋様の入墨をしていた。

実際には、魔物などいるはずはないので、たとえ入墨をしていなくても、ワニや鮫にでも襲われない限り、水中で傷害されることはなかった。鮫などが入墨を見て逃げ出したかどうかは定かでないが、あまり効果がなかったのではないだろうか。

日本では、弥生時代以降もずっと入墨の習俗が続いたようで、八世紀の『隋書』倭国伝にも、「男女臂に黥し、面に點し身に文し」と記されている。

同じころ、日本側にも入墨に関する記録が現れる。『古事記』の「神武記」に、

……大久米命、天皇の命を以ちて、其の伊須気余理比売に詔りし時、其の大久米命の黥《さ》ける利目《とめ》を見て、奇しと思ひて歌ひけらく、

胡鷰子鶺鴒《あめつつ》　千鳥ま鵐《しとと》　など黥ける利目

とうたひき。爾に大久米命、答へて歌曰ひけらく、

媛女《をとめ》に　直に遇はむと　我が黥ける利目

とうたひき。（『日本古典文学大系』）

「黥ける利目」とは、目の周りに入墨をしていたことを示すと思われる。

「安康記」にも、次のような記事がある。

……市辺王の王子等、意祁王《おけの》、袁祁王《おけの》、二柱、此の乱を聞きて逃げ去りたまひき。故、山代の苅羽井に到りて、御粮《みかれい》食す時、面鯨《まさ》ける老人来て、其の粮を奪ひき。爾に其の二はしらの王言りたまひしく、「粮は惜しまず。然れども汝は誰人ぞ。」とのりたまへば、答へて曰ひしく、「我は山代の猪甘《いかい》ぞ。」といひき。（『日本古典文学大系』）

また、『播磨風土記』には、応神天皇が山の形を見て、「此の二つの山を見れば、能く人の眼を割き下げたるに似たりとのりたまひき。故、目割と号く」とある。山を見て、目の周りの入墨を連想したということは、当時そういう風習があったからであろう。

これらの記事は、男子に目の周囲に入墨をする習俗のあったことをうかがわせるが、「神武記」のように、目の周りの入墨を見て奇異に思ったということからみて、あまり一般的であったとは思えない。

一方、記紀には、刑罰としての入墨があったことを記している。『日本書紀』の履中紀元年四月の条に、

阿曇連《あづみのむらじ》浜子を召して曰く、「汝、仲皇子と共に逆ふることを謀りて、国家を傾けむとす。罪、死に当れり。然るに大きなる恩を垂れたまひて、死を免して墨の刑に科す」とのたまひて、即日に黥《めさききざ》む。此に因りて、時人、阿曇目《あづみめ》と曰ふ。

とあり、同じ五年九月の条にも、次のような記述がある。

……天皇、淡路嶋に狩したまふ。是の日に、河内飼部《うまかいべ》等、従駕へまつりて轡に執けり。是より先に、飼部の黥、皆差《い》えず。時に嶋に居します伊奘諾《いざなぎ》神、祝《はふり》に託《かか》りて曰はく、「血の臭きに堪へず」とのたまふ。因りて、卜ふ。兆に云はく、「飼部等の黥の気を悪む」といふ。故、是より以後、頓《ひたぶる》に絶えて飼部を黥せずして止む。

雄略紀十一年十月の条には、

鳥官の禽、菟田《うだ》の人の狗《いぬ》の為に嚙《く》はれて死ぬ。天皇瞋《いか》りて、面を黥みて鳥養部としたまふ。（以上

『日本古典文学大系』）

と、飼犬の事故に対して墨刑が科せられたことが見えている。先の反逆罪と比べると、ずいぶん重い刑といえる。

日本の墨刑は中国の刑法に倣ったと考えられている。中国では、前漢の文帝のとき、鼻や陰茎を切り落とす残酷な肉刑に代って、墨刑が科せられた。後に、後晋の時代に、刺配の法が制定され、宋、元、明の時代まで及んでいる。清代には、光緒二十一年（一八九五）の刺字条例がある。中国では、窃盗罪、逃亡罪（軍人、奴隷）、盗掘罪、謀反に対して鯨刑が科せられた。

大化以後、刑罰としての古代の入墨は姿を消した。これは大宝・養老の律令が唐の制度をまねてつくられたからである。戦国時代には、私刑としての入墨は行われたらしいが、沖縄とアイヌを除き、中世には、正刑としての墨刑や入墨の習俗は存在しない。中世の記録に入墨の記事を見出すことは、非常に困難である。

松田修は十六世紀末の例外的な入墨の記録として、『陰徳太平記』の記事をあげている。天正十五年（一五八七）、上方勢と島津軍との合戦で、島津の先陣として討死した五百余人は、ことごとく「二の腕に何氏何某、行年何十歳、何月何日討死と黥して」いた、と記している。これは上方勢にとって衝撃的な事件だったようである。

墨刑が復活したのは、八代将軍吉宗の享保五年（一七二〇）からである。これは主に盗犯に対して科せられた。一方、装飾的な入墨も関東を中心に行われ、役者の似顔や歴史上の人物などが描かれた。

これは装飾よりも、むしろ社会の反逆者・異端者を一般市民から区別する手段とみられている。そして、刑罰と非刑罰とで入墨の呼称が分化し、非刑罰の入墨を表わす語として「ほりもの」、墨刑を表わす言葉として「いれずみ」「入黥《いれぼくろ》」「文字彫」が使われた。

アイヌの入墨の習俗について、『日本書紀』は次のように伝えている。景行天皇二十七年二月の条に、武内宿禰が東国から帰って、「東の夷の中に、日高見国有り。其の国の人、男女並に椎結《かみをわ》け身を文《もどろ》けて、為人《ひととなり》勇み悍《こわ》し。是を総べて蝦夷と曰ふ。亦土地沃壌《こ》えて曠し。撃ちて取りつべし」と奏上している。日高見国は現在の東北地方を指すといわれ、「蝦夷」がアイヌかどうかは、まだ意見の分れるところである。

北海道アイヌについての最も古い記録は、イタリア人宣教師ジロラモ・デ・アンゼリスの記録といわれている。彼は元和二年から八年（一六一六―一六二二）までの間に、四度にわたって北海道に渡り、アイヌ女性の口の周囲や手に入墨のあることを記している。

沖縄女性の入墨に関する記録としては、明の陳侃の『使琉球録』（一五三四）、僧袋中の『琉球神道記』（慶長十年、一六〇五）が最も古いものとされている。それよりも古く、『隋書』の「流求国伝」（六世紀）には、「婦人以墨鯨手、為虫蛇之文」とあり、「流求国」が台湾でなく、沖縄であるとすれば、これは最古の記録ということになる。

入墨の方法

移川子之蔵は入墨の方法を、三つにまとめている。

1 皮膚を針先で突き刺し、墨をすりこむもの　この方法は、日本の南西諸島、台湾の高砂族、海南島の黎族、インドネシア、メラネシア、ミクロネシア、ポリネシアなどで行われている。南西諸島の入墨師は女性が多いが、徳之島では男性が多く、沖永良部島、沖縄本島、八重山群島では一部男性であった。奄美大島では木綿針を数本束ね、沖縄本島では十―十数本を束ねて使っていた。焼酎または水で墨をすり、墨で予め紋様を描いておいて、針に墨をつけながら、皮膚面を突いた。

高砂族では、竹の先に歯ブラシのように、五、六本の針先を結えつけたものを使う。それを皮膚に当て、その上から小さい棍棒のようなもので叩き、そこに煤煙をすりこんでいる。金属のなかったころには、みかんのような植物の棘を使ったという。

黎族は植物の棘、インドネシアでは金属製の針、オセアニアでは魚、鳥、獣の骨、あるいは人骨などを使う、と移川は述べている。

2 刃物の先で皮膚を切り、墨をすりこむもの　これはアイヌが行っていたものである。アイヌは入墨をシヌエ shi-nuye あるいはヌエ nuye と呼んでいる。集落には、熟練した老婆が二、三名いて、娘に入墨を行った。術者は鍋底の煤で、入墨をする部位に一定の紋様を描く。この煤はふだん火を焚いている場所のものではなく、必ず別のところに火を焚く場所を定め、そこで焚いたものを使用する。術者は布を巻いて先端だけを出した剃刀などの刃物で、細い切傷をつけ、そこに煤をすりこむ。J・バチェラーによると、十勝地方には、入墨の紋様をアンチ・ピリ anchi-piri（黒曜石の傷）という言葉が残っているという。これは黒曜石を使って皮膚に切り傷をつけていたころの名残りといわれる。児玉作左衛門も胆振地方の老人から聞いた話として、剃刀のなかったころ、石鏃のようなものを使った、ということを記している。

3　針状のものによって、皮下に墨を入れるもの　シベリアのゴルヂ族およびチュクチ族、アラスカのエスキモーの間に見られるが、その分布範囲は狭い。

入墨の動機

入墨を習俗として行っていない種族でも、古い時代に行っていたことが、文献から知られることは少なくない。しかも、皮膚に刻まれた入墨は後世まで残ることがきわめてまれであるから、その起源や目的を知ることはむずかしい。多くの研究者は入墨の動機として次のようなものをあげている。

1　種族あるいは男女の標識　入墨を施す部位や紋様は種族によって異なっている。マルケサス諸島の住民は入墨の部位によって、氏族を区別していた。性別からみると、女性だけが入墨を行う種族が多いが、男性のみが行うこともある。男女とも行う場合には、部位や紋様などが異なるのが普通である。

2　階級の標徴

ニュージーランドのマオリ族では、首長や秘儀を習得したもののみが、顔に入墨をすることを許されていた。台湾南部の高砂族でも、首長は腕から胸にかけて入墨をする風習があ

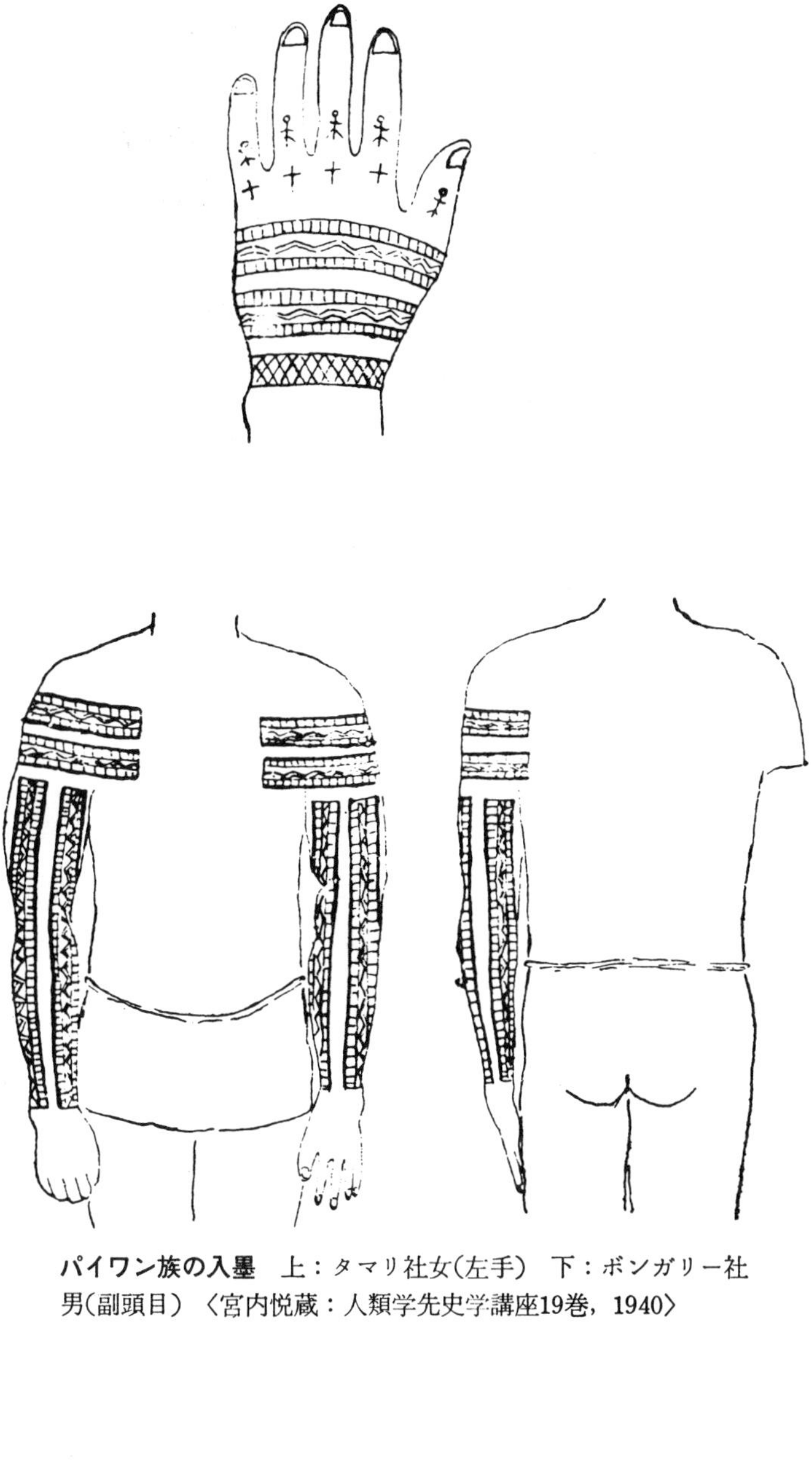

パイワン族の入墨　上：タマリ社女(左手)　下：ボンガリー社男(副頭目)〈宮内悦蔵：人類学先史学講座19巻，1940〉

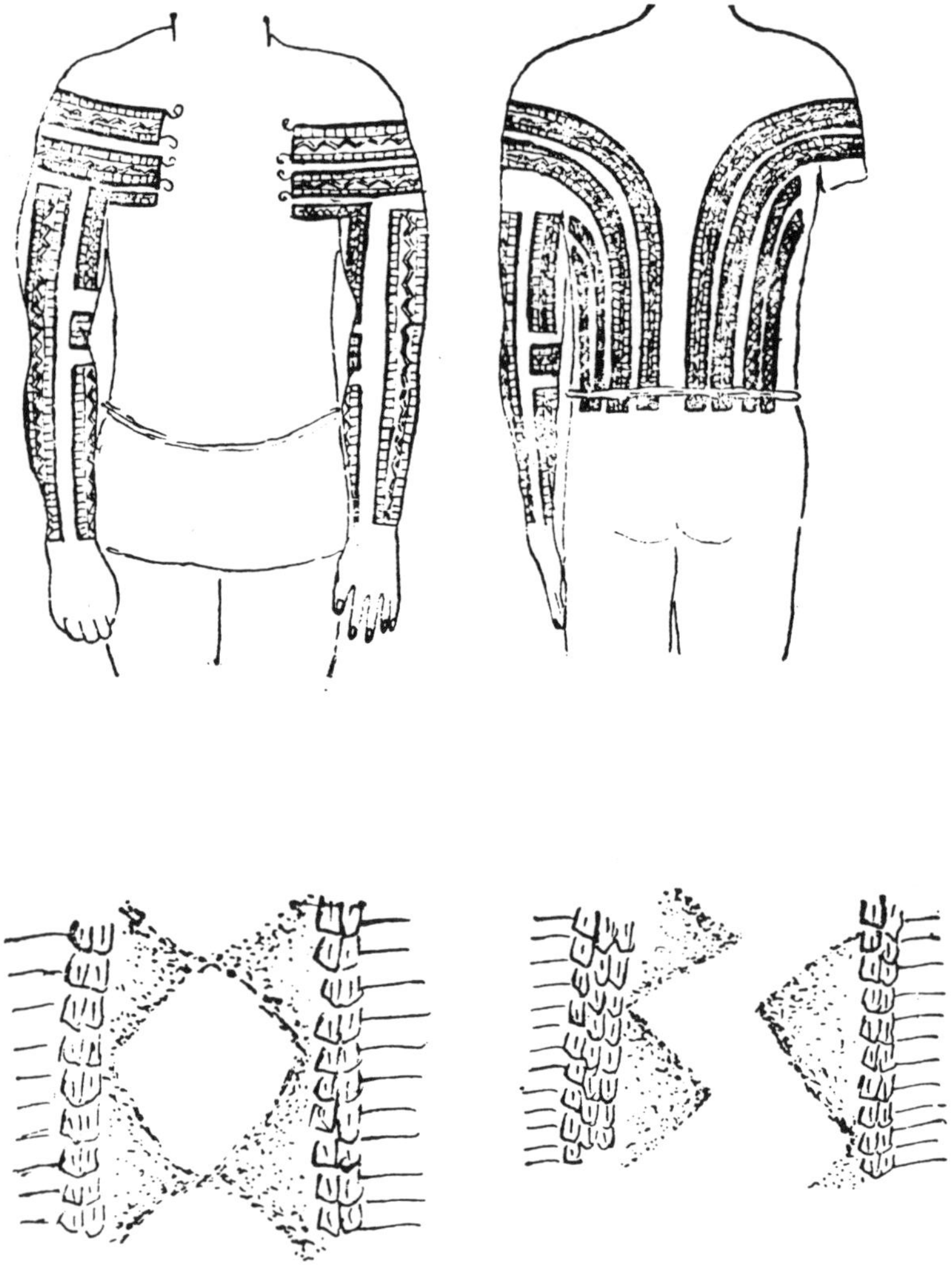

パイワン族の入墨　上：ライ社男（頭目）　下：百歩蛇の斑紋
〈宮内悦蔵：人類学先史学講座19巻，1940〉

った。マーシャル群島でも、首長のみが入墨をしていた。

3　勇者の標徴　高砂族では、首狩りを成就したとき、そのしるしとして、はじめて入墨をした。北部のアヤタル族およびサイシャット族では、胸に横線あるいは人の首を入墨した。南部のルカイ、

アイヌの口辺部の入墨　旭川（絵はがき）

パイワン、ツォウ族では、人の首を胸または胸部に刻む習俗があった。

4　婚期を示す女子の表徴　アイヌ女性の大多数は結婚前に入墨を始めた。彼女らは入墨をしていないと、夫を持つことができないとか、まだ一人前の女ではないから、男の方から結婚を申しこむことができない、という考えがあった。アイヌの間では、入墨をしている女性は非常にきれいに見えるので、女性はなるべく早く入墨を行い、美しくなりたいと望んで、結婚前に完成しようとした、といわれる。南西諸島の入墨も一人前の女性の表徴であり、結婚と関係がある、と考える研究者が多い。

5　宗教的な理由　児玉らは、アイヌ女性は必ず入墨をするべきで、これをしないと、死後祖先のところへ行くことができないので、地獄に落とされ、そこで鬼に竹の切れ端で、全身に入墨をされる、という胆振の老人の話を載せている。そして、入墨をしていない娘が死んだときには、その集落の女性たちが集って、煤で顔や手に入墨の紋様を描いて埋葬した。また、入墨は魔除けになると信じられ、入墨をしないで神の前に出るのは不敬に当る、とされていた。ボルネオのロング・グラト族でも、入墨をした女性だけがあの世へ行ける、と考えられていた。南西諸島では、入墨をすることによって、内地や台湾などへ連れて行かれなくてすむとか、入墨をしないで死ぬと、素手で竹の根を掘らされ、あるいは先祖に自分を証明することができない、という話者が多い。

6　身体装飾・化粧　アイヌ女性には、入墨によって美しく化粧する、という考えが多かった。入墨の本来の目的を身体装飾とする人が多い。

7　医療の目的で行うもの　北海道アイヌでは、女は悪い血をたくさん持っているので、切って血を出さなければならない。女は入墨をすれば、悪い病気にもかからない、といわれた。また、頭痛、眼病、脚が腫れたとき、その他種々の疾病のときに、もう一度入墨をすると治る、といわれていた。南西諸島でも、与那国島で、肩こりや腕の痛みを治療するために、入墨をした例が報告されている。

8　刑罰、威嚇、性的な動機、流行、好奇心など　古代日本では、死罪の代償として顔に入墨が行われ、その後、将軍吉宗の時代になって復活した。中国でも、後晋のときに刺配の法が始められ、宋、元、明に及んでいる。ヤップ島では鮫、古代の中国・日本では龍の紋様が、海や河川での危害を防ぐと考えられていた（前述）。トラック島では、女性の大腿にある入墨が、男性を性的に興奮させる装飾とされた。

また、ビルマ女性の眉間や口唇部の入墨は、男性を魅了する力がある、と信じられていた。現在、文明社会でも、まれに女性の大腿や股間に、ハート、イニシァルズ、花、セクシァルな絵が描かれていることがある。

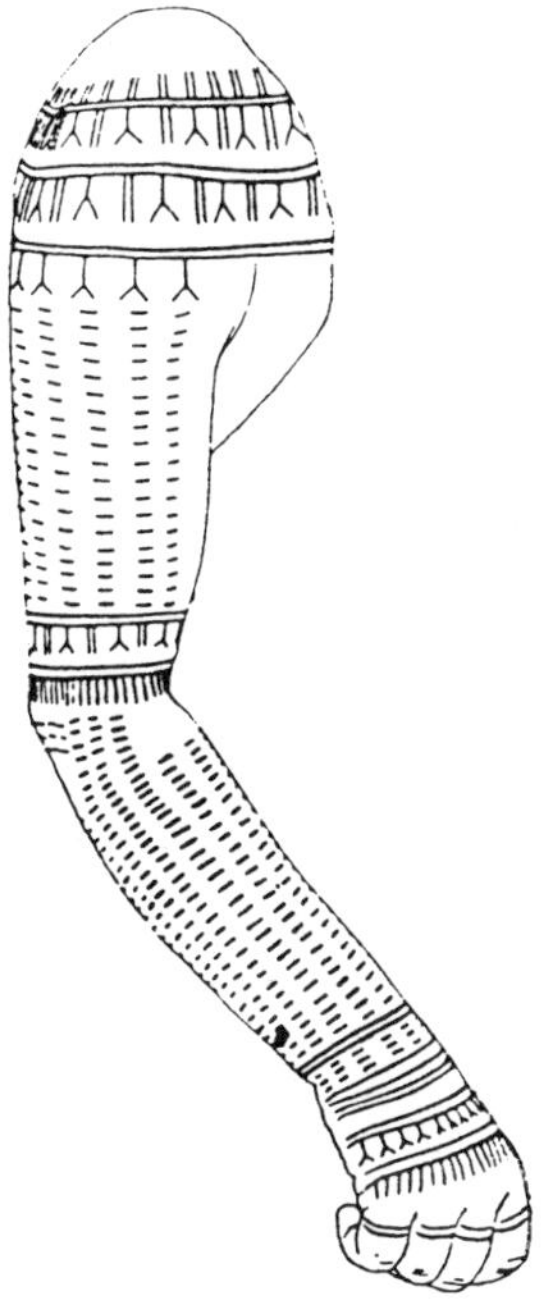

中部エスキモー女性の上肢の入墨〈Ploss & Bartels, 1927〉

入墨を施す部位

入墨を行う部位は種族や地域によって差があり、手背に限るもの、上肢を主とするもの、四肢を主とするものがある。胸背を主とするものがある。顔面には、施すところと、しないところとがある。

一般に、あまり衣服をつけない地方では、衣服の有無に影響されずに、入墨を施すことができるが、北方の寒い地方では、手背や顔面など、主に露出している部位を選んで行っている。アラスカ・エスキモー、ゴルヂ族、チュクチ族、アイヌなどはこの例である。

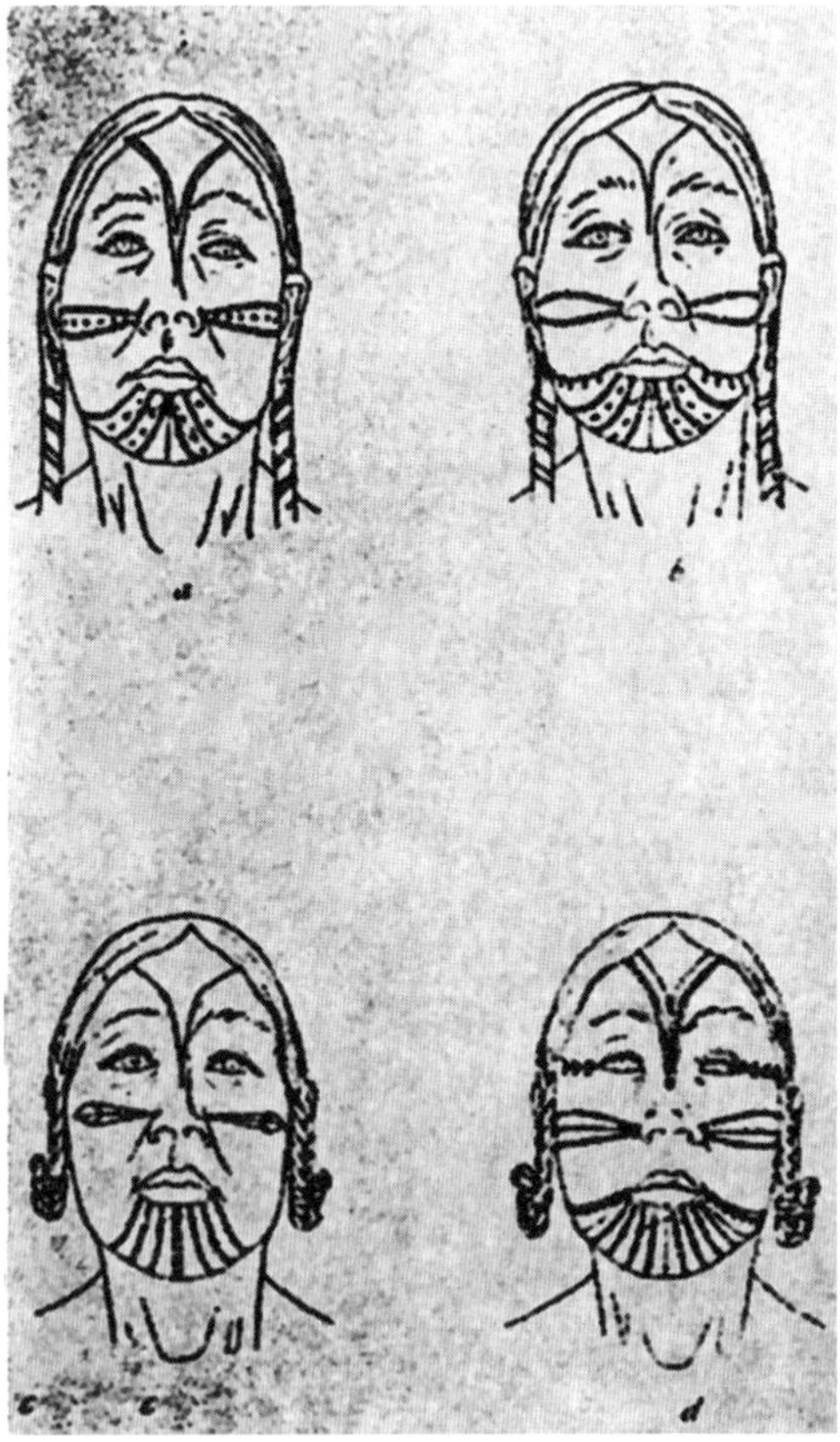

エスキモー女性の顔の入墨
〈Ploss & Bartels, 1927〉

移川および高山によると、顔面に入墨をする種族には、次のようなものがある。エスキモー（男女）、チュクチ（男女）、ゴルヂ（女）、コリャーク（女）、アイヌ（男女）、古代日本人（主に男）、台湾のアタヤル（男女）、サイシャット（男女）、パイワン（女）、ルカイ（女）およびプユマ族（女）、海南島の黎族（女）、南中国およびビルマのチン族（女）、ビルマ人（男）、ベンガルのケエン（女）、ジュアン（女）およびカルリア族（女）、オラオン族（女）、インドのナガ（女）、バダガ（女）、

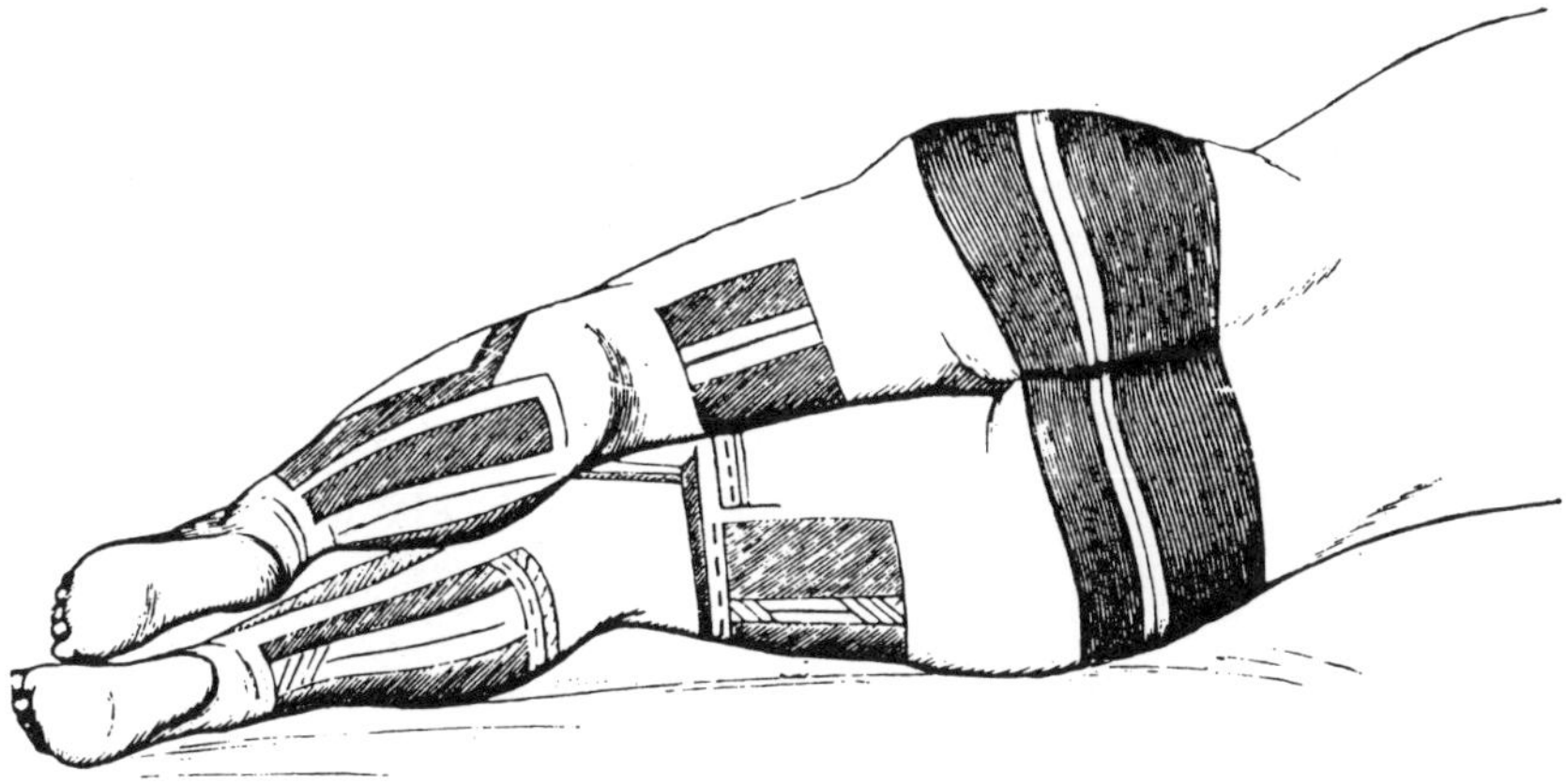

ポナペ島女性の入墨〈Ploss & Bartels, 1927〉

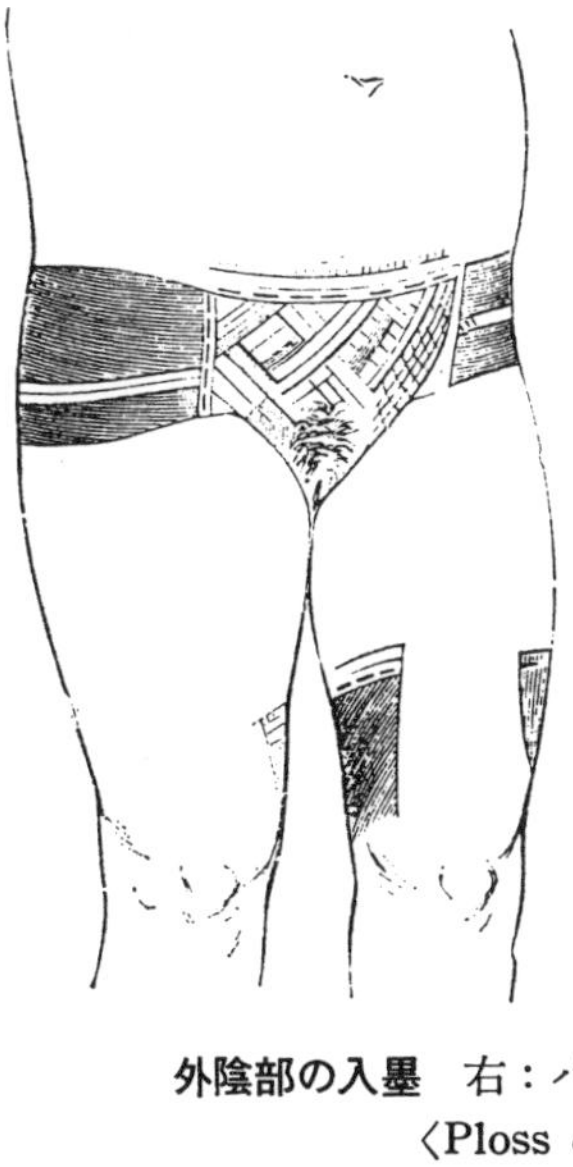

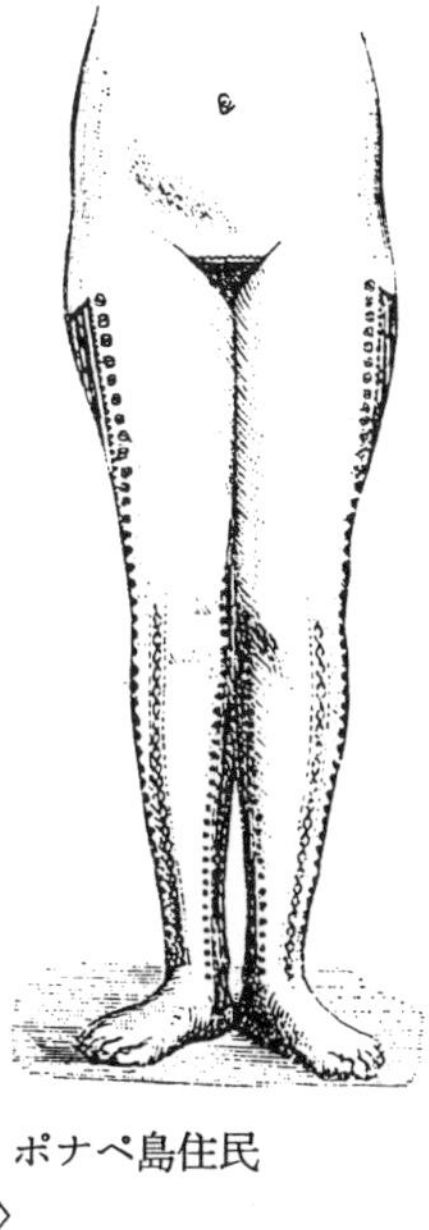

外陰部の入墨　右：パラオ島住民 左：ポナペ島住民
〈Ploss & Bartels, 1927〉

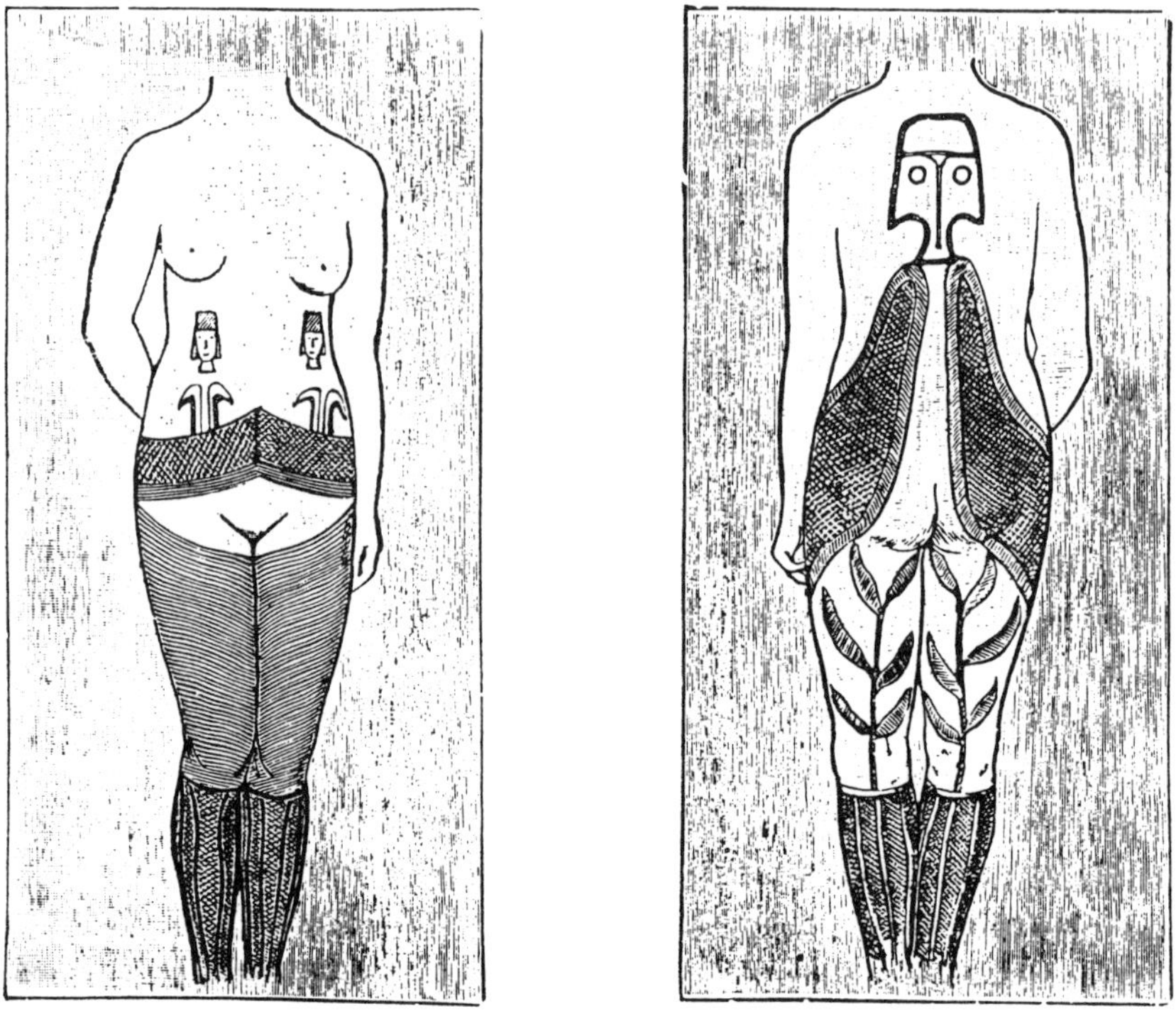

イースター島住民女性の入墨　左：腹側　右：背側
〈Ploss & Bartels, 1927〉

トダ（女）およびギルザイ族（女）、フィリピンのボンドック（男）、イゴロット（男）および南部カリンガ族（男）、インドネシア・セラム島のパタシワおよびパタリマ族（男）、ボルネオのビアジャウ族（男）、マレーシアのサカイ族（女）、インドシナのモイ族（男女）、ニューギニア（女）、ニューアイルランド（女、酋長）、アドミラルティ諸島（女）、ニューヘブリデス諸島（女）、フィジー諸島（女、顔はまれ）、オントングジャバ島（女）、チモールラウト諸島（男女）、ニュージーランド（男女）、マーシャル群島（酋長のみ）、カロリン諸島のルク島（男、顔はまれ）、ペルシア（女）、アラビア（女）、パレスチナ（女）、北米インディアンの一部（女）、ブラジル原住民。

南西諸島では、両側の手関節部、手背および指背に施される。

アイヌの入墨は顔面、両側前腕、両側手背に施されるが、地方によって多少の差がある。北見、釧路、十勝、日高、石狩では、顔面でも口の周囲に限られるが、胆振西半部では、口辺部のほか、眉部と額に入墨をしていた。口辺部では、口を閉じたとき、口唇の赤い部分はなく、それを含めた部分は入墨で青黒くなっている。前腕背側と手背では、肘関節のやや下方から手関節部を越えて各指の基節の高さまで達している。前腕掌側では、その背側と同じ高さから始まり、手関節部の直上部で終っている。

入墨をする年齢と時期

入墨は成人期に関連して施されることが多い。女性では、結婚前から始め、結婚後、既婚のしるしとして完成する。男性では、馘首、捕鯨者、その他武勇あるいは有能であることを示すために行うことが多い。階級を表す入墨は成人期以後に行われる。装飾、流行、刑罰、恋愛、威嚇、好奇心などによるもの以外は、しばしば儀式を伴っている。

南西諸島では、三宅宗悦によると、左右別々に、違う年に行ったり、同じ年に施したりした。施行年齢の最年少は八歳（喜界島）、最年長は二十九歳と隔りがあるが、十七、八歳が最も普通のようである。名嘉真宜勝の最近の報告によると、沖縄における施行年齢は最年少は五歳、最年長は三十歳ごろ、十七歳が最も多い。一般には結婚前に行われるが（六五八人）、結婚後に行うこともある（五九人）。名嘉真は結婚前から始めて、結婚後に完成させたのだろう、と推定している。

アイヌ女性の入墨　日高西部〈S. Kodama：Ainu, 1970〉

施術を行う季節は、奄美諸島では約半数が秋に行い、夏、冬の順となり、春には非常に少ない。沖縄本島でも、秋に多いが、夏に行うものと著しい差はない（ともに三〇パーセント前後）。次いで、春、冬の順になっている。

アイヌ女性の入墨　胆振西部〈S. Kodama: Ainu, 1970〉

北海道アイヌでも結婚前から始められ、日高、胆振地方、近文付近では、七、八歳から遅くても十四、五歳までの間に、第一回の施術を行う。最初は口辺部から始めるのが普通であった。施術は二、三回、ときには四回行われた。前腕や手背は十一、二歳から十五、六歳までの間に始めていたようである。そして、二十歳前後には全部が完成した。早いものでは、十五、六歳で完成することがあった。

季節は春から初夏にかけて、最もよく行われた。日高の西半部および胆振では、四季を通じて暇なときに行われた。例えば、雨が降って仕事ができないときなどに行うのが普通であった。暑いときは傷が化膿しやすいし、寒いときには傷が痛むので、手術はなるべく避けた。

児玉らによると、樺太アイヌは一般に北海道アイヌよりも開始年齢が遅く、十四、五歳から十七、八歳ぐらいまでの間に始め、完成までの回数も少なかった。これは樺太アイヌの入墨は口辺部のみに限られていたからである。

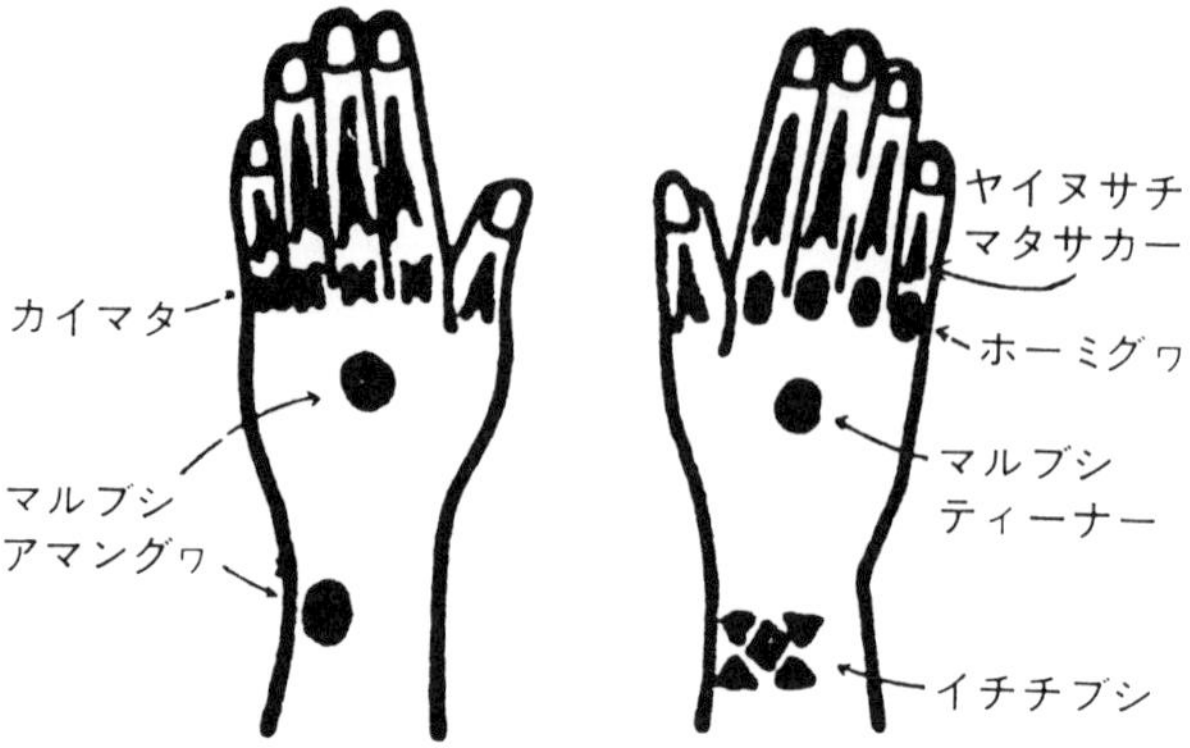

沖縄本島読谷村の針突紋様とその名称
〈名嘉真宜勝：南島入墨習俗の研究，1985〉

入墨の紋様

入墨の紋様は多種多様であるから、簡単にいい表すことができない。ここでは、一、二の例を中心に記すにとどめたい。

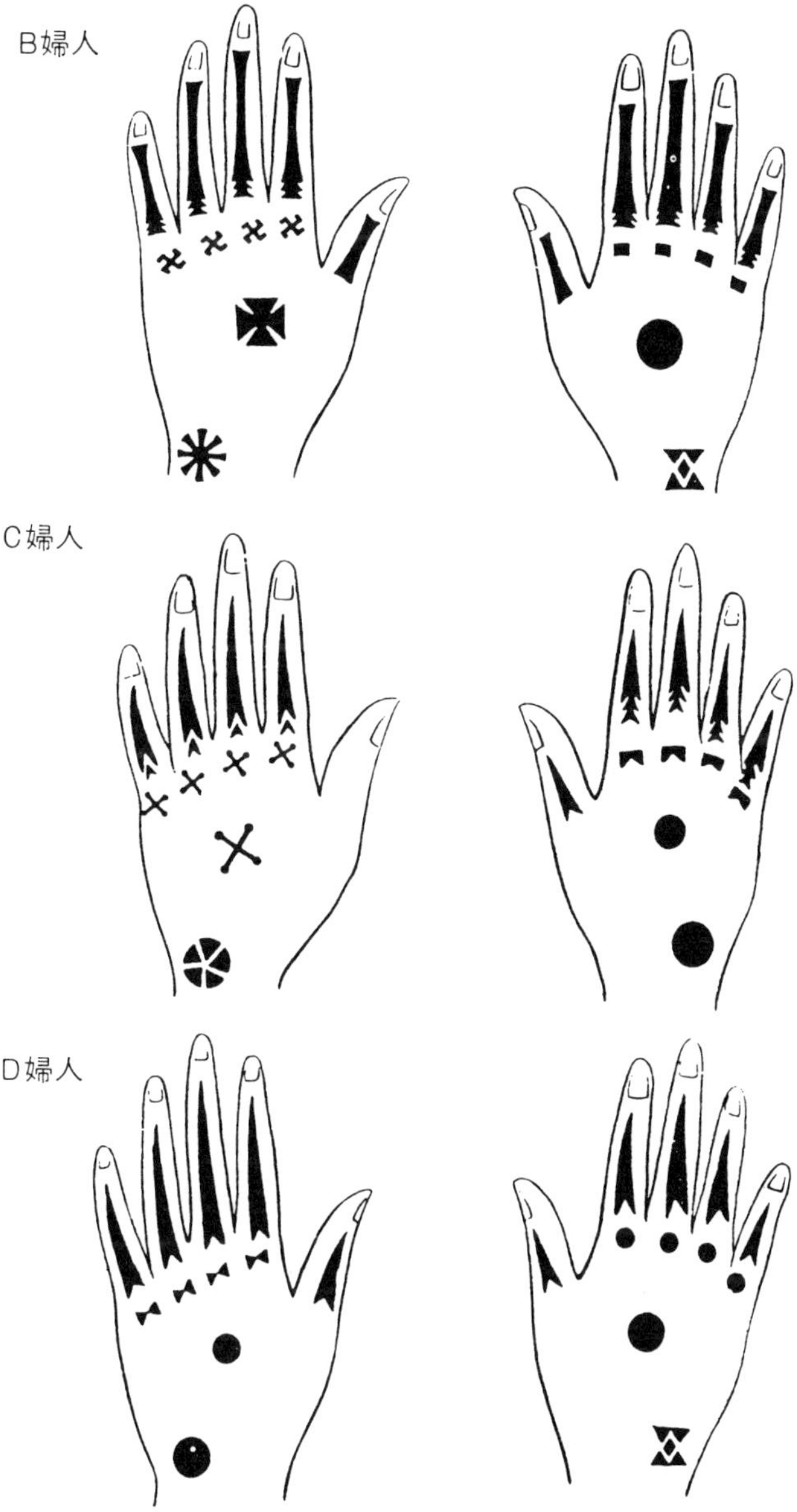

沖縄県与那国島の針突紋様〈名嘉真：南島入墨習俗の研究，1985〉

高砂族では、蛇、人首、人形の紋様もあるが、線、点線および曲線から構成された幾何学的紋様が多い。これはインドネシア東部や海南島の入墨紋様に通じる点が多い、と移川は述べている。それに対して、ビルマのシアン族、ラオス、スマトラ、ボルネオでは、鳥獣紋様が主で、曲線的なものが多い、という。

口の周囲に入墨をするのは、海南島、台湾、アイヌ、アラスカ・エスキモーなどである。アイヌの口辺部の入墨は両側外端を外上方に向けた半月形が多い。前腕と手背の紋様は、菱形、斜交線、横線が主体である。

南西諸島の入墨紋様は各地区で異なり、小原一夫は十一地区、市川重治は四地区（奄美大島、沖縄本島、宮古島、石垣島）に分類している。この紋様はヤイヌサチ（矢の先）またはマタサカー（叉の裂けたもの）、ホーミグヮー（宝貝、円形）、マルブシ（丸星、円形）、カイマタあるいはクジマ（H字形）、イチチブシ（五つ星）から構成されている。

入墨皮膚の組織像

生体内に異物が入ると、生体はそれを外へ排出しようとする。ところが、墨の粒子は異物としての扱いを受けず、皮膚の組織になじんで、長くとどまっている。なぜそうなるのか、そのメカニズムはまだ明らかにされていない。

入墨をしてまもない皮膚の組織を光学顕微鏡で見ると、真皮の上層にのみ墨の粒子が見出され、時が経つにつれて、その粒子は毛細血管に沿ってしだいに深層に移行し、ときには皮下組織（皮下脂肪のある層）にも認められることがある。大矢全節は、このような所見からみると、入墨師はあまり深く色素を入れないようだ、という。

渡辺左武郎らはアイヌの入墨皮膚を顕微鏡で観察し、墨の粒子は主に真皮の表層に見られるが、その深層から皮下組織にまで沈着していることを認めている。それに対して、日本人の入墨では、粒子は真皮に限られ、皮下組織にまで達していない。この違いは、アイヌの入墨は切り傷であるのに対し、日本人のそれは刺し傷だからであろう、と推定している。

異物が真皮に入ると、組織球はそれを貪食して、細胞質のなかに取りこんでしまう。墨の粒子も大部分は組織球のなかにある。しかし、細胞の外にもあるように見え、ときには、結合組織の間に粒子が線状をなしている、と記載されていた。入墨の皮膚を電子顕微鏡で観察した大熊守也らによると、墨の粒子はすべて組織球のなかにあり、細胞の外にあるように見えた粒子も、すべて細胞内にあることが明らかになった、と記している。これらの粒子を取りこんだ組織球の大部分は、血管とリンパ管の周りにある。

墨を入れた直後か、まもない組織では、細胞外に墨の粒子が認められると思われるが、施術後一定の期間を経たものでは、粒子はすべて細胞内に取りこまれる、と考えられる。大熊らは組織中の墨粒子がリンパ管に入ることを、動物実験で確かめ、

細胞外→貪食細胞→細胞外（組織球の死）→貪食細胞
貪食細胞→リンパ管→リンパ節
細胞外（組織球の死）→リンパ管→リンパ節

という循環を想定している。そして、入墨の色は一定期間以後は褪色しないので、それ以後は、粒子

がリンパ管に入る経路が断たれるのだろう、と推定している。ただ、粒子がどうして血管の周りに集まるのかわからないし、リンパ管への経路が断たれるメカニズムも不明である。

もし、このような色素粒子の動態が明らかになれば、皮膚を切除しないで、入墨を除くことができるようになるかも知れない。

5 男性の割礼

割礼とは

「割礼」といっても、何のことかわからない人はかなり多い。これが英語の“circumcision”の訳語だとわかると、少しわかったような気になるが、サーカムシジョンがなぜ「割礼」という訳になるか、というとますますわからなくなる。

サーカムシジョンは本来、包皮を環状に切り取ることである。このような狭義の割礼から、すべての包皮の切除や切開、さらにオーストラリア原住民の行っている尿道下部切開 subincision や、女性の外陰部切除および切開も含めて、割礼（広義）といわれるのが普通である。

包皮は陰茎亀頭の主として背面をおおっているが、下面へ行くに従って短くなり、矢状《しじよう》方向に向かって亀頭の下面に移行している。この矢状方向のひだを包皮小帯という。だから、環状切開とはいっても、包皮小帯の部分は残るわけであるから、包皮は三日月状に切り取ることになり、厳密な意味では、環状ではない。

話をもとへもどすと、サーカムシジョンが日本語で「割礼」となったのは、どういうわけだろうか。中国では、唐のころから、宦官《かんがん》というものがあった。女官のいる宮廷にも、取り締りや事務処理のため、男子の職員を必要としたが、妻や妾のおおぜいいる後宮に、正常な男性を入れると、何をしでかすかわからない。そこで、去勢した男性が宦官として、そこに勤めていた（第8章参照）。日本にはサーカムシジョンという概念がないので、日本の学者たちはそれを去勢のようなものだろう、と勝手に解釈して、「割礼」という奇妙な訳語が生まれた、といわれている。

最近、大学生のなかには、テレビを見て、はじめて割礼というものを知った、という人が多い。マスコミの影響力というものを、改めて思い知らされたが、これは「やらせ」ではないか、と疑ったものも少なくなかった。マスコミの信用が落ちたことにもよるだろうが、若い人たちには、奇妙な風習と映ったようである。また、少数だが、割礼＝去勢と誤解していた人もあり、「割礼」と誤訳したころを見る思いがして、興味をひいた。

割礼はアジアや欧米の文明社会では行われていないので、奇妙な風習のように思われているが、これは地球上の広い地域にわたって見られ、世界の男性人口の約七分の一が割礼を受けている、と推定されている。

その分布は、ユダヤ教徒、イスラム教徒、ポリネシア、メラネシア、マレーシア、インドネシア、インド、パキスタン、アラブ、アフリカの大部分、アメリカインディアンの一部、オーストラリア原住民などにわたっている。そして、古くはエジプトやイスラエルで行われ、また、宗教と結びついたり、宗教と無関係に社会的慣習として行われている地域がある。これらは切除の形式や意義によって、次のように分類することができるだろう。

切除の形式による分類

1　完全切除　包茎手術のように、包皮全部を環状に切除するもの。例、アラブ・イスラム社会。

2　部分切除　包皮の一部を切除するもの。例、ユダヤ教徒。

3　包皮切開　包皮の背側を縦に切開するのみで、切除しないもの。例、インドネシア、ニューギニア、西太平洋の島々。

4　下部切開（尿道切開）　包皮切除を行い、一定期間の後、尿道を下部より切開するもの。オーストラリア原住民にのみ見られる。

割礼の起源

このような習俗がいつごろから始まったかは明らかでない。一説によると、その起源は新石器時代までさかのぼり、エジプトのテペ・ガウラ（前王朝時代）から出土した石製のファルスは割礼を表している、といわれる。A・T・サンディソンとC・ウェルスは、割礼はおそらくセム族の影響によるも

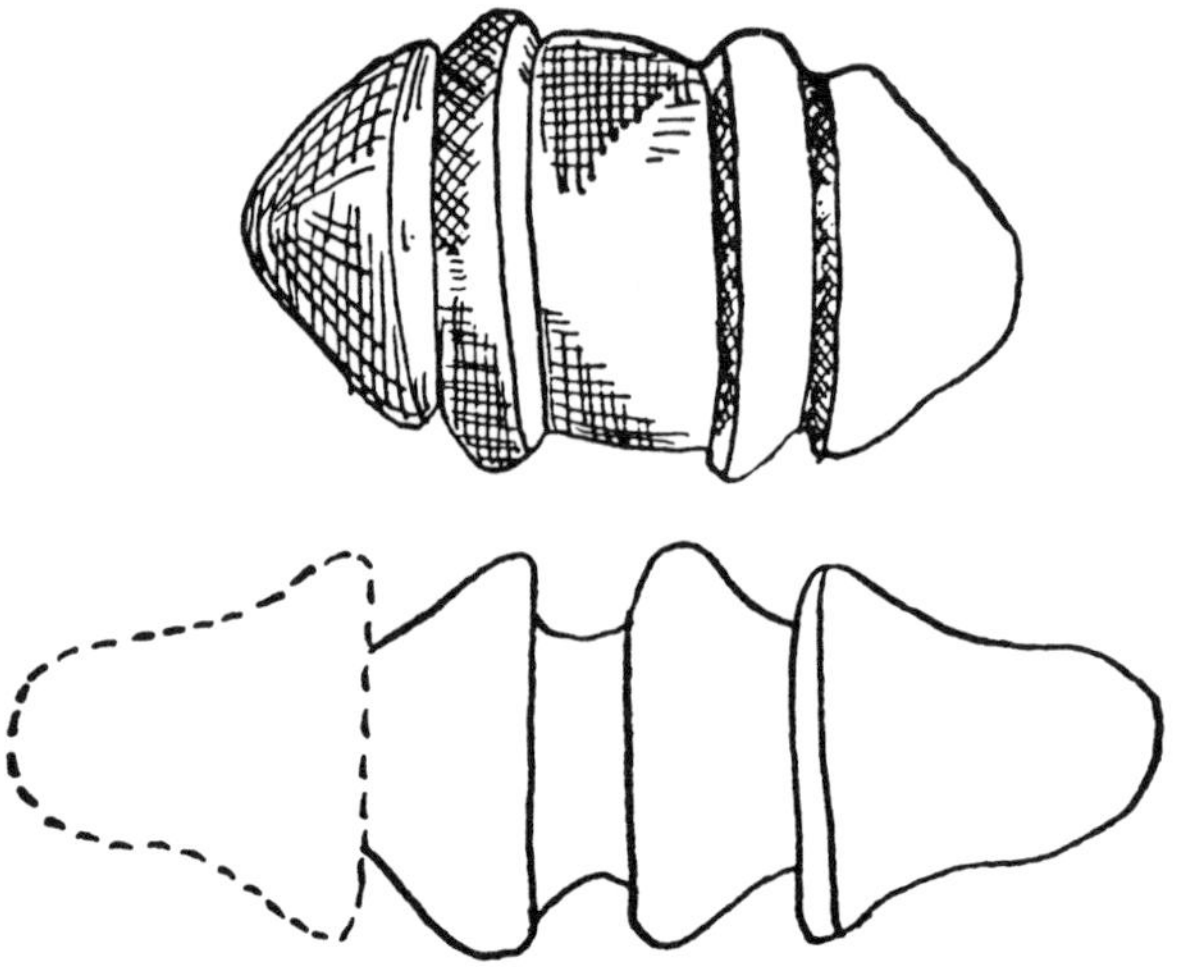

エジプト・ヘロアン出土の男根様土製品
〈J. Bitschai & M. L. Brodny: A history of urology in Egypt, 1956〉

のと推測している。また、M・ボードゥインは新石器時代までさかのぼって、割礼の証跡を探り、それに使ったとみられる石製および青銅製のナイフをあげている。しかし、新石器時代に割礼が行われたという確実な証拠はない。

古代メソポタミアでは、割礼は行われていない。アッシリア人は男性生殖器を傷つけた男性や外傷性流産を起こした女性を厳しく罰した。古代エジプトでは、ミイラなどに割礼痕跡が認められる。ヘブライ人は子供のときに割礼を行い、それをエジプト人から学んだことはほぼ間違いない、とされている。

割礼の痕跡がある最も古いミイラはエジプトから発見されているので、おそらく割礼はエジプトで発生した、と推定される。エジプトでは、ＢＣ四〇〇〇年の前王朝時代の墓から出た遺体に、割礼の痕がある、といわれている。

割礼の起源を論ずる際、しばしば引き合いに出されるのは、太陽神ラー（もしくはレー）Laの宇宙神話である。ラーは自ら自分のファルスと交って、神々を創造した。そのとき、ラーは彼自身を切断し、ラーのファルスから流れる血の滴りが神々に変った、とこの神話は伝えている。このなかに出てくる〝切断〟は割礼を意味するものであろう、といわれている。

初期王国の第二王朝（BC二八九〇—二六八六）以後の王の名前のなかには、太陽神ラーの名が現れ始めるので、この信仰はおそらく先史時代からあった、と考えられている。次いで、古王国時代（BC二六八六—二一八一）に入ると、ミイラには明らかな割礼の痕跡が認められるようになる。第五王朝（BC二四九四—二三四五）以後の王はそれぞれ五つの名を持ち、五番目の称号に「ラーの子」という称号が加えられる。太陽神ラーの神話が割礼を示すものだとすると、ラーの子である王はラーにならって割礼を行ったのであろう、と推定される。

もし、そうだとすると、割礼は古代エジプトの神話から始まった、といえるかも知れない。しかし、神話というものは、どこの国でも、為政者の政治的基盤が固まってから、意図的につくられることが少なくないので、逆に、割礼の習俗がなければ、このような神話は生まれなかった、ということができるだろう。

ミイラと割礼

古代エジプトでは、壁画やミイラなどから、割礼がエジプト全域にわたって広く行われていたことがわかる。前述のように、BC四〇〇〇年ごろから割礼が行われていたと推定され、初期王国の第二

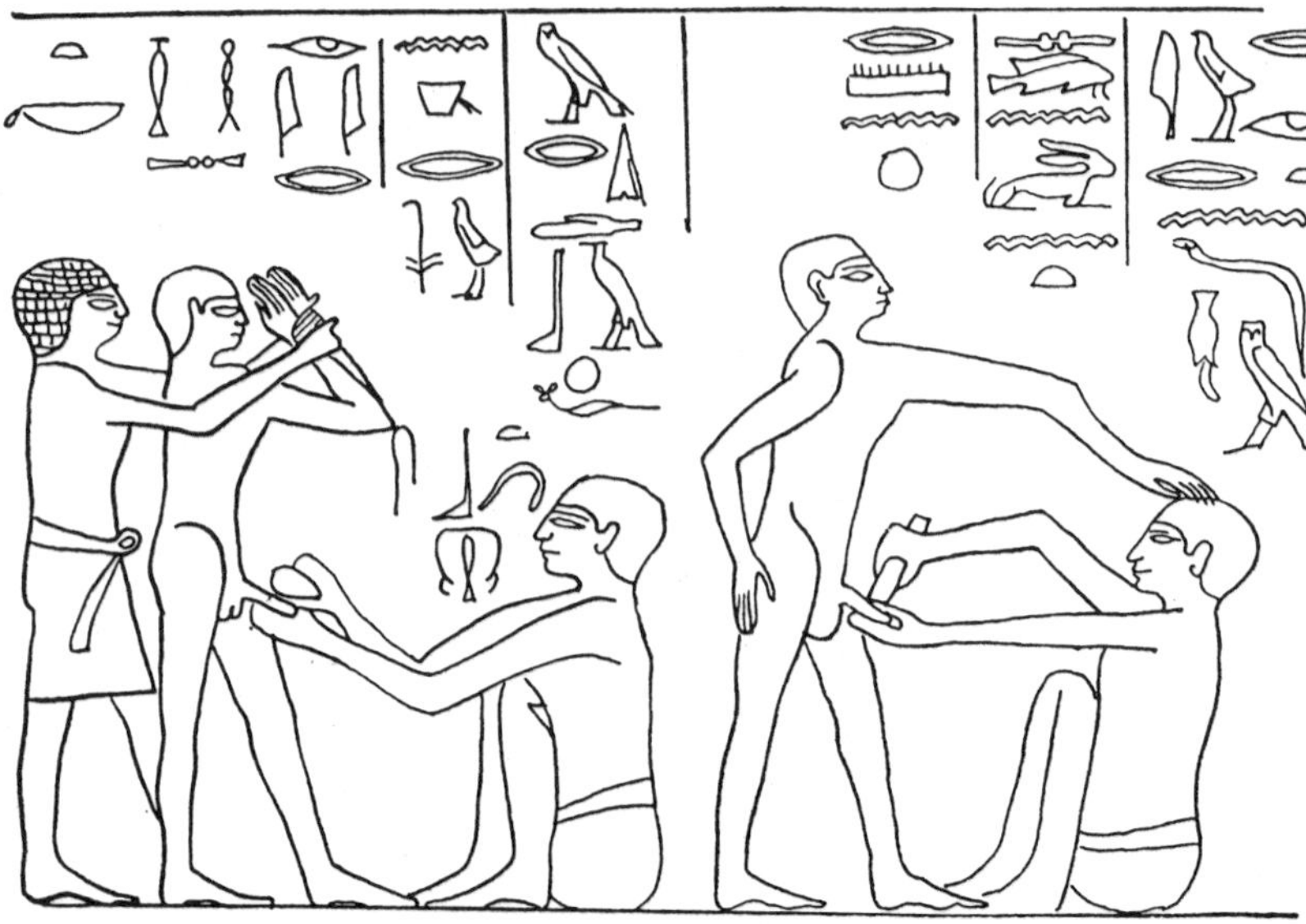

割礼手術　エジプト・アンクマホールの第6王朝古墓レリーフ
〈Bitschai & Brodny, 1956〉

王朝には、王にラーの名が現れるので、王室では割礼が一般に行われていた、と考えられる。

第六王朝（BC二三四五―二一八一）に比定されるサッカラのアンクマホールの墓には、有名な割礼手術のレリーフが刻まれている。これには、二人の術者がそれぞれ一人の被術者に手術を行っている光景が描かれている。術者はおそらく神官で、被術者のヘアスタイルが術者のそれと異なるのは、被術者が思春期前の少年であるからだ、と説明されている。右側の術者は金属製、左側の術者は石製と思われるナイフを持っている。そして、右側の少年は自分の腕を術者の頭に当てて、体を支えているが、左側の絵では、助手が少年の両手をつかまえている。

手術時の出血に対する処置は、ドスルト

（植物名）の蜜、イカの甲、イチジク、ドシス（植物名）の果実をいっしょに混ぜたものを、局所に塗った、とエベルス・パピルスに記録されている。

新王国（BC一五六七―一〇八五）の時代になると、発見されるミイラの数も多くなり、常に割礼の痕が見出される。アメノフィス二世、トゥトモシス四世、ラムセス四世、その他多くの成人ファラオには、明らかに割礼の痕が認められている。

王室のミイラでは、アメノフィス二世の墓から発見された十一歳ぐらいの少年（ワブ・キー・セヌ王子）のミイラは、まだ割礼をしていない。また、六歳ぐらいのシペア王子のペニスははっきりしないが、割礼をしていない、という意見が多い。五―六歳で割礼をしているシパーリ王子のような例外はあるが、王室では、思春期直前に手術を行った、とみられている。

割礼の普及

わが国では、古代エジプトの割礼は王や司祭など上層階級の特権であった、という見方をする人が多いようである。それに対して、ヘンリー・E・シガリストは、一般の人々にも明らかに割礼が施されているので、王や司祭だけに限られた儀式ではない、と述べている。私はファラオ以外のミイラに割礼の痕があるという資料を見ていないが、少なくともミイラとして残っているのは、ごく限られた一部の人たちにすぎないので、ミイラだけを見て、割礼の普及の程度を判断してはならない。

これについては、ヘロドトスの記録が参考になる。彼はＢＣ四八四年からＢＣ四三〇年以後まで生存していたので、『歴史』に出てくる割礼の記事はそのころの風習とみてよい。それによると、

他国民は――エジプト人の風習を学んだものは別であるが――陰部を生れついたままにして置くが、エジプト人は包皮を切りとる。（松平千秋訳）

とある。これは割礼がすでに一般の人々の間に広く行われていたことを表している。

おそらく、当初は王あるいは特権階級の間で割礼が行われていたのであろうが、時代が降るに従って、下の階級にも普及するようになり、少なくともＢＣ五世紀ごろには、エジプトの一般的な習俗になっていた、と思われる。ヘロドトスは割礼の動機を、衛生的な理由によるとしており、これがエジプトで割礼の普及した主な理由であったかも知れない。

ヘロドトスはまた、エジプト以外の国民は割礼をしないが、エジプト人の風習を学んだものは別だ、とただし書きをしているところをみると、割礼がエジプト以外の国々へも広がっていたことがうかがわれる。

こうして、エジプトで長い間続いた割礼も、コプト人（古代エジプト人の子孫）の時代になると、どういうわけか消滅してしまう。この時代の塩漬けの遺体には、割礼の痕跡をとどめていない。そして、この国にイスラム教が入って、ふたたび割礼が始まるまで、割礼の証拠は見出されていない。

ユダヤ教と割礼

ユダヤ人の割礼については、旧約聖書にいくつかの記述がある。まず、『創世記』第一七章九―一四に、イスラエルの民祖アブラハムは、その子イシマエルや奴隷を含む一家のすべての男子とともに割礼を受けたとある。そのときアブラハムは九十九歳、イシマエルは十三歳であった。このとき、神エホヴァはアブラハムとその子孫との間の契約のしるしとして、男子はみんな割礼を受けるべきだ、といっている。

アブラハムのあと、割礼を受けない男子は神との契約を破るものとされ、すべてのユダヤ教徒は生後八日目に割礼することを、義務づけられてきた。『創世記』の話からわかるように、ユダヤ人の割礼は犠牲の儀式である。ユダヤ教徒は自分自身の肉体の一部(包皮)を切り取って神に供え、それによって、神エホヴァとの契約が身体に刻まれたことになる。つまり、ユダヤ教徒の割礼はキリスト教徒の洗礼と同じ意味をもっている、といってよい。

また、『出エジプト記』第四章二四―二六のモーセの話は、割礼が参入(イニシエーション)のような意味をもっている、という意見がある。モーセは割礼を受けていなかったので、神との契約をしなければならなかった。そこで、ヤハウェはモーセを殺そうとした。そのとき、妻のチッポラは子供の包皮を切除して、それをモーセのペニスに触れて、割礼をしたように見せかけた。彼らの息子の血がモーセの血とみなされ、モーセは自分が割礼をする代りに、息子を身代りにして神との契約を行った、というのである。

ユダヤ教の割礼は、彼らの社会へ参加することと、とくに選ばれて神と対話する選民への参加、という二重の参入の儀式といわれている。割礼を生後八日目と定めたのは、これを性的なものから切り離して、宗教的な意味をもたせるためだ、という説がある。

割礼はユダヤ教徒だけでなく、イスラエルの女性をめとる場合にも要求される。古代ヘブライでは、ヘブライ人だけでなく、奴隷やその子孫にも割礼を要求した。それは同時に改宗を意味するものであった。

キリスト教と割礼

古代ギリシア・ローマでは、包皮のおおっていないペニスを不潔なものと考えた。ヘレニズム時代のギリシア化したユダヤ人が全裸になって、ギリシア人たちと競技場で運動したとき、ユダヤ人の割礼したペニスはギリシア人の嘲笑の的となった。そこで、彼らはにせの包皮をつけて、競技に臨んだ、という。あるいは、残りの包皮を引き伸ばして、亀頭をおおった、ともいわれる。だから、ユダヤの法律家は、これは神聖な法に背くものだとして、後で修正できないように、切り取るようになった、という意見がある。ギリシア人たちは競技のとき、包皮を亀頭にかぶせ、その上にひもかテープを巻きつけた。

アンチキオス四世は、ＢＣ一六九年、シリアからイスラエルを奪った後、ユダヤ人をはずかしめるために、割礼を禁止し、この命令に背いた母親を、その子供とともに磔刑にした。

ローマのハドリアヌス帝（在位一一七―一三八）はユダヤ人以外のものにも割礼を禁止した。そして、この時代から、割礼の手術を行った医師に対して、終身刑か死刑という厳しい刑罰を与えた。ローマ人たちは、割礼は去勢に等しいものと考えていたからである。

ユダヤ教を母体として生まれたキリスト教では、はじめは割礼を行うべきかどうかで議論があった。イエス・キリストはユダヤ人として生まれたので、一般のユダヤ人と同じように、生後八日目に割礼を受けているが（『ルカ伝』第二章）、彼にとって、割礼はあまり問題ではなかった。

割礼ありて召されしものあらんか、その人、割礼を棄つべからず。割礼なくして召されしものあらんか、その人、割礼をうくべからず。割礼をうくるもうけぬも数うるにたらず。ただ貴きはいましめを守ることなり。（『コリント前書』第七章）

キリスト、イエスにありては、割礼をうくるもうけぬも益なく、

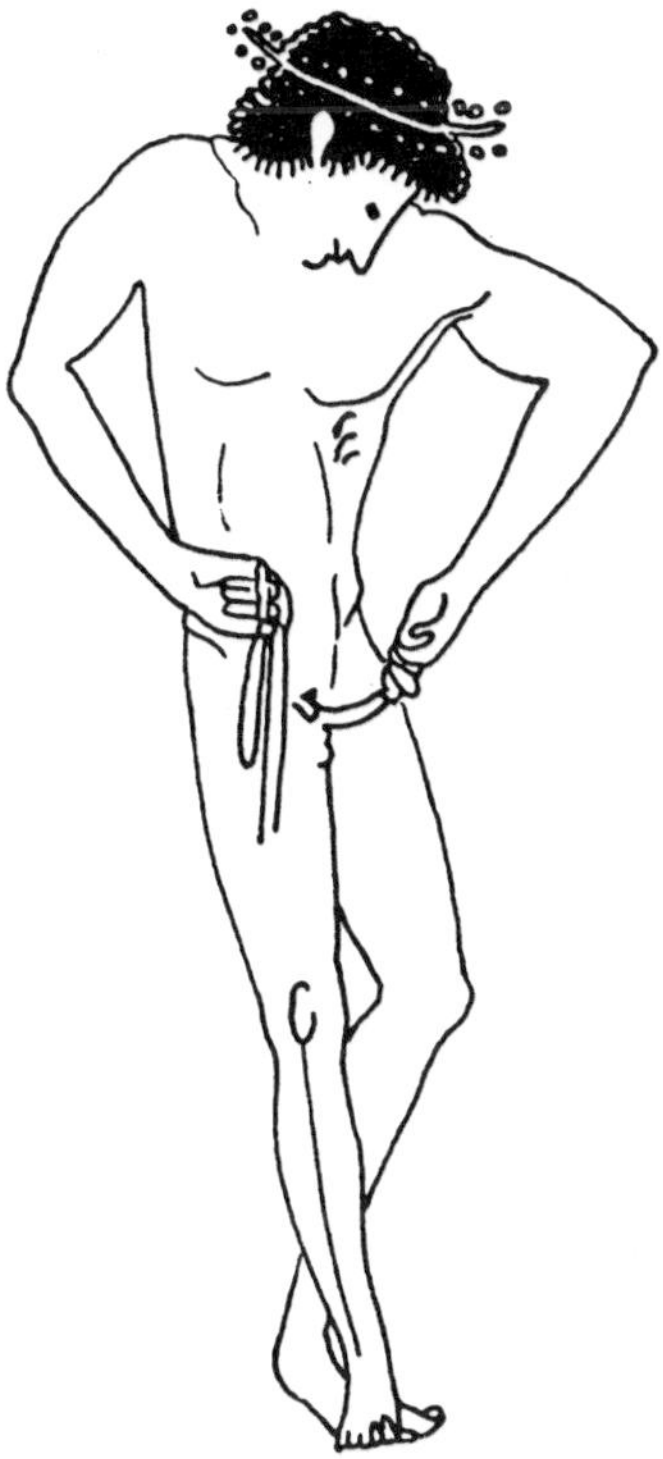

亀頭に包皮をかぶせてヒモを巻きつけている競技者
（ＢＣ５年の水がめの絵）

ただ愛によりて働く信仰のみ益あり。(『ガラテア書』第五章)

とある。

ある一派は、外国人がキリスト教徒になるには、まず割礼を行い、真のユダヤ人になってから、キリスト教徒にならなければならない、と主張した。『ロマ書』第二章によると、パウロはエルサレムでの使徒会議で、割礼の必要を唱える保守主義者たちに反対した、といわれる。パウロは、割礼を強要することはキリスト教的性格をぬぐえず、ユダヤ教の一派にとどまるものとし、外見上の割礼よりも心の割礼こそ真の割礼である、といって精神面の重要性を強調した。

それ以後、キリスト教では、しだいに割礼が行われなくなり、洗礼がそれにとって代った。当時、新興宗教であったキリスト教では、ユダヤ教徒を改宗させることに懸命であったので、パウロたちは肉体的な苦痛を伴う割礼を強要することは、改宗の妨げになることに気づいたのだ、といわれている。たしかに、キリスト教が割礼を要求していたら、現在のような隆盛はみられなかったであろう。とくに、キリスト教がヨーロッパに基盤を築いたのは、ギリシア・ローマ時代以来の習俗と無関係ではなかろう、と推測する。現在、キリスト教で割礼を行っているのは、エジプトとエチオピアぐらいであろう。

キリスト教は割礼を放棄したが、教会では、クリスマスから八日目に当る一月一日を、割礼祭 the Circumcision として記念している。キリストの〝聖なる包皮〟と称するものは、ヨーロッパの少なくとも十二カ所以上の教会で保存され、崇められていた、といわれる。キリスト教では、キリスト復活のとき、ふたたび包皮をつけることができるように保存されていたとか、奇蹟によって、元のままの状態を保っている、などといわれているそうである。この聖なる包皮を拝むと、不妊症の女性にも子供が生れ、出産時の陣痛もやわらぐ、といわれていた。

イスラム教徒の割礼

イスラム教徒の割礼は教祖マホメットに倣ったものとされているが、マホメットが割礼を受けたという、はっきりした証拠はない。『コーラン』では、割礼について何も述べていないし、イスラム法学では、割礼は強制的ではなく、強く勧告されている行為だという。ユダヤ教のように、割礼そのものに宗教的な意味はないが、イスラム教では非常に重要な儀式である。

イスラム教徒の割礼は、本来生後七日目に行われるものとされているが、民族や社会によって異なり、七—十二歳の間に行われることが多いようである。E・ファン・ヘネップは、モロッコでは正統派は生後七日目に行うといっているが、A・ブーディバによると、チュニジアでは、生後七日目に行ってはならないとされ、七—十二歳の間に手術を受けるように勧められている、という。また、サウジアラビアのメッカ近郊の遊牧民定着農村地帯では、生後一年以内に行われる、と片倉もとこは報告している。

ユダヤ教の割礼は包皮を少し切り取るにすぎないが、イスラム教では、包皮を全部切り取る環状切除である。イスラム教はユダヤ人の慣習や行動様式を模倣しているといわれているが、割礼では意識的にユダヤ教と区別しているようである。イスラム教徒の割礼は清浄にするという意味があり、イスラム社会への参入の儀式である。割礼はイスラム社会の一員であることを示すものであるから、イスラム教に改宗すれば、必ず割礼を受けなければならない。戒律的な性格はないから、礼拝はまったく行わない。儀式は地域や社会によって異なるが、アラブ社会では、街をねり歩く行列と、手術のときに大きな叫び声や音を立てて、悲鳴をかき消すことは共通しているようである。

近代になってから、カイロ、ジャカルタ、サウジアラビアの都市部などでは、病院で割礼の手術が行われている。このほうが衛生的にはいいわけだが、暑い地方では、包皮を切除した後、不潔になりやすいことも、病院での割礼を普及させた理由の一つであろう。

森優によると、ジャカルタの病院で行う割礼は包皮と亀頭との間にピンセットを入れ、それに沿って包皮を縦に切り、包皮を亀頭冠の方へ返して包帯で押さえるものである。包皮を切り取らず、その背側を縦に切開する術式は、インドネシアからニューギニア、太平洋のウンボイ島、ニューブリテン島、ウイツ諸島、アドミラルティ諸島などに見られる。

アフリカにおける割礼

アフリカ大陸では、ほとんど全域にわたって割礼が見られる。ユダヤ人に接したアフリカ黒人はユダヤ教の影響を受け、北アフリカ、スーダン、エチオピアからギニアに至る地方にまで広がった、といわれている。この種の割礼は出生直後に行われるが、本来の宗教的な意味が薄れて、少年期から成人期への通過儀礼に変ったところがある。また、アフリカには、他の文化の影響をほとんど受けていない、といわれる独自の割礼があり、古い時代にエジプトから入った、という説がある。

B・デ・ラチェウィルツは、アフリカで行われている割礼の特徴的な性格を、次の三型に分けている。

第1型　成年式が思春期に行われるもので、男女双方に行われるもの。

第2型　男性だけに限られ、幼時に割礼を受けるもの。儀式をせずに割礼を受ける部族もある。

第3型　女性の割礼のみを行い、男性は行わないもの。

この分類は割礼に伴う儀式と性別による分類であって、割礼自体についての分類ではない。しかし、性関係という点からみると、この分類は非常に重要な意味がある。ラチェウィルツは何も言及していないが、宗教的なものを除くと、男女の割礼は両性をペアとして考える必要がある。

割礼は包茎の手術と同じようなものである。違うのは、消毒、麻酔、縫合といった医学的な処置を省くだけである、といってよい。これまで、わが国で最も普通に行われてきた術式は包皮を環状に切除する方法である。ところが、包皮を全部切り取ってしまうと、オナニーをするのに困るそうである。最近では、この点にも注意を払って、別の術式で手術を行う医師が増えているらしい。ユダヤ教やキリスト教では、オナニーが罪悪とされ、とくに、ユダヤ教では、オナニーを最悪の罪とし、死に値する犯罪とみなされていた。ユダヤ教が割礼を強要しているのは、オナニーをやりにくくすることが目的の一つではないか、と私は疑っている。

話を元へもどそう。マサイ、ペディ、スワジ、トンガ、ウォロフ、バルエ、ナンディ、サベイの諸族では、割礼まではオナニーが続けられるが、大人がオナニーをしているところを見つかると、軽蔑の的になるという。割礼後のオナニーを禁止している部族が多いのは、それによって、オナニーがしにくくなることと関係があるのではなかろうか。成人式後のオナニーを禁止する意味で割礼を行うのか、割礼の結果としてそれが禁止されるようになったのか、容易に決定できないことではあるが。

女性の割礼でも、男性と同じようなことが考えられる。ガンダ、ナンディ族の少女は割礼をするまでは、オナニーを続ける。切除する部位は部族や社会によって違うが、最も敏感なクリトリスや小陰唇であることが多い。いったん割礼を受けた女性は性感覚がかなり損われるので、その前に予備的なオーガスムを経験しておくことが必要である。女性の外陰切除では、男性の割礼以上にオナニーを困難にすると考えられる。

このように考えると、第2型は通常のセックス、第1型と第3型は女性の性感覚を著しく損っているようにみえる。女性の性感覚を犠牲にしてまで割礼を行うのはなぜだろうか。これについて的確な解答を見出すことはむずかしいが、各部族の女性ないしセックスに対する考え方にあるのではないか。

アフリカ本来の割礼は、青年期から成人期への通過儀礼として行われることが多い。その儀式などは地域や部族によって、千差万別であるが、準備と被術者の隔離、手術、回復期、全快の四段階からなることは男女とも共通している。細かい儀式の内容や経過については、多くの事例報告や成書があるので、それらに譲る。

手術を行う年齢はまちまちである。例えば、ナンディ族は十五―十九歳、バクウィリ族は十二―十四歳、マサイ族は十六歳ごろといわれるが、普通割礼を受ける少年の数によって、一年ないし数年おきに手術を行う部族が多いので、その年により年齢は一定していない。隔離期間は一週間から数ヵ月に及び、その間に包皮の切除を行う。隔離期間が終ると、その少年は一人前の男性としてその社会に受け容れられ、結婚することを許される。

割礼の動機と解釈

割礼がどのような動機から始められ、あるいは受け容れられたかということについて、多くの研究者が議論してきたが、まだ有力な説はないといってよい。

現在世界各地で行われている割礼には、宗教的なもの、社会的慣行として行われるもの、あるいは成人式や参入など通過儀礼として行われるものなどが知られているが、これらの目的は必ずしも最初にそれを受容したときの、動機を示すものとは思われない。例えば、新しい社会的地位を認識させるためとか、ある社会に属する証跡を残すためであれば、わざわざ露出することの少ない性器に手を加えなくても、入墨や抜歯など他の変工で十分であろう。それにもかかわらず、性器の一部を切除するのは、何か理由があるはずである。

現在の割礼の意義がそれを受容したときから、まったく変っていないという証拠がなければ、最初の段階までさかのぼって、その動機を考える必要がある。これまでに、割礼の動機とされている説は、次のように要約できると思う。

1　衛生的な理由によるもの　古くはヘロドトス、近くは解剖学者のヨゼフ・ヒルトルによって、衛生説が説かれている。包皮でおおわれたペニスには恥垢がたまり、とくに暑い地方では、それが腐敗して不潔になったり、悪臭を放つことがある。日本のように、水が豊富であれば、いつでも風呂に入ることができるが、それのできない地域が多い。日本でも海外へ出張する人が増えてきたので、熱帯地方へ赴任するときには、もし包茎であればその手術をせよ、という人もいるぐらいである。

しかし、衛生説に対する反論もある。純粋に衛生上の理由だけで割礼が始まったとすれば、わが国や欧米諸国のように、真性包茎にだけ行えばよいことになる。また、割礼を行う地域は熱帯ばかりではない、という意見もある。

2　信仰の儀式とするもの　割礼が古代エジプトで始まったとすれば、それは信仰の儀式として始まったかも知れない。当時、割礼は寺院において、司祭の手によって行われ、しかも王や司祭など特権階級に限られていた。この割礼は、すでに述べたように、太陽神ラーの切断手術を模倣したことに端を発する、と考えられている。しかし、神話の方が割礼の始まりよりも古い、という証明はおそらくなされていないだろう。

3　性交と関係があるというもの

E・ライツェンシュタインとH・フェーリンガーは、割礼の目的はおそらく性交を長びかせるためだろう、と推測している。彼らはその理由を、露出した亀頭は包茎のそれよりも感覚が鈍いからだ、という。また、ある研究者は、包茎では、包皮がひき締まって、しばしば性交が困難になることがあるので、割礼は性交を容易にするためだ、といっているが、ライツェンシュタインらは、包茎でないペニスにメスを加えるのは、いったい何のためか、と批判している。

石川登は割礼をめぐる種々の解釈を、次の四つの流れに分類している。

去勢不安説　S・フロイト、H・ヌンベルク、G・ローハイムなど。
母子分離説　J・W・M・ホワイティング、R・クラックホーン、A・アンソニー、M・キタハラ
子宮羨望説　B・ベッテルハイム、A・モンターギュ、M・ミードなど。
通過儀礼説　A・ファン・ヘネップ、F・W・ヤング、J・K・ブラウン、Y・A・コーヘンなど。

これらのうち、子宮羨望説はオーストラリア原住民とニューギニア北東部に限られ、術式も通常の割礼のほか、尿道の下部切開という特殊な手術に関する説であるから、別に述べることにしたい。

1　去勢不安説

ジグムント・フロイトは割礼を「象徴的去勢」とみなし、エディプス・コンプレックスの抑圧をもたらす文化的処置とみなした。彼によると、幼児は三―四歳から性の区別に目覚

め、異性の親に対して性的関心を抱くようになる。男児は母親に対して性的関心を持ち、父親を恋敵として嫉妬するようになる。割礼は子供に去勢不安を植えつけるもので、母子相姦の禁忌と父親に対する絶対服従と同一化を促すものだ、というのである。

石川は、この説は民族誌の事実とまったく合わないし、実際に割礼を行う社会は、八一一の報告例のうち二二六例にすぎない。エディプス・コンプレックスおよび去勢不安が、人間の心性に欠くべからざる要素であるならば、フロイトの理論では、割礼は世界中に普遍的に見られるはずである、と反対している。

2　母子分離説

ジョン・W・M・ホワイティングらは、割礼は男児を母親からひき離すための儀礼としている。男児が母親ととくに親密な社会ほど、思春期のイニシエーションは厳しく、激痛・流血を伴う割礼が施されるようになる、という仮説を唱えている。

それによると、熱帯の自然環境・気候のもとでは、栄養が不足しがちになるので、それを補うために、長期にわたる授乳が必要になる。そのため、分娩後、少なくとも一年以上にわたって、夫婦間の性交が禁止される。父親はその間、別の妻と性関係をもつようになり、一夫多妻と結びつく。このような結婚の形を維持していくには、父方居住制をとらなければならない、という。このような養育は母子間の一体化を促す反面、父親とは疎遠になる。ここで、母親とのきずなを絶ち切って、父方の親族集団に合流するための儀式として、割礼を行う、とホワイティングらは解釈している。

この説について、石川は統計的に分析すると、割礼とこれらの文化的、社会的要素とは、きわめて相関が低く、少なくともアフリカ大陸では、まったく支持されない、と述べている。

3　通過儀礼説　多くの人類学者は伝統的に割礼の意義を、個人が一つの社会的地位から、別の社会的地位へ移る際に要請される通過儀礼と考えてきた。これはファン・ヘネップの理論にもとづくものである。

割礼は通過儀礼の主な構成要素であり、女・子供の世界からの分離であり、同時にイニシエーションの意味がある、とされる。この分離儀礼のもつ意義は、第一に、個人が社会のなかで、新しい地位と役割をもったことを、他の社会構成員に知らせることと、第二に、儀礼を経験する当人に新しい社会的地位を認識させることにある。若者は割礼の苦痛に耐えることによって、社会の一員としての自覚が植えつけられる。

割礼だけでなく、抜歯、小指の切断、入墨、皮膚の乱刺などの身体変工はみんな同じ意味を持っていると考えなければならない。身体に何らかの永久的な痕跡を残すことによって、一般的な人間の集団から除外され、同時に限られた集団の一員として統合される。ユダヤ人の割礼も特別なものではなく、信者たちが単一の共同体に属していることの印である、と述べている。

しかし、この説は「耐えるべき苦行」という側面を強調するがゆえに、身体変工のすべてを同じ意味を有するものとして論じ、「なぜ性器なのか」という議論がいっさい除かれている、と石川は批判している。この点に関しては、私も同じ意見であって、最初に割礼を受け容れたときの本来の目的が変容し、通過儀礼としての意義が表面に表れているのではないだろうか。

オーストラリア原住民の下部切開

オーストラリアの中部から、カーペンタリア湾西岸のアーネムランドおよびキンバリーにわたって住んでいる原住民の間では、割礼と下部切開（尿道切開）が行われている。だが、彼らの住んでいるテリトリーは広大であるから、その文化内容は地域や部族によって変異がある。例えば、西アーネムランドのある部族では、下部切開も女性の膣切開も行われていない。他方、東キンバリーでは、すべての部族ではないが、ある部族では、男女の割礼が続いていた。

この手術は、一八四五年、エドワード・エーアーが、オーストラリア南部のエア半島のポートリンカン地方と西海岸地方の原住民について報告したのが、最初である。彼らの手術は、まず、普通の割礼と同じように、包皮の切除が行われる。その傷が治ると、尿道の一部または全部を、ペニスの腹面あるいは外面外側に沿って切開する、という残酷なものである。

下部切開の儀式や手術法などは部族によって異なる。アルタン族では、割礼が行われた五―六週間後に、尿道の切開が行われるが、他の部族では、それよりも長い間隔をおくのが普通といわれる。術式も助手がペニスをつかんで引っ張るもの、木の上にペニスを載せて切るもの、カンガルーの骨を陰嚢起始部から尿道に入れ、亀頭近くまで押しこんで、尿道を切り開くもの、など多様である。手術用具には、石製ナイフ、石英片、貝殻などが用いられる。そして、切開後は傷が癒合しないように、木の皮、棒、骨などを傷の上に当てて、ペニスに結びつける。

切開の範囲にも地域差が見られる。オーストラリア中部の諸部族では、切開の範囲が広く、亀頭からペニスの基部まで及んでいるが、海岸地方へ行くに従ってその範囲が小さくなり、尿道下裂と同じように、亀頭またはペニスの基部に、小さい裂け目をつけるようになる。そして、一回の手術だけで亀頭から基部まで切り開くこともあれば、二回、ときには三回の手術で切開することがある、といわれている。

下部切開の動機

下部切開の意義については諸説があり、まだよくわかっていない。手術を受けていないと、未成年者としてしか扱われず、結婚することもできないし、部族の神聖な儀式に参加することもできない。だから、多くの研究者はこの手術を成人式あるいは参入の儀式とみている。しかし、現在、彼らの間で儀式として行われているとしても、性器に変工を加える理由は説明されていない。

その動機としては、次のような説をあげることができる。

1　性的快感を増強するため。
2　弱い男性の種子を排除する、優生学的な動機から出発したという説。
3　避妊説。多少とも避妊の効果があるという説があるが、多くの観察者は産児制限とは無関係と主張している。

4　子宮羨望説。尿道を切開すると、女性のように、しゃがんで放尿しなければならなくなり、この手術によって男性が女性に変るという。

まず、下部切開によって、性的快感が増強するかどうかを考えてみることにしよう。下部切開の手術を受けたペニスが勃起すると、切開した部分は平らになる、という意見がある。もし、尿道粘膜が平坦になって、膣粘膜に接する粘膜面が拡大したとすれば、それが性感の増強につながる可能性が考えられる。尿道の背側にある左右一対の陰茎海綿体は健全であるから、勃起すれば硬くなるが、尿道海綿体はそれを取り囲む白膜も切開されているので、勃起は著しくない。尿道粘膜面は平坦になるとしても、浅い凹溝をなしていると思われ、この手術によって性感が増大するとは考えられない。

下部切開と不妊との関係も古くから議論されている。切開を行ったペニスでは、射精のとき、精液が陰嚢に流れ出るので、多少とも避妊効果がある、という説が唱えられた。それに対して、ラドクリフ・ブラウンは、男性が下部切開を行っている部族では、女性も膣切開を行っているから、正常位であれば、精液はペニスの基部から膣内に流れこむだろう、という。

実際に、臨床的にも、不妊を訴えていた夫婦の夫に尿道下裂が見出され、それを治療した後、子供を得ることができた、という症例報告を読んだことがある。それからすると、人工的尿道下裂が一般化している社会では、出産率が低くなり、ときには人口の減少を招くことがあるのではないか、という推測がなり立つ。

が、それに対する反論もある。成人の男性はすべて手術を受けているので、子供はほとんどいなくなるはずだ。しかし、その部族はそれどころか、口減らしの嬰児殺しさえしている。西オーストラリアに住むカリエラ族とニアマル族の家族を比べてみると、前者には手術はなく、後者ではすべての男が手術をしているのに、子供の数に差はない、とブラウンはいっている。

それに加えて、原住民が生殖について、いかに無知であったかを述べた報告がある。カベリーは、彼らは男性が妊娠に関係しているらしい、と感じてはいるが、正確には理解していない。思春期以後、男性が霊の子供を見つけたときにのみ妊娠が起こり、性交は単に霊の子供が女性の体内に入るための地ならしをするにすぎない、と考えている。夫の死から数カ月後に出産した女性は、それを出産と性交とが無関係の証拠とした、と述べている。

これがもし事実であったとすれば、避妊あるいは優生学的な動機から、下部切開が行われた、とは考えられない。

ブルノ・ベッテルハイムは、オーストラリア原住民の下部切開は女性の生殖能力に対する羨望と、それらの同一化から行われるものだ、と説いている。手術のとき、傷口から流れる血は経血に相当するものである。切開されたペニスが「膣」ないし「子宮」と同じ名称で呼ばれることが少なくない。下部切開を受けると、女性のように、しゃがんで排尿しなければならなくなる。ベッテルハイムは、この手術を女性の排尿姿勢をまね、膣ないし子宮を得るためと解釈し、女性のペニス羨望に対応するものとした。そして、原住民が割礼を最初に行うという進行過程から、割礼の方が起源が古い、と推定している。

マーガレット・ミードも、下部切開は女性の生物学的特性を模倣するためだという。このような参入では、不完全な男の子を、割礼と下部切開によって、男に変えるのである。女は人間をつくることができるが、彼らは男だけが男をつくることができると考え、ときには公然と、ときには秘かに分娩のまねを行う、と述べている。

日本にも割礼があったか

わが国にも、昔、割礼の習俗があったか、ということはあまり論じられていない。それに関する資料は少ないが、原三正らはそれらしい事例を二、三集めている。

それによると、井上通泰は、兵庫県赤穂地方では、昔、母親が小児の包皮をカヤ(茅)で切る風習があると聞いた、という。また、高知県土佐郡一宮地方では、ススキの葉で包皮を切っていた、と中山太郎は記している。沼田頼輔は、山形県のある地方でも素人が包皮を切っていた、という。

民俗学的にみると、『万葉集』のなかには、割礼の風習を思わせるような歌がある、といわれている。

雨つつみ　常する君は久方の　昨夜の雨に懲りにけむかも（巻四　五一九）

笠無みと　人には言ひて雨つつみ　とまりし君が姿思ほゆ（巻一一　二六八四）

……飛ぶ鳥の　飛鳥壮が　ながめいみ　縫いし黒沓　指しはきて……（巻一六　三七九一）

飛ぶ鳥の　飛鳥の森のおのこらが　長がにし雨に　忌みしなるらん（巻一六　三九七一）

折口信夫によると、「雨つつみ」は雨季の五月の居ごもりであって、女性に会えぬ禁欲生活を意味している、というのである。古代の日本では、五月ごろ成年戒を行うところが多く、成年戒は「割礼を施す」ほかに、いろいろな形で行われ、これが雨つつみの習慣となり、禁欲、ひいては結婚まで忌むようになったのであろう、と述べている。

割礼ではないが、包茎の外科的手術の、わが国最初の文献は栗崎道有の患者治療記録であろう、といわれている。道有は元禄七年（一六九四）ごろ、二十七、八歳で、すでに妻のある男に緊縛による包皮切除術を行っている。彼は南蛮紅毛の医術を身につけていたが、包皮を切り破る外科的治療は昔からだれでもやっている、と記しているところをみると、包茎手術は彼が最初にしたのではないことは確かであろう。道有が秘伝としているのは、包皮切除そのものではなく、緊縛による切除である。このなかに「古来ヨリ切破リテ療治平癒是諸人能為処也」とあるのは、割礼あるいはその遺風として、「古来ヨリ」包皮切除が行われていた、と解釈することはできないだろうか。

江戸時代の包茎手術の記録として有名なのは、華岡青洲（一七六〇―一八三五）の『華岡氏治術図録』である。豊後国（大分県）大野郡天徳寺から、はるばる紀伊（和歌山県）まで治療を受けに来た二十四歳の僧は、手術の結果、気持よく尿が出るようになり、そのうえ「包茎ノ謗ヲ逃レ又世ニ廃人タルノ憂ヲ忘ル。豈愉快ナルコト是ニ過タルモノアラン」と大変な喜びようであった。包茎が廃人とはいささかオーバーに聞こえるが、日本では包茎が昔からいかに軽蔑され、本人は耐え難い侮辱を受けていたかが察せられる。

一般に、日本人には欧米人に比べて包茎が少ない、といわれている。欧米の絵画や彫刻に包茎が多いのは事実であり、石浜淳美もピカソの版画「エロチカ展」を見て、そこに描かれていた男性はすべて包茎であった、といっている。外国人にもこれに気づいた人がいて、シュルツェは、日本人はなぜ亀頭が露出しているのか、と聞いたことがあるが、納得のいく説明は得られなかったそうだ、という話を解剖学者の足立文太郎が書いている。

足立は日本人に包茎が少ない理由を、次のように説明している。日本人は、大人になると亀頭は全部露出するものだ、と思いこんでいるので、包茎を恥じるのである。そのために、包皮の口が亀頭を通るぐらいの大きさになると、自分でそれを反転させて、亀頭を露出させる。こうして包皮をいつも反転させておくと、包皮は亀頭冠の後に縮こまり、亀頭は完全に露出した状態になる。しかし、このような行為を行わないものでは、包茎の状態にとどまっている。

日本人が包茎を恥じる理由について、足立は、井上通泰から聞いた話を引いて、一つは皮かぶりは通常でないという誤認、一つは割礼の遺風であろう、と説明している。

先にあげたような事例や資料は、古い時代の割礼の名残りを思わせるが、あくまでその可能性を示唆するだけで、確かな証拠ではない。最近、民俗調査を行って痛感することは、明治の習俗の伝承でさえ、ほとんど失われていることである。割礼の遺風を思わせるような伝承は、もはや見出すことができないのではないかと思う。

6 女性の割礼

女性割礼の定義と分類

男性の外陰手術は、尿道切開を除くと、包皮の切除あるいは切開に限られており、広い地域にわたって分布しているが、地域差があまりない。それに比して、女性の外陰手術は、男性のそれほど広い地域に広がっていないが、地域によって、いろいろのタイプがある。

これらの女性の外陰手術は一般に「女性の割礼」female circumcision という言葉で総称されるが、研究者によって、それぞれ言葉の内容が異なっている。これらの手術は主に切除する部位と手術方法によって、分類されている。

一八四七年、イギリスの医師W・F・ダニエルは西アフリカの女性外陰手術を四型に分類した。彼はエジプトとスーダンには旅行しなかったので、この分類には、腟閉鎖は含まれていない。彼は、クリトリス、包皮、小陰唇などの切除に"excision"(切除)の語を使用している(表1)。

それから、約一二〇年後のR・C・ロールスの分類も、ダニエルのそれとよく似ている。ロールスは、この手術に対して、"clitoridectomy"（陰核切除〔術〕）の語を使っている。ロールスの1・2型はサハラ以南の東アフリカ

表1　女性割礼の分類の比較（Fuelsman, 1976）

Daniell, 1847	Roles, 1966
1．陰核の単純切除	1．陰核切除術
2．小陰唇の切除	2．陰核切除術および小陰唇の切除
3．陰核および小陰唇の切除	3．大陰唇および小陰唇の切除を伴う陰核切除術
4．周囲組織を含む大・小陰唇の一部の切除ならびに周囲組織全部の切除	

表2　女性割礼の地理的分布*（Huelsman, 1976）

スンナ割礼	スーダンおよびソマリランドの回教徒；エリトレアおよびアビシニアの回教徒；マンディゴ，ガラ（一部），バンツー族（一部）およびシエラネオネ，ケニアおよびガーナのある部族；インドおよびパキスタンの回教徒
膣閉鎖	ガラ(一部)，東部ガラ，ソマリ，ダナキル，アサオータ，ハーラリ，ハデンダワ，ベニ・アミール，ショア(一部)，スーダン(一般)，ロシア領トルキスタンのスコプト，古代エジプト人，イスラム以前の古代アラブ人
外陰切除	
陰核切除	グシイ，マサイ，ナンディ(一部)，ドロボ，スク，マラクゥエト，エルゲヨ，タイタ，サムブル，セベイ，レゲニイ，マルシア，チァグア，ゴゴ，イラムバ，スクマ，イタンディ，サムバア
陰核および小陰唇切除	キクユ(一部)，ケムバ，ソマリ
陰核，小陰唇および大陰唇切除	キクユ(一部)，メル，ムウィンベ，エムブ，チュカ，ヘヘ，バハ
陰核焼灼	ナンディ(一部)

* オーストラリア原住民を除く．

の非イスラム地域で、普通に行われているものである。この二つの分類には、包皮のみの切除も腟閉鎖も含まれていない（表1）。

ドイツの人類学者H・H・プロス、M・およびP・バルテスは、腟閉鎖を除く女性外陰手術を“female circumcision”とし、それを“excision”と同じ意味で用いている。

A・A・E・F・シァンダールは、女性外陰手術を四型に分け、“circumcision”（割礼）という言葉を陰核包皮の切除に限定している。B・R・フェルスマンはこの分類を採り、これに一亜型（2a型）を追加している（表2）。

1型　割礼（狭義）circumcision　男性の割礼と同じように、クリトリスおよび小陰唇の大部分を残して包皮のみを切除するものである。この型の手術はアラブ・イスラム社会では“sunna circumcision”と呼ばれる。“sunna”はアラビア語で「割礼」を意味する。

2型　外陰切除 excision or reduction　包皮、亀頭およびそれに接する小陰唇の一部または全部を、いっしょに切除するものである。大陰唇の切除は行われない。フェルスマンによると、このタイプはエジプトでは、禁止されるまで、最も普通に行われ、スーダンでは、腟閉鎖が禁止されて以来、それに代ってこのタイプが行われている、という。しかし、M・B・アサドは、エジプトでは、現在でもこのタイプが普通に行われ、おそらく七五パーセントの女性が割礼をしているだろう。そして、一五パーセントは医師の手で行われている、といっている。

2a型　陰核焼灼 circumbustion　F・ブリクの造語で、クリトリスの全部を、焼灼によって除去するものである。北東アフリカのナンディ族では、陰核切除も行われているが、焼灼の方を好むといわれ、灼熱した木の燃えさしをスプーンに盛り、それでクリトリスを焼いている。

3型　膣閉鎖 infibulation　外陰部の全切除に、陰裂の縫合を加えたものである。この手術は、スーダンで一般に行われていたので "Sudanese circumcision" と呼ばれている。また、外陰の全切除は "Pharaonic circumcision"（ファラオの割礼）ともいわれるように、古代エジプトで行われ、南下してスーダンに伝わったものであろう、と考えられている。この手術はクリトリス全部、小陰唇全部、大陰唇の前三分の二の内側部を切除し、尿と経血の通る小さい孔を一つだけ残して、

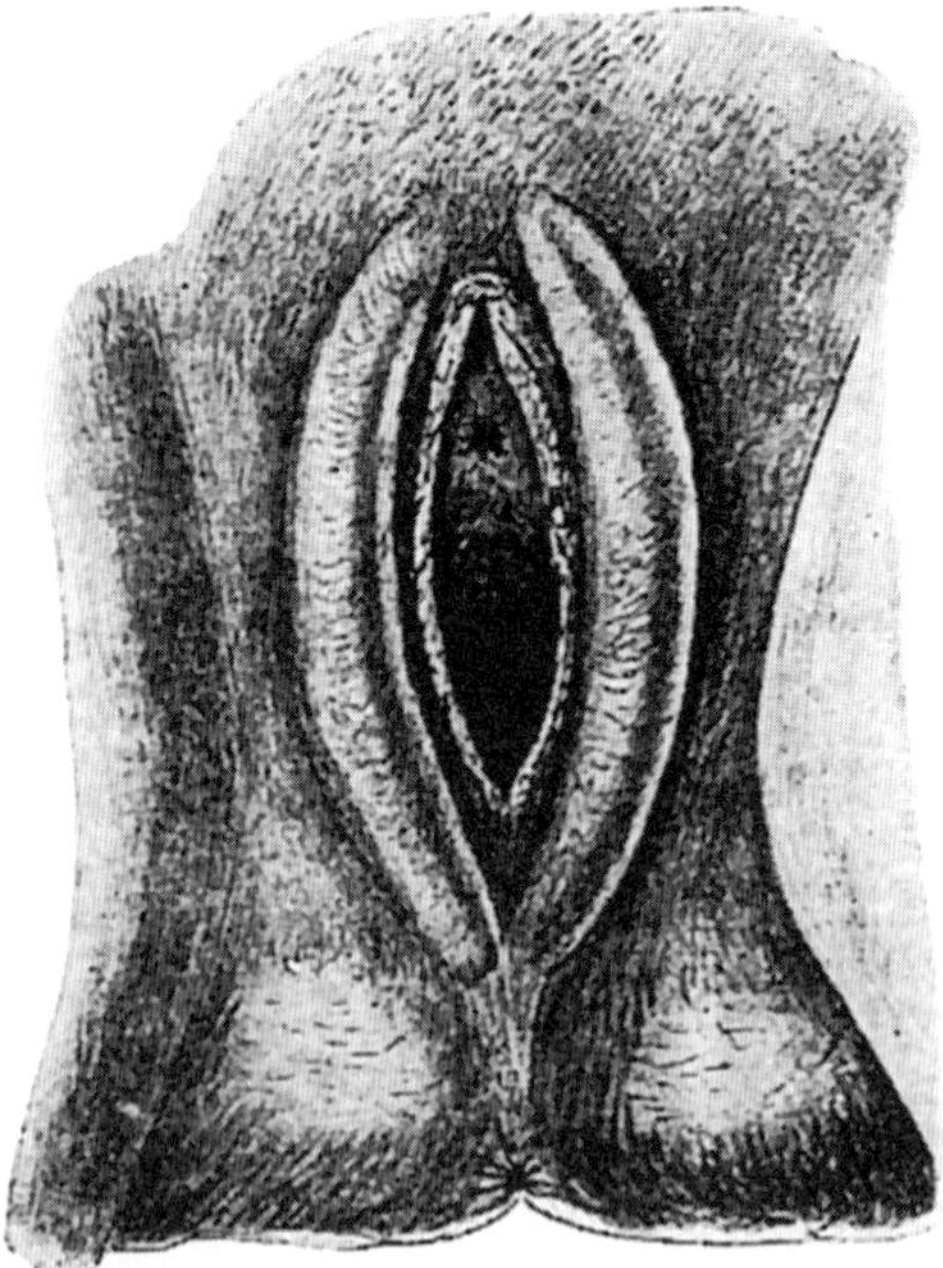

膣閉鎖後切開した女性外陰部　スーダン・ドンゴラ〈Ploss & Bartels, 1927〉

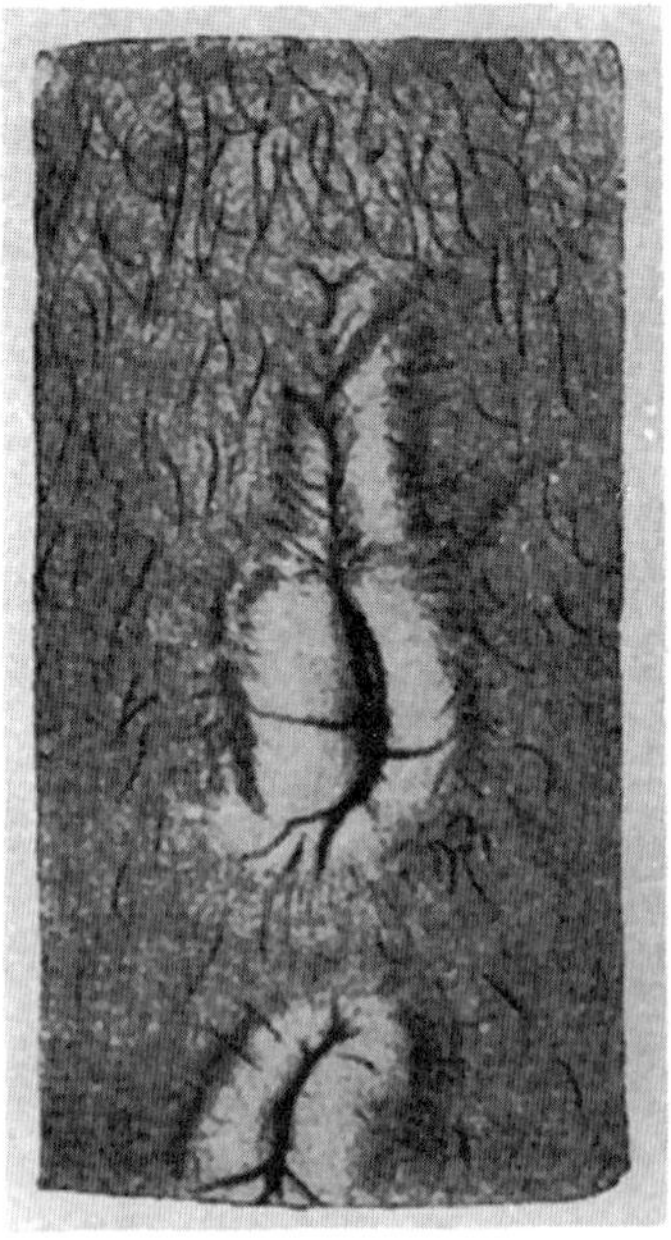

膣閉鎖　14歳の黒人少女　下の孔は肛門　エジプト，アレキサンドリア〈Ploss & Bartels, 1927〉

左右の大陰唇を閉じてしまう。

4型　膣切開 introcision　オーストラリア原住民の間だけで行われ、膣口を下方（後方）に裂いて拡大する手術である。この手術は男性の尿道切開と同じように、結婚の準備としてしばしば見られるが、オーストラリア原住民のすべての部族で行われるものではない。

シァンダールおよびフェルスマンの定義に従うと、female circumcision は sunna circumcision と同義である。このように、「女性の割礼」という言葉の内容は研究者によって異なるので、その意味の違いに注意しなければならない。一般には、すべての女性外陰手術を「女性の割礼」（広義）と総称することが多いので、ここでは、それに従うことにする。

なお、アサドによるエジプトの女性割礼の分類は、フェルスマンの分類と少し異なるので、表3に掲げておく。

表3　エジプトの女性割礼（Assad, 1980）

分類	切除範囲	その他
第1度	小陰唇とおそらく陰核先端の切除	イスラム教徒 traditional or Sunna circumcision と呼ばれる（第1度・第2度）
第2度	小陰唇と陰核の一部の切除	
第3度	すべての小陰唇・陰核の完全切除	割礼に膣閉鎖を加える Pharaonic circumcision として知られる（第3度・第4度）
第4度（Sudanese circum.）	大陰唇，小陰唇，陰核を含む外陰部全部の完全切除	

女性割礼の起源

女性の割礼がいつごろまで遡るかは、たしかな証拠がなく、推測の域を出ない。また、これには、いくつかの変異があるが、形式的に新旧を決めることはむずかしい。

これらのうち、オーストラリア原住民の間で行われている膣切開は、彼ら独自のもので、人類の文化史上、ただ一度だけ創案され、地理的・文化的に隔離されて、そこに残ったようだ、とフェルスマンは推測している。オーストラリアにはじめて白人が入ったころ、原住民の物質文化や技術は、西欧の約四万五〇〇〇年前から一万五〇〇〇年前ごろの旧石器文化に対比されるものであった。しかし、フェルスマンも認めているように、旧石器時代はいうまでもなく、新石器時代に、この地域で女性の割礼が行われた証拠はない。

中近東の女性の割礼はオーストラリアや南米のそれとは関係がなく、おそらくエジプトで始まったのだろう、というのが多くの研究者の意見である。

スーダンの医師J・G・ジスルは、あるファラオがペニスの短小に悩んで、膣閉鎖が始まったのだろう、と説明している。そのファラオはセックスを楽しむことができなかったので、彼はエジプトの全女性が膣口を狭くするために割礼しなければならない、と公布した。この習俗が奴隷を通して、エジプトからスーダンに伝わったのであろう、と想像している。膣閉鎖はたしかに膣口を狭くするが、この手術の目的は女性の貞操を守るためと思われる。ただ膣口を狭くする目的であれば、分娩後、もう一度膣を閉じたりする必要はない。ジスルの説に従うと、手術の最初の目的が後に処女や貞操を保つように変ってきた、と考えなければならない。

ファラオの時代の地理学者ストラボ（BC六四ごろ―AD二一ごろ）は、『地理誌』に、エジプト人は男性を割礼し、女性を切除する、と書いている。この記述はおそらくクリトリスと小陰唇の切除を意味している、と一般に信じられている。H・E・シガリストは、女性の割礼はストラボの時代よりもずっと以前から行われていた、と推測している。

この時代には、男性のミイラの割礼の痕跡や、割礼を描いたレリーフのような、女性の割礼に関する遺跡・遺物は発見されていない。P・B・バーディスによると、この時代の王室女性のミイラは保存状態が悪く、外陰切除や腟閉鎖の証拠にはならない。

古代ローマ時代になると、エジプト女性の割礼は十四―十五歳に行われていたようである。シァンダールは、多数のファラオ割礼をした女性のミイラが発見されているが、比較的少数のものだけが腟閉鎖をしていた、と記している。フェルスマンは、クレオパトラの好色の冒険はおそらくクリトリスを持たずに行っただろう、と想像をたくましくしている。

この時代の女性の割礼について、シァンダールは、上層階級の女性だけに限られた手術で、彼女たちは手術をしなければ、財産を相続できなかったであろう、と解釈している。それに対して、ある研究者（無名）は、大英博物館にあるギリシア・パピルスの一つに、BC一六三年ごろの儀式が記録されており、それには次のようなことが書かれているという。

メンフィスの神殿の境内に住んでいた世捨人のアルマイは、司祭に次のようなことを訴えた。彼といっしょに生活しているメンフィスの娘タテミは、神殿の訪問者からの贈物で一三〇〇ドラクマスの金を貯め、それを彼に預けた。タテミの母親ネフェリは、娘が普通割礼をする年齢になっているので、ドレスと持参金を与えるべきだ、とアルマイに持ちかけた。彼はそれを承知して、一三〇〇ドラクマスをネフェリに手渡した。しかし、娘はそれを知って、自分の金を返せ、といって彼をとがめた。というものである。この話は、女性の割礼は娘が結婚して財産を相続できる年齢に達すると、上層階級だけでなく、すべての女性が割礼を受けることを示唆する、とされている。

ヘロドトスは、女性は司祭のオフィスに入ることができなかったので、女性の割礼はどんな司祭の特権ももたらすことができなかった、と推定している。M・F・A・モンターギュも前にあげたパピルスの記録から、女性の割礼はすべての少女に、通過儀礼として、例外なく行われた、と主張している。

これらの説をまとめてみると、古代エジプトには、明らかに女性の割礼が行われていた、ということができる。この場合、女性の割礼は上層階級の少女に限られていた時期があったたか、奴隷を含むすべての女性に行われたかは明らかでない。そして、ジスルやフェルスマンの説くように、女性の割礼はイスラム教の成立する前に、スーダン北部に広がった、と考えられる。この説は、スーダンのイスラム教徒が今なおファラオ割礼や腟閉鎖を行っていることから、支持されるだろう。

女性割礼の分布と諸型

女性の割礼は、アフリカでは、エジプト、スーダン、エチオピア、アフリカ東海岸および西海岸、中央アフリカ、アフリカ南部、アラブ諸国に見られる。それ以外の地域では、マレーシアおよび南米インディアンの一部で行われ、特殊なタイプとして、膣閉鎖はエジプト（禁止前）、スーダン、マレー人のイスラム教徒、膣切開はオーストラリア原住民に見られる（表4）。

イスラム社会の割礼

ユダヤ教では、女性に割礼を要求しないので、宗教に関係のある社会で女性が割礼するのは、イスラム教徒だけである。ただし、これは直接教義とは関係がなく、イスラム社会へのイニシエーション（参入）として行われる。

マホメットはある日、割礼をしようとしている少女を見て、割礼は男子にとっては慣行だが、女子にとっては善行にすぎないといって、軽く触れるだけで、切り取ってはならないと指示した、といわれている。イスラム法学でも、女子の割礼は社会奉仕と同じような、信心深い行為としているにすぎない。

それでは、イスラム教徒の女性は必ずしも割礼をしなくてもいいかというと、実際には、そうではないらしい。アラブでは、大声で侮辱する言葉の一つに、"Oh, Son of an uncircumscribed woman!"（おお、割礼していない女の息子！）というのがある。片倉もと子によると、サウジアラビアのメッカに近い農村では、八―九歳ごろ割礼を行い、

表4　女性割礼の行われる年齢（Shandall, 1967）

年　齢	国，地 域，民 族
8日	エチオピア
2～3週	古代アラブ
3～6年	ソマリア（Ⅰ・Ⅱ型）
7～10年	ソマリア（Ⅲ型）
5～10年	スーダン
6～10年	エジプト（禁止前）
12～13年	大部分の他のアフリカ諸国
14～15年	オーストラリアの膣切開
14～15年	アフリカのバンツー族（Ⅱ・Ⅲ型）
14～15年	古代エジプト（Ⅱ・Ⅲ型）
15年以上	マサイ族（結婚後まもなく）
	スワヒリ，ギネア（分娩後膣閉鎖）

割礼をしていない女性は売春婦のようだといって、さげすむことがあるという。こうなると、女性の割礼も男性のそれと同様、ほとんど慣行とみてよい。

マホメットがいったとされているように、包皮の上に触れて、割礼のまねをするだけということもある、といわれているが、包皮の切除が普通である。これは "sunna circumcision" という言葉からも察せられる。ただ、陰核亀頭の切除は固く禁じられている。

しかし、アラブ・イスラム地域には、膣閉鎖など女性の割礼が行われている。それはマホメットが生まれる前から、その地域で行われている手術であり、イスラム教が古代からの習俗を根絶することができなかった、とみられる。

アフリカ部族の割礼

アフリカ大陸では、ほぼ全域にわたって女性の割礼が行われていたし、現在なお行われている地域も多い。この広大な大陸では、割礼の習俗は地域や部族によって一様ではなく、いろいろのタイプが見出される。その変異や分布は表1・2からうかがうことができる。プロスとバルテルスは、女性の割礼が行われる年齢を、幼女期、思春期、結婚の儀式の前に大別している。初潮年齢の平均値は地域や部族によって異なるので、生理的思春期と社会的思春期とは必ずしも一致しない。一般には、割礼の手術は生理的思春期かそれより多少後に行われることが多い。

術前の処置はあまり行われず、ときに下半身を冷水に浸したり、クリトリスをイラクサで刺して、痛覚を麻痺させる程度である。手術を受ける少女は股を開いて仰向けに寝かされ、助手が一人で両脚を固定したり、あるいは数人で押さえたりする。術者はたいてい熟練した女性で、少女の股の間に坐り、ナイフやかみそりで、クリトリスや小陰唇を切除する。ナンディ族では、切除した後、クリトリスからの出血を少なくするため、それをひもで固く縛る。また、彼らの一部では、クリトリスの焼灼が行われることがある。

手術中には、少女の周りをおおぜいの女たちが取り囲み、熱狂的な歌や踊りをしたり、大声をあげて、被術者の悲鳴をかき消すことは、ほぼ共通している。なかには、被術者に木片をかませて、痛みをまぎらわせるところもある、という。

上ニジェールのマンディゴ族とバムバラ族の少女は、十二―十五歳の間に、割礼の手術を受ける。その儀式は穀物をたくさん貯蔵している季節に行われる。それは儀式の祝宴で出される汁の多い料理に、穀物が必要だからである。手術は、少年の場合には金属細工職人、少女の場合にはその妻によって行われ、鉄製のナイフが使われる。被術者の家族たちは歌や踊りで割礼を祝い、ふだんよりも多くの食物や飲物が出る。富者はヤギ、ニワトリ、ときには牛を殺す。貧者は犬を捕え、米や蒸しだんごといっしょに食べる。

手術がすむと、少年少女は顔をおおうフードの付いた長い外衣を着せられ、男女は別々にされて、家から隔離される。皮膚の縫合は行われないので、傷が治るまでに四、五十日かかる。治癒すると、彼らは朝早く家に帰り、長くお祝いがある。割礼が終ると、少年は武器をとり、会議で発言する権利を持ち、少女は結婚の資格ができる。

思春期に行われる手術はイニシエーションないし成人式の意味がある。被術者は彼女の世話をする女性たちとともに、数ヵ月から三年間にわたって、社会から離れて生活する。その間に、少女は成人女性から、地域社会に必要な教育を受ける。その期間が過ぎると、少女は結婚する資格ができたとみなされる。思春期以後に手術を行う場合は、結婚の準備と考えられる。しかし、幼女期に行う社会では、割礼に成人式の意味はない。

儀式の様子は、切除のタイプが同じでも、地域や部族によって、千差万別である。このような習俗にも、現代化の波が押し寄せ、少しずつ変りつつある、といわれる。

膣閉鎖　膣閉鎖はナイル河谷およびナイジェリアへ向かうキャラバン・ルートに沿った北東アフリカ、すなわち、古代エジプト、スーダン、エリトレア、ソマリア、エチオピアに見られる。一九四四年ごろ、スーダンの首都ハルツームで、膣閉鎖を行った二十歳以上の女性は七五パーセントにのぼる、と推定されている。この手術は一九四六年、スーダンでは、法律によって禁止された。それにもかかわらず、この手術は今なおスーダンの各地で続いている。

スーダンの割礼を調査した人類学者H・バークレイは、男女とも思春期の儀式ではなく、それ以前に行われることを見ている。また、イスラム教では、女性は包皮の切除しか許されていないが、その村の人々は膣閉鎖をイスラム教の重要な一部と信じていることを報告している。

この手術は五―十歳の間に行われる。手術は老女か、ときには資格を持った助産婦によって行われる。少女は夜、ナイル河に連れて行かれ、最初にそこで顔を洗う。手術に先立って、少女はお祝いを受け、新しい着物と贈物を受け取る。術者はナイフかかみそりで、亀頭と小陰唇を削り取り、次いで、大陰唇の内側縁を幅約二センチにわたって切除する。その間、周りに集まった女性たちは叫び声、拍手、歌で、被術者の悲鳴をかき消してしまう。切り取られた両側縁の間に、細い木の筒を入れて、陰裂を縫合する。この筒は尿と経血を通す孔を残すためのもので、傷が瘢痕化するまで、そのままにしておく。縫合には、針とカットグートを使うが、以前には、止め金が用いられていた。ソマリランドでは、縫合にとげが用いられ、傷はミルー(没薬、香料に用いた樹脂)で処置された。

こうしておけば、性交ができないので、少女は処女のままである。F・ヴェルネの報告によると、ナイル河第一瀑布上流の部族では、腟の閉じている少女は婚約者を訪れ、彼のファルスを模した粘土または木製の人工ファルスによって、癒着した瘢痕が開かれ、傷がふたたび癒着しないように、布ぎれを巻いた棒が押しこまれる。そして、傷の痛みが軽くなったころ、結婚式をあげる。この日、夫は花嫁を家に連れて行き、傷が治るのを待たずに性交を行う。

女性の苦痛はそれだけにとどまらず、出産の前に、もう一度切開しなければならない。そして、その後で、夫の命令により、ふたたび縫合されることもまれではなかった、といわれる。このようなことから、腟閉鎖は処女と貞操を保つ目的であることは否定できない。

南米インディアンの割礼　南米では、十八世紀に、エクアドルのパノ族やペルーのコニボ族などの間で、女性の割礼が、欧州人の目に触れて以来、広く知られるようになった。

コニボ族の割礼はA・ライヒとF・スタゲルマンによって報告されている。彼らはペルーのリオ・ウカヤリのコニボ族で、一種の腟閉鎖が行われていることを述べている。

この手術は少女が結婚適齢期に達すると、行われる。被術者は手術の前に、マシアトと呼ばれる醱酵性の飲物を、意識がまったくなくなるまで飲まされ、三本の棒の上に寝かされる。いわば全身麻酔である。経験のある老女がおおぜいの人々の見守るなかで、竹のナイフで少女の膣口の周りを切り取り、クリトリスがまったく自由になるように、小陰唇から処女膜までを切除する。老女は出血部に薬草を擦りこみ、しばらくして、許婚のファルスと同じ大きさの粘土の人工ファルスを、少女の膣に挿入する。これで、少女は結婚の準備ができたとみなされ、将来の夫に引き渡される。

オーストラリア原住民の膣切開　オーストラリア原住民は広い地域にわたって住んでいるので、その文化には地域や部族によって違いがある。西アーネムランドのある部族は通過儀礼がなく、下部切開も膣切開も行っていないし、東キンバリー地区では、一部に今でもこの習俗が続いている、といわれている。

アーネムランドでのバーンズの調査によると、原住民の少年少女は両親のキャンプで寝起きし、両親の性交を見ているので、それをまねしたいという欲望を刺激する。子供は成長するにつれて、成人の性行動に近くなる。このような性に対する態度は自然の成長の一つとみなされ、成人はそれを非難したり抑えたりすることはほとんどない。

少年は最初の通過儀礼を終るまで、射精を伴った性交はまれであるが、少女は九歳ぐらいで、最初の性交を経験するのが普通である。少年は結婚の準備のため、婚前性交に入るが、同年齢の少女は十五―六歳で性経験をもち、第一子を生むことができる。少年少女はこのときまでに、互いに性行動を経験し、それから男女とも年長のパートナーに代る。

カベリーのウォメリィ族およびンガディ族では、膣切開は結婚前に必要とみなされ、男性の下部切開に対応するように思われる。ンガディ族は、膣切開は性交と分娩を容易にする、と信じている。膣切開の儀式は男性を遠ざけて、秘かに行わなければならず、そうしないと少女に害を及ぼす結果になる、と信じられている。この手術は老婦人の指揮で、しばしば結婚の準備として行われる。ルングァ族では、膣切開は行われず、この手術がかつて行われていたことも否定した、という。

原住民女性の主な興味の対象は結婚であるが、同時に婚外関係は普通であり、結婚生活に加えるスパイスとして楽しまれる。それにもかかわらず、ふしだらや乱交は嘲笑される。

なぜ割礼を行うか

現在行われている割礼はイニシエーションあるいは結婚の準備として行われることが多い。これは割礼を行う年齢が、思春期かそれ以後に多いことからも察せられる。もちろん、幼女期に行う割礼には、成人式の意味はない。

しかし、これらの目的は必ずしも割礼が受け容れられたときの、動機を示すものではない。ただ単に身体の一部を傷つけるというのであれば、このように残酷と思えるような手術をする必要はない。この手術が性器に限られていることは、直接、間接にセックスと関係があることを示している。

では、結婚の資格をうるため、あるいはその準備として手術をするのに、なぜ性感帯として最も敏感なクリトリスや小陰唇を切り取ってしまうのだろうか。

F・ブリクは、ナンディ族では、割礼していない女の子供は死んでしまう、という答をくり返し聞いた。これは、割礼をしない女の子供を絞め殺す、という非人道的な習慣からきたものだ、という。また、ある村の酋長はこの疑問に対して、「われわれはナンディ族だ。われわれは女の前にあるものは何も欲しくない！」と答えた、と記している。R・S・ラットレイによると、黄金海岸のイサラ族では、クリトリスが切除されると、性交や分娩が容易になり、少女は笑いものにされない、といわれている。

仏領西アフリカのドゴン族では、男女とも割礼が行われる。子供は男女とも象徴的な半陰陽で、クリトリスは男性、陰茎包皮は女性のシンボルとみなされる。もし、男性が割礼をしていない女性と性交しようとすると、男性性を有するクリトリスによって刺される。バムバラ族も同じように、性交の際、投槍（クリトリス）で刺し貫かれる危険があり、刺されると死に至る、と信じている。

これらは当事者たちによる説明であるが、これは割礼の本来の目的とは思えない。思春期およびそれ以後の割礼は結婚と関係があるが、ドゴン族のように、それを行うまでは、男女とみなさないこと、また、スーダンでも、バークレイが報告したように、割礼まで、少年は男とはみなされないことを考えると、幼年期に行われる割礼も、結婚あるいは性交の準備と考えられる。

ここで、性感に必要な部分をなぜ切除するか、という問題にかえることにしよう。七世紀ごろ、医書を著したエディナのパウルスは、エジプトの習俗としての割礼を述べ、クリトリスや小陰唇が肥大したり、クリトリスの勃起が気に入らなくなったとき、それらを切除することを記している。他の研究者は、クリトリスと小陰唇は不恰好なプロポーションになりがちだから除去する、と割礼の目的を主に審美的なエステティックなものと主張した。

男性の割礼と同じように、熱帯地方では、恥垢などの分泌物で不潔になりやすい、という衛生的な面からの説明は、女性の割礼においても考えることができる。しかし、男性の場合と違って、女性の割礼は大きな侵襲と性感の損傷を伴うものであり、それだけの理由で割礼を行うとは、常識では考えられない。

J・ブルースは、エチオピアとその付近では、人口の増加が古くから非常に重要と考えられているので、クリトリスの異常な発育は性交や分娩の邪魔になる、という意見を述べている。しかし、すべての女性にその肥大があるわけではなく、呪術的要素があるようである。

比較的よく信じられているのは、割礼が女性の性慾を抑える、という説である。A・E・ブレームは、外陰の切除はアフリカ人女性の極度にアクティブな性的刺激を制限するためだ、という意見を述べた。D・C・ウィルソンらは、シェラ・レオネでは、初潮前の少女に割礼を行うのは、性的な快楽を制限するためだ、といっている。一度、男性を知った女性の性慾は強くて抑制がきかなくなるので、性の快楽を知らないときに、性感の受容器を取ってしまおう、というのである。

たしかに、女性外陰部のうち、最も感受性の強い部分を除去するのであるから、性感にまったく影響がないとはいえない。これまでの説では、膣口の周りを除くと、膣には知覚神経終末が少ないので、ペニスを挿入するときのほかは、膣による性的刺激はまったく精神的なものといわれていた。W・H・マスターズとV・E・ジョンソンは、膣だけによるオーガスムというものはなく、女性のオーガスムはすべてクリトリスの刺激によるものだ、と主張している。

マスターズらの考えに従うと、クリトリスを除去した女性は、もはやどんな性的刺激を加えても、オーガスムに達することができなくなる。だから、膣オーガスムを得るためには、オナニーによって、オーガスムを経験しておくことが不可欠だ、という。

それに対して、膣粘膜には、多数の知覚神経が分布している、という研究者もいる。最近、膣のGスポット（グラーフェンベルグ点）と呼ばれる部分を刺激すると、クリトリス・オーガスムとは質の異な

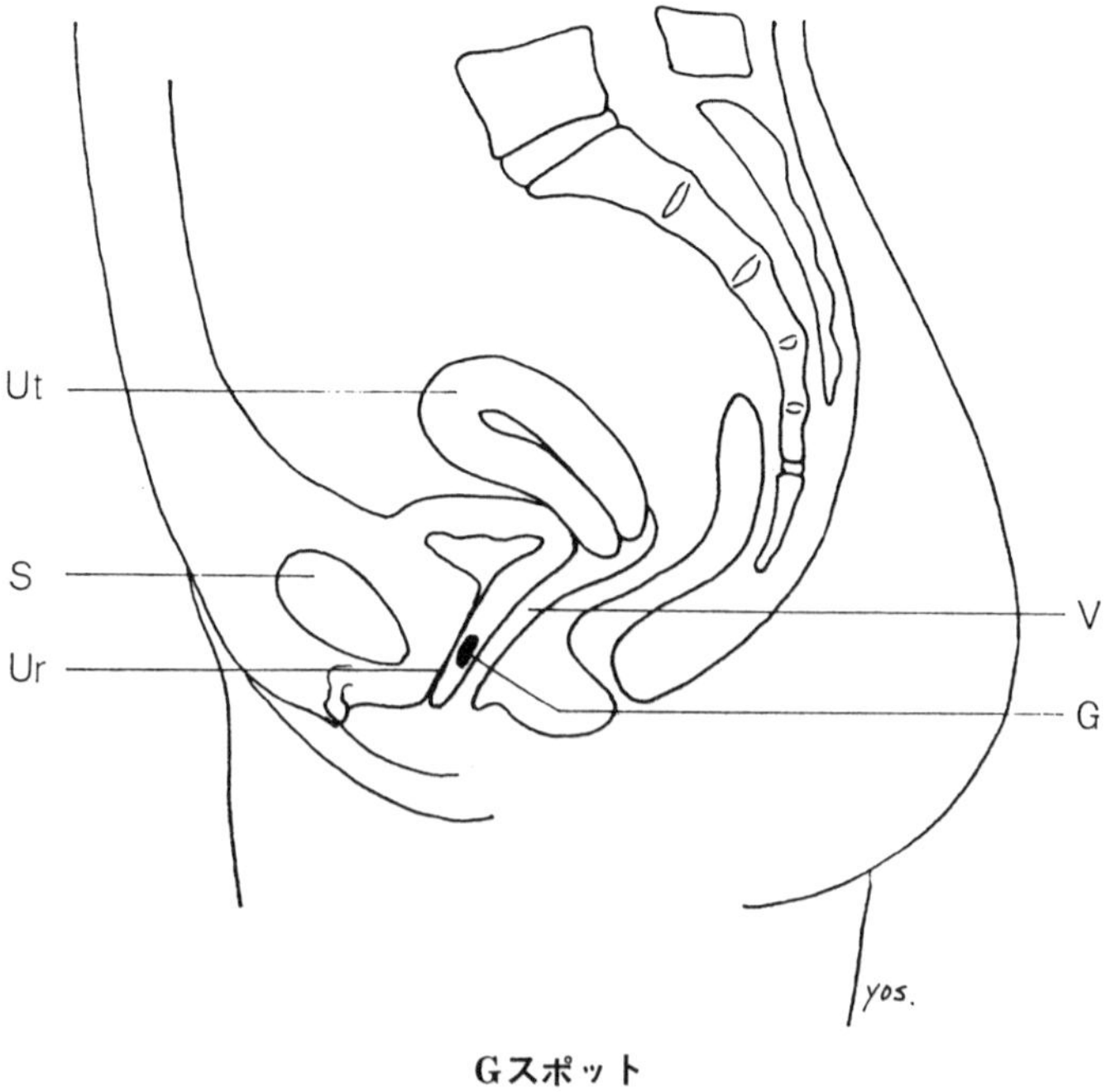

Gスポット

G：Gスポット　S：恥骨結合　Ur：尿道　Ut：子宮　V：膣

ったオーガスムが得られることが明らかになった。

Gスポットは恥骨内側縁から膣の中に一—二センチ入った膣前壁にある。これは平常時に触れるとわからないが、刺激すると、尿道に沿って一×二センチぐらいの楕円形に脹れて、固くなり、はっきりと触れることが認められている。この部分を刺激すると、オーガスムとともに、〝精子のない精液〟の性質を持った液が、尿道から〝射精〟される。これが俗に「潮吹き」といわれる現象である。

マスターズらの研究以来、多くの性科学者はフロイトのいう膣オーガスムを否定する傾向にあったが、Gスポットの再発見はフロイトの説に根拠を与えるものである。Gスポットは、一九五〇年、アーネスト・グラーフェンベルグによって発表され、三十年間忘れられていたが、一九八〇年、ペリーとウィップルによって再確認され、話題になった。ただ、Gスポットはすべての女性に見出されるのではなく、約三〇パーセントに認められる、とされている。しかし、Gスポットの認められない女性でも、膣口の周囲以外、膣には性感がほとんどない、という説は否定できそうである。

もちろん、アフリカの諸部族では、Gスポットの存在など知られていないので、割礼前にオナニーを禁じ、思春期以前に割礼を行う部族では、性慾を抑えるために割礼をする、という解釈が可能であろう。もしそうであるとすれば、割礼した後も性慾があることは、彼らの予期しなかったことだ、といえるかも知れない。

他方、割礼前に、オナニーあるいは性交を許している部族も少なくない。これは割礼によって、性感帯の重要な部分が失われるので、その前にオーガスムを経験しておく必要がある、という説がある。

それなら、なぜ割礼を行うのか、という問題がふたたび生じてくる。男女とも割礼を行う社会では、男性の割礼後、亀頭の触覚が鈍くなって、性交が長びくようになると、そのパートナーの側にも、性感を鈍くする必要あるいは要求が生じたのではないだろうか。

男女のどちらかにだけ割礼を行う部族・社会もあり、また、姦通に対しても、それを禁止するもの、許すもの、無関心なものとさまざまである。このように考えてくると、割礼が性慾を抑制するという説は、それぞれの事例に応じて検討しなければ、十分な説得力がないように思われる。

西洋医学における女性割礼

十九世紀から今世紀はじめに至るまで、西欧では、純粋に医学的な立場から割礼が行われていたことは、おそらくだれも想像できなかったに違いない。医学の文献を調べてみると、たしかにそういう記録がある。

古くから、一般的にも、医学的にも、クリトリスの注目すべき性質の一つとされてきたのは、その肥大であった。陰核肥大はときには半陰陽などの奇形を伴うことがある。ポリネシアやメラネシアでは、大きいクリトリスは審美的にも性的にも好まれ、ラマ教で、大きいものは〝金核〟と呼んで珍重された。

それに反して、西欧では、陰核肥大は嫌われた。一七七七年、パリとロンドンで、長さ七インチ（約一七・八センチ）のクリトリスが半陰陽として供覧されたが、それを小さくする手術が行われたかどうかは記録されていない。十八世紀には、陰核切除が行われたという記録はないが、十九世紀のはじめまでに、その手術を行う医学的根拠が優勢になってきた。

この手術は次に述べるように、治療を目的としているが、西欧では大きいクリトリスが嫌われたのは、おそらくオナニーによって、それが大きくなる、と信じられていたからであろう。キリスト教では、オナニーは罪悪の一つとされていた。オナニーによって陰核肥大が起こるという考え方は、一九三三年、R・A・ディッキンソンがすでに否定しているにもかかわらず、現在の医学書のなかにまで入りこんで、生き永らえている。

そして、クリトリスの病理学的ならびに外科的切除に関する症例が医学文献に現れるようになった。欧州人旅行者が、アフリカに陰核切除（割礼）のあることを知って、調査していたころ、西欧の医学雑誌は陰核切除術の報告を載せるようになった。しかし、文化人類学者は西欧文明にあまり注意を払っていなかったので、一九七六年、B・R・フェルスマンがこの手術を取り上げるまで、人類学ではこの外科的手術は無視されてきた。

十八世紀、西欧で陰核切除術が行われた記録はないが、十九世紀前半の約六十年間、クリトリスおよびその切除の治療効果について、一種の職業的民間伝承ともいうべき考え方が、医師の間に広がった。性慾亢進の座は生理的に身体のある部位に局在し、医師によってそれは小脳、子宮、卵巣にそれぞれあると考えられ、ある人々はついにそれがクリトリスにある、と考えるに至った。

それにもとづいて、陰核切除術が行われるようになり、一八〇〇年代のはじめ、ドイツ、フランス、イギリスに広がり、一八一二年には、早くもパリでオナニーの治療として報告された。

一八二五年の臨床医学雑誌〝ランセット〟(Lancet) には、一八二二年六月二十日、十四歳の白痴の少女に陰核切除術を行ったという、グレーフェの報告が掲載された。それによって、その少女の自慰過剰と性慾亢進は著しく改善された、と報告者は手術の効果を強調している。長く続いた習癖の名残りはときどき現れたが、長くは続かず、彼女の知的能力は発育し始め、語り、読むこと、算えること、数種の針仕事、ピアノのやさしいところなどを行うことができるようになった。彼女が幼時からの道徳的無気力から立ち直り、いっきょに後期思春期の段階まで達したことは、著しい副産物である、と述べている。

"Lancet" の最初の四十年間には、種々の医学的根拠による陰核切除術の症例が、多数掲載されている。クリトリスおよび小陰唇の肥大と淋疾の病歴を持っていた患者が、陰核切除と腫瘍切除(部位不明)によって、完全に治癒した、という報告もあるが、陰核切除術の最も普通の適応症は、陰核肥大と過剰の自慰であった。

この手術は一八六〇年代の間、イングランドでは頂点に達し、広く普及した。クリトリスの手術を最も熱心に行ったのは、アイザック・ベーカー・ブラウンであった。彼は考えうるほとんどすべての婦人科疾患に、陰核切除術を乱用して、ロンドン産科学会から除名された。

だが、それで陰核切除術の信者がいなくなったわけではなく、この手術のメリットや損失について、

白熱した論争が "Lancet" 誌上をにぎわせた。ブラウンの没落後、この手術は下火になったが、それから何十年も手術が続いている。というのは、彼ほど極端ではなかったが、性慾過剰に対して、陰核切除術はまだ効果がある、と考える医師が少なくなかったからである。例えば、トレートは〝腐敗した性慾〟を持った患者には、この処置はいくらかのメリットがあると考えていたので、ブラウンの追放は不幸であった、といっている。

民族誌的な報告からみても、これまで、オナニーの治療という目的で、クリトリスの切除を行った例は、西欧文明をおいて他にない。そのもとは、オナニーを罪悪視するキリスト教の教義が、生活の基盤に深く根を下していたからであろう。日本でも、戦前はオナニーが身体に害を及ぼすと信じられ、それが強調されてきたが、そのために手術をした、ということはなかった。

その後、オナニーについての医学的な見方が変ってきたので、この手術は二十世紀の到来までに姿を消した。しかし、これは西欧にオナニーを悪とする考え方がなくなったのではない。医師の目から見ても、オナニーはいぜんとして〝避け難い悪癖〟であり、症例を選んで手術をすれば効果がある、と陰核切除術を弁護する医師もいた。

十九世紀になって、陰核包皮と陰核亀頭との癒着と、オナニーとの因果関係が、医学的に論じられるようになった。

ロバート・A・モリスは、白人の人種的特性として、包皮と亀頭の癒着が普通に見られると信じ、これがクリトリスを刺激する、と考えた。彼は包皮を亀頭から引き離すために、狭義の割礼（スンナ割礼）と同じように、包皮の切除を試みた。彼はこの手術によって治った症例を集めて、クリトリスの癒着とオナニーとの関係を証明しようとした。彼は、八年以上も色情狂であった患者が手術によって治癒したといい、その包皮は亀頭と固く癒着していた、と記している。

R・フリーマンは五十二例の女児のオナニーを観察し、彼女らのクリトリスには著しい癒着があることを認め、割礼によって、オナニーの習癖が完全に消失する、といっている。彼は、神経質な子供はクリトリスの刺激によって、オナニーをひき起こすといい、もっとクリトリスに注意を払うことを奨めている。

テキサスの女医、ベル・C・エスクリッジは自験例二五〇例以上を報告している。彼女は亀頭が露出するほど短いもの、恥垢のないもの、包皮を外側に引き伸ばしたとき、亀頭の癒着が離れないもの、というように、正常と病的でないクリトリスの限界を定めた。これについてフェルスマンは、もし〝正常〟が五パーセントにすぎないとしたら、〝正常〟の意味が疑問である、といっている。彼女は、過度のオナニーはクリトリスの肥大による、と主張したが、肥大はただ一例しか見られなかった。そして、思春期前のオナニーは内部からの慾情よりも、むしろ外部の刺激あるいは影響による、と考えた。

しかし、どういうわけか、割礼の手術は陰核切除術ほど普及せず、その支持者は一部に限られていたらしい。その後も何人かの割礼支持者が同じような意見を発表し、最近では一九六三年、ルモン・クラークの報告がある。彼は一〇〇例の患者に外陰部と腟の検査を行い、九十二例に陰核癒着があり、それらのうち七十五例は正常の性感を妨げるに十分であった、という。彼は割礼によって、オナニーが消失した症例や、包皮の癒着のために、性交のとき痛みがあり、結婚できないでいる数人の女性を報告した。

西洋医学では、オナニーは過度の性慾によるか、あるいは外部からの刺激によって起こるか、という考え方の違いはあるが、それは道徳的に罪悪であり、それを続けていると、健康が障害され、知能の発育が妨げられる、というところから、外陰部の手術はスタートしている。包皮および陰核切除術の支持者たちは、女性のオナニーはクリトリスとその周囲の亢奮によって影響されると考えた。実際には、クリトリスや包皮を切り取っただけでは、習慣性自慰が治るとは思えないので、この手術では、精神的あるいは一時的な暗示の効果は期待できたであろう。

これは科学技術の発達につきものの、試行錯誤の一つといえるだろうが、それにしては、あまりにも安易にすぎたのではないだろうか。それは、〝オナニーは罪悪〟という科学以前の固定観念によって縛られていたからであろう。このような医学的俗信はアフリカの一部で行われている割礼と、一脈通じるものがあるように思われ、割礼の動機を示唆するものと考えられる。

割礼は根絶できるか

これまで述べてきたことから、わかるように、女性の割礼は包皮だけの切除を除くと、男性のそれよりもはるかに侵襲が大きく、残酷な手術である。施術後の苦痛や障害も大きく、二次感染などによる合併症も報告されている。御婦人の方々はおそらく想像しただけでも、寒気がするだろうし、「文化人類学」の講義で割礼について述べたところ、そのような社会に生まれなくてよかった、という学生が多かった。が、これは今でも実際に行われている。ただ、このような習俗にも現代化の波が押し寄せ、少しずつ変りつつある、といわれている。

一九七七年の“Sexual Medicine”誌によると、「人間の土地運動」の会議がジュネーブで開かれ、この悪習を根絶するために、大規模な国際的キャンペーンを行うことが決議された。この運動の推進者であるB・グロートは、この問題に対するWHO（世界保健機構）の取り組みは怠慢の一語につきる、と語ったという。

しかし、この発言はあまりにも性急で、観念的すぎはしないだろうか。もちろん、客観的にみても、このような風習はやめるべきであるが、割礼を行っている側の立場に立って考えなければならない。多くの事例報告が語っているように、割礼の儀式は未成年者を成人の生活に導き入れ、地域社会での生活に必要な知識を与える教育の目的を持っていることが多い。また、結婚を前提として行われる割礼では、割礼をしなければ、その社会での結婚は認められない。

その社会の一員として共同生活を送りながら、割礼の儀式を拒むことは不可能といってよい。もしそれを拒めば、その少女はその社会では生活できなくなるだろう。現在割礼の行われている国々では、法律でそれを禁止しているところが多いが、長い間続いているしきたりは、それでなくなるものではない。とくに、女性の割礼はその社会から隔離されたところで、非公開に行われるので、法的な規制もほとんど効果がない。スーダンなどでは、一九四六年に法律で禁止されたはずの、ファラオ割礼や膣閉鎖が今なお行われている、といわれる。

このような状況を見極めたうえで、その社会に即して、教育や文化の向上をはかる努力を重ねながら、割礼を廃止する方向へ導くことが必要であろう。これは口でいうほど容易なことではない。要は外部からの圧力によってではなく、社会の内部から割礼廃止の動きが生れなければならない。

7　ホッテントットのエプロン（前垂れ）

欧州人の注意をひいた〝エプロン〟

一六八六年、W・テン・リネは南アフリカのホッテントットの女性には、小陰唇がよく発達し、暗褐色の長い小陰唇が陰裂から垂れ下っているのを見て、それを“dactyli-formes”として記載した。J・F・ブルーメンバッハはそれを作り話だ、といって否定したが、その後、多くの旅行者がその小陰唇を認めるようになり、テン・リネの記載は確認され、広く知られるに至った。

彼女らの小陰唇はホッテントットのエプロン（前垂れ）Hottentot's apron; tablier des Hottentotes; Hottentotenschulze と呼ばれ、ブッシュマンの女性にも見られることが明らかになった。ヨーロッパ人はエプロンと呼んだが、B・デ・ラチェウィルツによると、ブッシュマンはそれをムフリと呼び、この部分はブッシュマン男性の短小なペニスを助け、鞘で包んだように、ぴったりと合わせられるので、彼らはムフリのない女性とは結婚したがらない、と述べている。

C・クビールやヨハネス・ミューラーは、オランダ人がパリに連れて来たブッシュマンの女性のエプロンを記載した。クビールによると、この女性は、エプロンの上部は陰核と小陰唇の肥大した部分であり、長く垂れ下った部分は小陰唇のみであることを記載した。この女性は一八一六年にパリで死亡し、それを剖検したF・ル・ベランは、その小陰唇は萎縮した平坦な大陰唇からはみ出し、その幅は約五センチで、膣や外尿道口をおおいかくしている。小陰唇は会陰のなかに消失しないで、自由に垂れ下り、耳垂（耳たぶ）のように折り返すことができる、と報告している。

H・ルシュカ、W・H・フラワーらもブッシュマン女性のエプロンを報告し、G・フリッチュは南

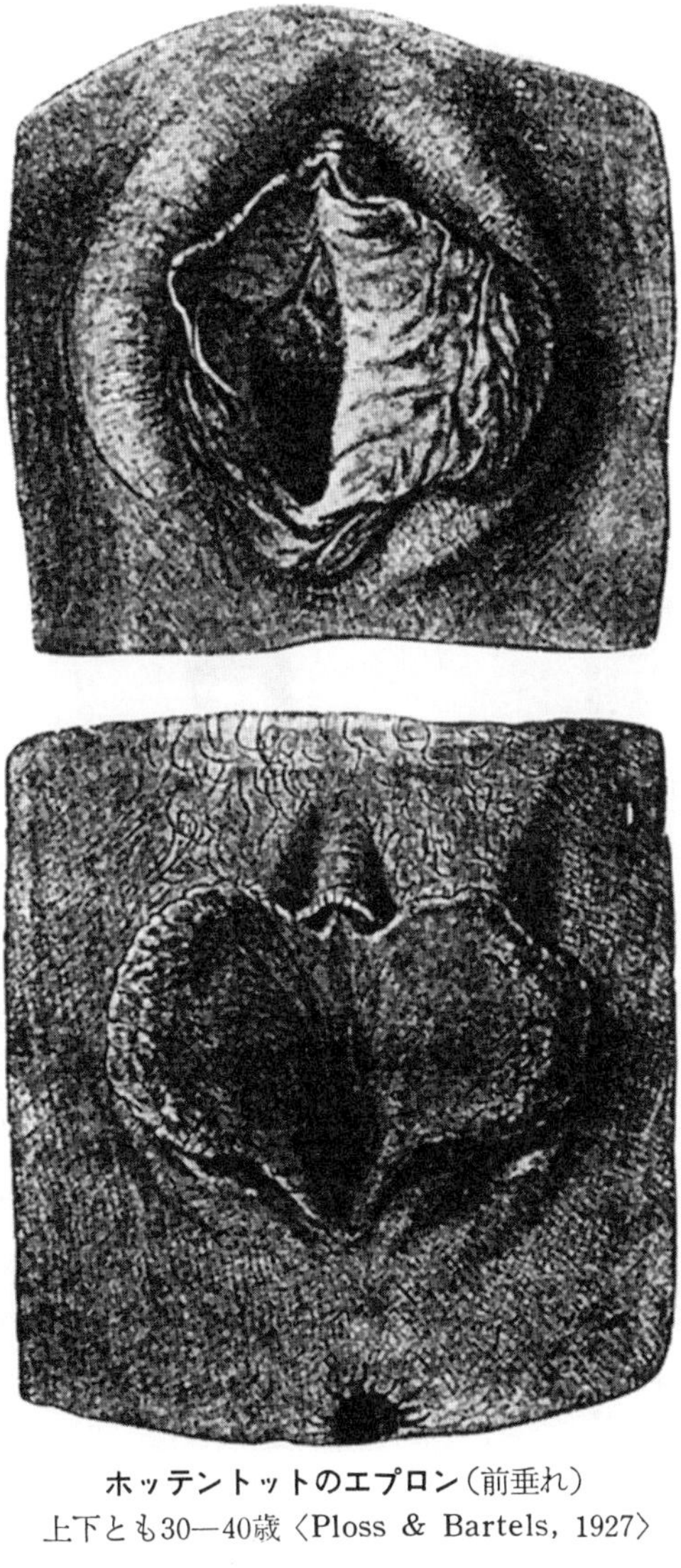

ホッテントットのエプロン（前垂れ）
上下とも30—40歳〈Ploss & Bartels, 1927〉

西アフリカのコランナ(ホッテントットの支族)女性のエプロンについて、詳しく記載している。これらの報告をまとめてみると、大陰唇は小さく平坦で、陰核包皮はよく発達し、小陰唇は暗赤色で長く垂れ下っている。これらの小陰唇幅は三―一〇センチ、ときには一四―一八センチに達することがあるが、一〇センチ以上もあるようなエプロンは普通に見られるものではない。

ホッテントットのエプロンが必ずしも左右対称でないことは、何人かの研究者が認めている。A・ド・カトルファージュはパリ博物館にある標本について、次のように述べている。右の小陰唇は長さ五五ミリ、左は六一ミリである。幅はそれぞれ三四ミリと三二ミリである。厚さは両側とも同じで、約一五ミリである。

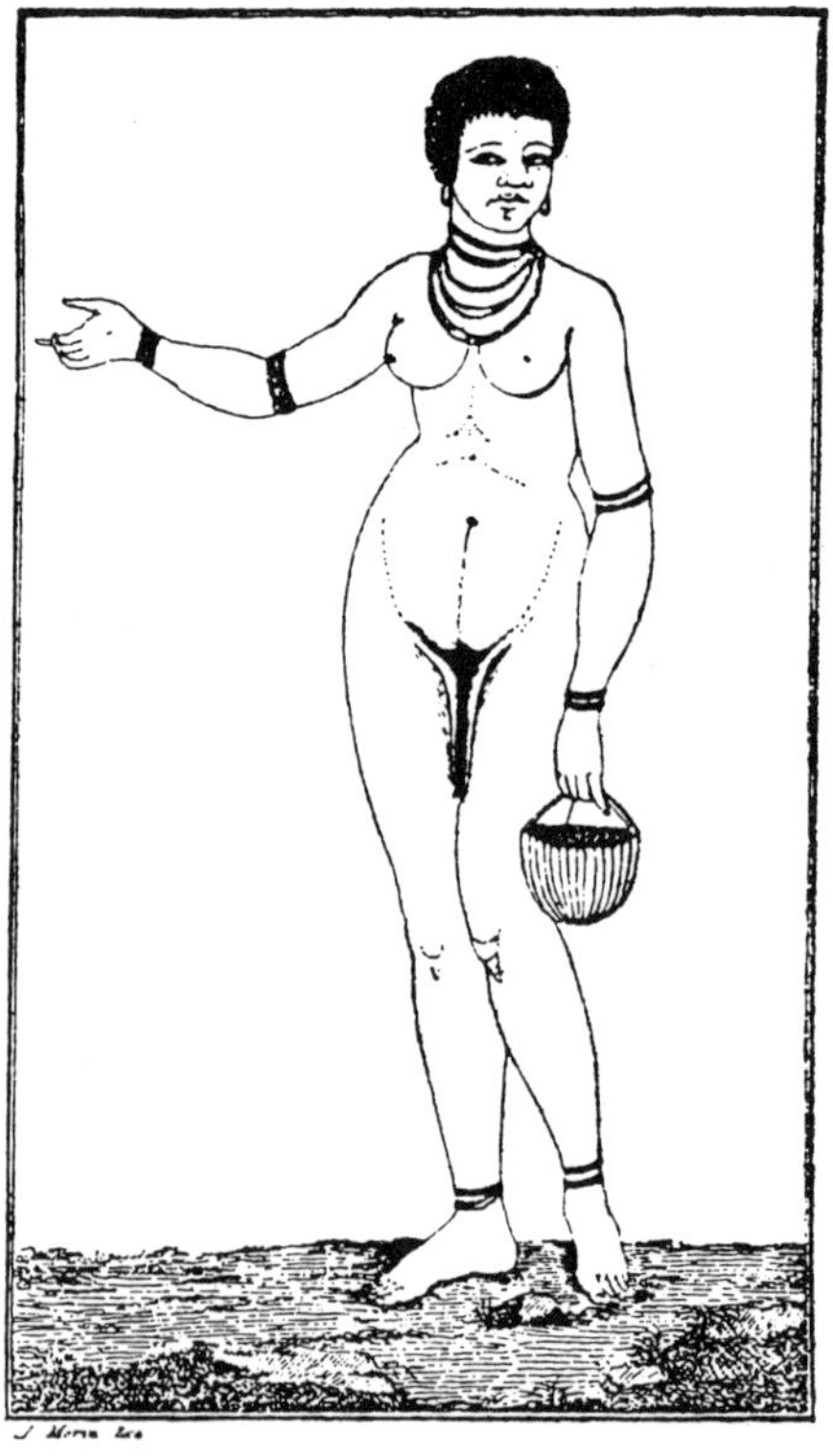

18世紀に描かれたホッテントットのエプロン〈Ploss & Bartels, 1927〉

小陰唇の肥大

ロバート・L・ディッキンソンは、ブッシュマン女性三例の剖検例では、小陰唇幅は三―五センチにすぎなかった、と述べている。この大きさは欧米人女性では大きい方だが、それほど珍しくはない。J・バローは一二・五センチの幅の小陰唇を記録しているし、P・ブローカ、J・J・カール、K・シュレーダー、R・ハルトマンらは欧米人にも、大きい小陰唇はしばしば認められる、といっている。R・ベルフは、二―六センチの小陰唇は一二・三パーセントもあったといい、ディッキンソンは三―五センチのものが二九パーセントあったことを記している。ディッキンソンが見た最も大きい小陰唇は、両側で一五センチあり、それを強く引っ張ると、両側で二三センチまで伸ばすことができた。

東洋人でも、G・W・シュテラーは、カムチァダール女性の小陰唇は長く垂れ下り、陰裂から二・五センチも出ているといい、E・ベルツは、日本人女性には色素沈着の著しい小陰唇が発達していることを観察している。武石明治らも内診台の上に仰臥したとき、小陰唇が三センチぐらい見えるものが、七・二パーセント認められた、と発表している。

成熟した未婚女性では、小陰唇が大陰唇によっておおわれているのが普通といわれているが、大陰唇の発達がよくない場合には、小陰唇が陰裂から露出していることがある。武石らによると、未産婦と経産婦とでは、小陰唇の大きさにはほとんど差がないが、小陰唇幅は四十歳までは大きくなる傾向があるという。ディッキンソンもアメリカ人女性の六五パーセントに小陰唇の著明な肥大を認めている。

小陰唇は強く引っ張ると、約二倍ぐらいに伸ばすことができるといわれているほどであるから、オナニーなどによって引き伸ばされると考えられる。小陰唇は血管に富み、その深部には、男性の尿道海綿体に相当する前庭球があり、性的に興奮すると、小陰唇は充血して大きくなる。そのため、ディッキンソンは、小陰唇の肥大は性交そのものの結果というよりは、しばしば反復する性的興奮によるものと考えており、それに性交やオナニーなどの機械的刺激も肥大を助長すると思われる。

他方、文明人女性のなかには、小陰唇の肥大は正常でない、という意識が強い。H・M・ラドマンは小陰唇の肥大が著しい場合には、歩いたり坐ったりするとき、局所の刺激や不快感があり、また排泄後あるいは生理時に不潔になりやすく、セックスを困難にすることがある、と述べている。外陰部は普通人に見せるところではないので、小陰唇が少しぐらい大きくても、日常生活や性生活に支障のない限り、そのままにしても問題はない。

欧米では、雑誌に外陰部の写真を載せることは自由なので、それを自分のものと比較して、形成外科（美容整形）を訪れる患者が多い、といわれる。日本では、このような写真は掲載されないが、性的な情報が氾濫しているので、それを自分の外陰部と比べて悩んでいる女性が少なくない。

形成外科を訪れる患者を診察した人の報告によると、小陰唇が大きすぎると考えている患者の大部分は正常の大きさであり、勝手にそうきめこんでいることが多い。また、立位で見ると、大陰唇の間から小陰唇がはみ出しているので、気になる、という患者が多いという。

日本人の小陰唇の大きさは、幅一五―一八ミリ（牧美須麿）、長さ五〇―七〇ミリ（笠井寛司）が普通とされる。牧は内診台に仰臥したとき、小陰唇がまったく見えないもの二四・一パーセントにすぎず、一センチぐらい見えるのが普通だという。R・ベルフも五一・五パーセントは小陰唇が陰裂からはみ出している、と報告している。

こうしてみると、日本でも欧米でも、自分の小陰唇が大きいと思いこんで、悩んでいる女性が少なくないようである。小陰唇の大きさが正常の場合でも、心理的な不満を解決するために、小陰唇を縮小する手術が行われている。

人工的か先天的か

ホッテントットのエプロンは思春期以前には見られないが、十歳ごろから形成が始まり、その後、すべての女性に見られるようになる、といわれている。バローは、小陰唇の肥大は年齢とともに増す、といっている。彼の計測できた最大のエプロンは幅が一二・八五センチであった。このエプロンは平滑であったが、白人の小陰唇は凹凸のある点が異なる、という。

フラワーらは南アフリカの人類学者の報告を引用し、ホッテントットの少女は十二歳ですでに臀部の定型的な脂肪蓄積があり、その小陰唇は直立位で約九センチほど垂れ下っていたことを記している。

このエプロンが人工的に引き伸ばしたものか、あるいは先天的なものかについて、古くから論争が行われてきた。

多くの報告者は、手で引っ張ったり、つまんだり、捻ったりする機械的刺激が、正常の小陰唇の変形を起こす、という考えである。

南アフリカの部族の間で、何年か生活したことのある宣教師メレンスキーは、ベルリン人類学会で、次のように話している。彼女らは小さいときから、ほとんど毎日、木やその根を集めるために集まってくる。すると、すぐ年長の少女によって、その部分を引っ張る作業が行われ、小さい棒や小枝に丸めて巻いたりする。

性交やオナニーによって小陰唇が肥大するので、後天説は多数の研究者によって支持された。それにもかかわらず、先天説にも多くの支持者があり、エプロンを人種的特徴と考えた。その理由は、彼女らは新生児のとき、すでに小陰唇の肥大を示しているし、十歳の少女には一定の肥大が認められる、というのであるが、幼女の写真には、まだエプロンは認められない。手の刺激による小陰唇の肥大は、エプロンの広がりとは異なっている、というM・バルテルスの意見がある。また、ブッシュマン女性の小陰唇は雌チンパンジーのそれに似ている、という現在では信じられないような説も、大まじめで説かれた。

私の見るところでは、人工説の方に分があるようにみえる。まず、彼女らの多くは大陰唇の発達が悪く、そのために小陰唇が長く見えると思われる。それに機械的刺激が加わったり、性的興奮が反復すると、小陰唇の肥大が起こる。思春期ごろから肥大が起こることは、必ずしも先天的と考える必要はない。

しかし、それだけでは一〇センチあるいはそれを超えるようなエプロンはできないので、第二に、小陰唇を引き伸ばす風習がある、と考えなければならない。最近、ビリエはホッテントットやブッシュマンなどのコイサン人種には、小陰唇を引き伸ばすような風習はないらしく、近隣の黒人との混血女性には、ほぼ半数にエプロンが現れるから、これは遺伝的な人種的特徴だ、と発表している。これは報告者の質問に対して、彼女らがそういう習俗はないと答えたのであろうが、人目につかないところで行っている可能性がある。信頼できるかどうかは別として、引き伸ばす習俗があることを報告している人類学者がいる。

第三に、以上のような後天的・習俗的な状態だけで、エプロンの形成を完全に説明できないとすれば、やはり、ある程度の遺伝的素因を認めなければならない。とはいえ、その大きさはせいぜい三―五センチぐらいまでであって、一〇センチを超えるようなエプロンが少ないことをみても、異常に大きなものは後天的な要因による、と考えるべきであろう。

8 去勢

去勢の起源

日本では、男性を去勢する習俗として、中国の宦官《かんがん》がよく知られているが、これは中国だけのものではない。古代には、エジプト、ギリシア、ローマ、トルコ、インド、朝鮮とアジアから地中海沿岸にかけて、男性の去勢が行われていた。

朝鮮でも、李王朝の末期まで、中国と同じように宦官が存在し、ヨーロッパでも、二十世紀のはじめまで、カソリック教会の合唱団で、去勢された男性が、ソプラノ歌手として活躍していたことは、意外と知られていない。一九〇〇年まで、ロシアとルーマニアのスコプト派の教徒は子孫を残した後、宗教的な理由で去勢していた。そうしてみると、去勢の行われなかった文明国は日本だけ、といっていいかも知れない。

去勢の場合も、他の習俗と同様、その起源を探ることはむずかしいが、西洋では、アッシリアの美しい賢妃セミラミスに始まった、といわれている。おそらく古代オリエントの専制君主制とともに始まったのであろう、という意見が多い。

BC六世紀ごろの見聞を記したヘロドトスの『歴史』には、去勢はペルシア人の風習であり、ペルシア人は普通の人よりも宦官の方がはるかに信頼できると考えているといい、宦官の忠節をほめたたえている。

彼はまた、ギリシア人が宦官をつくって売買していたことを記し、彼らは小アジアの古都エフィサスや、リジアの首都サルデスで、宦官を高い値段でペルシア人に売りつけていた、といっている。

中国では、宦官の歴史は古く、殷（BC一七五一—BC一〇五〇）の時代までさかのぼる。殷の古都殷墟から出土したBC一三〇〇年ごろの甲骨文字には、征服した異民族の羌人《きょう》（チベット族）の捕虜を去勢することについて、神に伺いをたてたことが記されている。

去勢の方法

古代エジプトでは、去勢の手術は僧侶が行った。まず、細く強い紐で性器を一まとめにして縛り、剃刀で縛ったところから先の部分を切り落とす。止血のために、灰や熱い油を傷口に塗り、尿道には金属の棒を入れる。その後で、五、六日間、臍のあたりまで熱い砂のなかに埋める、という乱暴な方法だったため、死亡率は六〇パーセントに及んだ、と伝えられる。

南インドで行われた方法はエジプトよりも少し技術が進んでいた。被術者は陶器製の腰かけに坐らされ、術前に阿片が与えられる。次いで、性器を竹片にはさみ、剃刀を竹に沿って滑らせ、一気に切断する。傷口には熱い種油が注がれ、油を浸した布を当てる。被術者は仰向きに寝かされて、牛乳で栄養をつける。この手術はほとんど失敗なく傷が治ったといわれる。

中国の手術については、古い文献はないが、しばしば引用されるのは、一八七〇―一八〇年代に北京で取材した英人ステンドの記録である。

それによると、術者は「刀子匠《タオツチヤン》」（執刀人）と呼ばれ、清政府公認の専業者である。刀子匠には数人の徒弟がいて、技術を習った。そのため、この職業は世襲的なものになっていた。彼らは宦官の手術を生業とし、手術料は一人当り銀六両《テール》（三田村泰助によると約三万円）で、傷が完全に治癒するまで責任を負った。しかし、自ら進んで手術に来るものは貧乏人が多く、手術料を払えないので、後で給料から分割払いにした。いずれにしても、手術をするには、身許保証人を必要とした。

術前の処置として、紐で被術者の下腹部と股の上部あたり（性器?）を固く縛り、切断する部分を熱い胡椒湯で、三度念入りに洗う。被術者は炕《カン》（オンドル）に半臥の姿勢で坐り、助手の一人がその腰を、他の二人が足を押さえる。そして、術者は被術者に「後悔しないか」と念を押す。

承諾があると、性器は一瞬のうちに切り落とされて、宦官が誕生する。メスは鎌状に少し曲った、小さい鋭利なものである。その後で、白蠟の針あるいは栓を尿道に入れ、冷水に浸した紙で傷口を包む。次に、被術者は二人の介添人に抱えられて、二、三時間、室内を歩き回り、それから横になることを許される。

手術後、三日間は水を飲ませてもらえない。尿道に栓をしているので、尿量を抑えるためであろうが、これは大変な苦痛である。三日後に栓を抜くと、尿が噴水のようにほとばしる。これで手術は成功である。ステントは長年の資料を調べた結果、三十歳の男子が一人死亡しただけで、ほとんど失敗がない、という。

切断されたものは「宝《パオ》」といい、容器に入れて密閉したまま保存する。そのわけは、宦官になって階級が上ると、この宝を見せなければならない。もう一つの理由は、宦官が死んだとき、棺のなかに入れて、死体といっしょに埋葬するからである。彼らはあの世へ旅立つとき、本来の男の姿にかえりたいと望んでいる。もし宝がなければ、来世には雌の螺馬になって生れる、と信じられていた。

中国における去勢——宦官

中国では、すでに殷代から宦官が存在したことは、すでに述べたが、その後も中国の歴史とともに歩み、清朝の末期まで続いた。

周の初期から春秋時代中期まで（BC一〇五〇—BC六〇〇ごろ）の詩を集めた『詩経』には、「寺人」「孟子」「昏」「椓」という名で、宦官が現れる。『周礼』（BC一一世紀ごろといわれる）や『礼記』（BC三—二世紀ごろといわれる）には、宦官は「太監」という一般名で呼ばれている。

宦官は最初、王宮の入口や門の開閉、庭の掃除、雑役に従事したが、後には、しだいに政治に関与するものが現れ、後漢は宦官によって滅亡した、とさえいわれている。それに続いて、蜀、唐、宋、元、明などでは、いずれも宦官が専横をきわめ、宮廷の内部を腐敗させ、没落を早めた。宦官は辛亥革命（一九一一）以前の中国を裏面から動かしたが、大多数の宦官は専制君主の一種の奴隷として、みじめな一生を終えた。それでいて、宦官の廃止を唱えた学者や皇帝は、中国にはほとんどいなかった。

中国での宦官の来歴について、寺尾善雄は次のようなケースをあげている。

1　貧乏人が生活に困り、子供を宮廷に送りこみ、将来、少しでも楽をさせてやろうとするもの。

2　悪人が他人の子供をかどわかし、刀子匠の家に連れて行って、身代金を要求する場合。

3　執刀者が貧乏人に、子供を宦官にすれば、子供は楽ができるし、いいことがある、と言葉たくみにすすめて、同意させる場合。

4　重罪を犯したものが〝浄身〟（去勢）によって、刑罰を免れる場合。

これらに共通しているのは、宦官になるのは貧乏人の子弟であることであった。

唐代の宦官の供給地は、福建省、広東省、広西省など華南の地が多かった。これらの地方は中国の後進地域であり、人身売買が行われ、奴隷の供給地であった。広州には、アラビア商人によって、世界各地の諸人種の奴隷や宦官が持ちこまれ、中国人の業者も買い出しに出かけたらしい。

清朝の末期には、北京には、刀子匠が二人いた。このころの宦官の主な出身地は、直隷省（河北省）と山東省楽陵であった。宋、明、清の時代には、自ら〝自宮〟（去勢）して宦官を志望するものが増加した。

古くから、万事を中国に学んだ日本が、なぜ宦官を取り入れなかったか。この疑問について、寺尾は、日本の古代社会には、異民族との幅広い接触、あるいは力と力の激突で征服したことがあまりなかったこと、大きな後宮がなかったこと、刑罰としての後宮がなかったこと、仏教の影響、単一化された農耕民族であること、などの理由によるのではないか、という意見である。

西欧における去勢——男のソプラノ歌手

キリスト教が普及する以前、ヨーロッパでは、ギリシア・ローマでは、奴隷などに去勢が行われたことがあった。後に、カエサル、ドミチアヌス、ネルヴァ、コンスタンチヌス大帝は去勢を禁じたが、いぜんとして行われた。

キリスト教以後になると、カソリック教会の聖歌隊に、去勢した男性がソプラノ歌手として加わった。彼らはカストラートと呼ばれた。カソリック教会では、大ぜいのソプラノ歌手を必要としたが、当時女性が歌うことを禁止していたからである。

最初、教会では、変声期の少年や裏声の歌手を使ったが、声変りするのは当然だし、裏声はわざとらしさが気になった。それに比べると、カストラートは少年の声を持っていたので、十六世紀後期ないし十七世紀初期に、若いカストラートがソプラノ歌手として登場してきた。

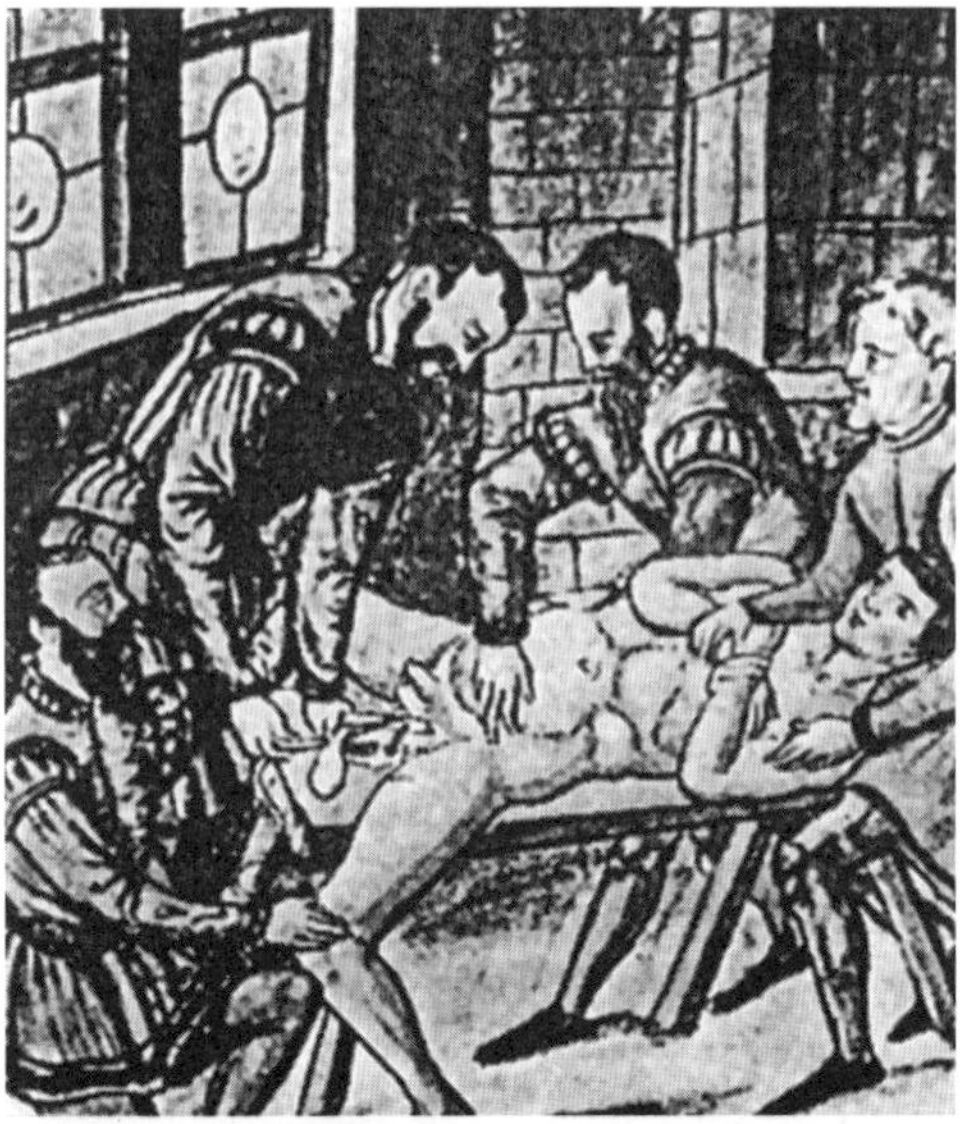

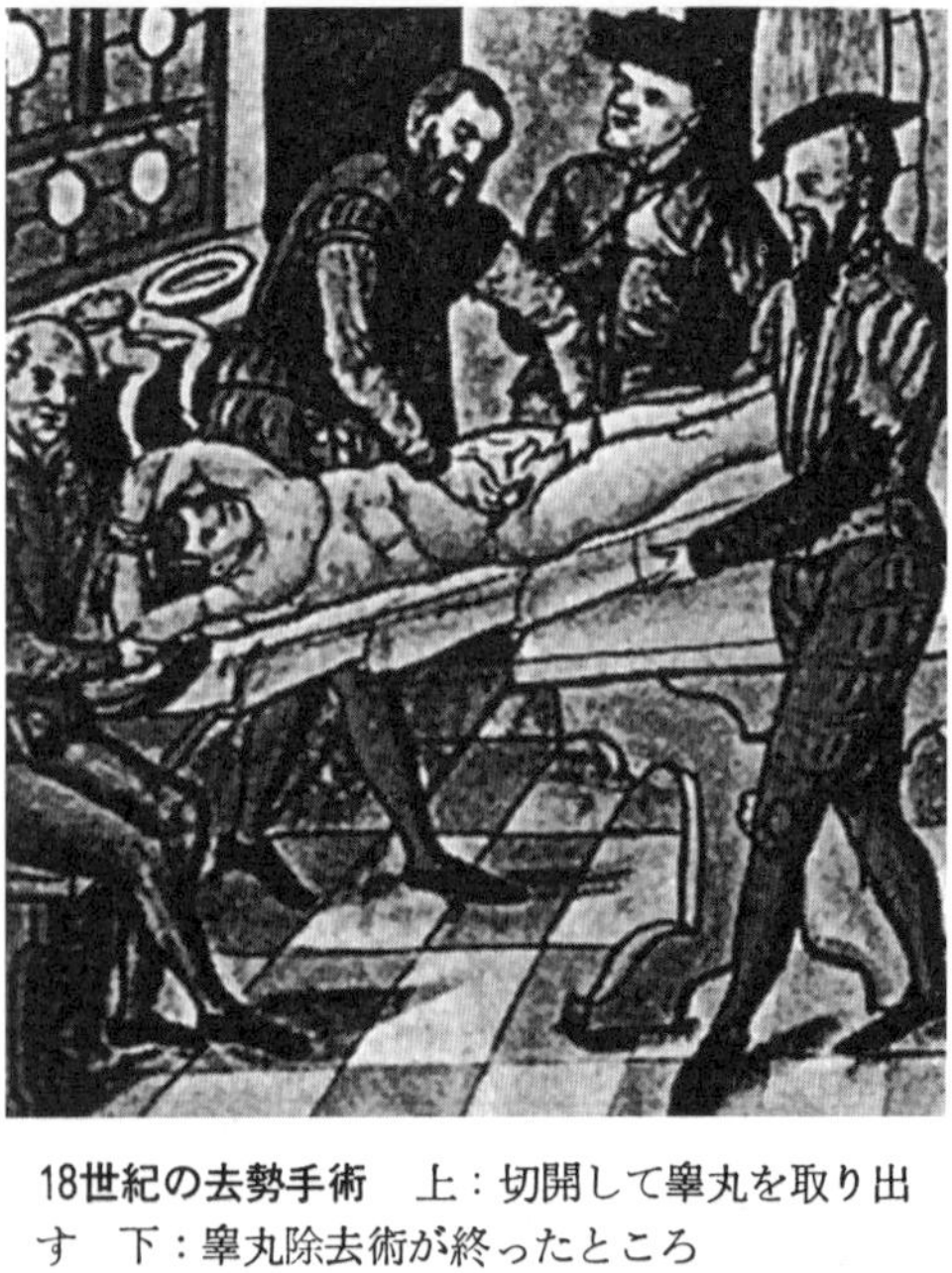

18世紀の去勢手術　上：切開して睾丸を取り出す　下：睾丸除去術が終ったところ
〈Sexual Medicine 5巻5号，1978〉

そのころ、ヘルニアの手術に伴って、睾丸の摘出を行うと、成人になっても高い声を保つことができる、ということが知られるようになった。いい声を持った少年を去勢すると、成年期にもその声を保つことができる、という情報が世間に伝わると、ボローニア、レッチェ、ノルシアは去勢手術の中心地となった。十八世紀は去勢手術の全盛時代で、毎年四〇〇〇人から五〇〇〇人の少年が手術を受けた。

この手術を奨めたのは教会ではなく、信じられないことだが、それは少年の両親であった。教会はこの手術に一応反対はしたが、背に腹は代えられず、けっきょくはカストラートを受け容れることに

ロンドンで公演中の２人のカストラート〈Sexual Medicine 5巻5号，1978〉

なった。こうして、一五九九年、若い二人のカストラートははじめてシスティナ礼拝堂の聖歌隊に加えられた。

こうして、十七世紀以降、去勢手術が盛んになり、床屋外科医はその手術に熟達するようになった。十八世紀の評論家ダンシロンの記録によると、被術者は局部を軟かくするために、熱い風呂に入る。そして、薬を飲ませると、被術者はもうろうとしてくるので、切除のとき、あまり痛みを感じないという。

手術後、彼らは厳しい訓練を受け、十五、六歳でデビューした。うまくいけば、少年はオペラ歌手として、ヨーロッパの各地を回り、名声をうることができる。それほどでなくても、聖歌隊に入れば、かなりの収入をうることができた。しかし、失敗した場合は悲惨であった。

両側の停留睾丸（睾丸が陰嚢まで降りず、腹腔内にあるもの）があれば、去勢する必要はなかった。腹腔内は温度が高いので、睾丸の正常な発育が阻害されるのである。これについて、一七六五年、サンカルロ・オペラ劇場で起こった話が記されている。その数年前、バラニーという歌手が、劇場で絶讃をあびて歌っていた。彼がいつになく力を入れて歌ったところ、突然、睾丸が陰嚢に降りてきた。彼はこの瞬間から、はっきりわかるほど美声を失い、ついに華やかな歌手生活に終りを告げてしまった。

この話は実際にあった事件だというのだが、あまりにもできすぎている。停留睾丸は四、五歳ごろまでに、手術的に降ろさないと、正常に発育せず、精子形成が阻害される。バラニーの睾丸が自然降下しても、その瞬間から男性ホルモンの分泌が急増して、声帯の変化が起こるとは考えられない。

カストラートの身体的特徴は、背が高く、細長い脚を持ち、胸郭は大きい。毛髪は豊かで、女っぽい顔だちをしている。早期に手術をすれば、腋毛や陰毛などの性毛は発育しない。やや肥り気味で、尻が大きく、全身に脂肪が貯っているものもあった。女性のような乳房の肥大（女性型乳房）は普通であった。

喉頭は子供のそれよりもわずかに大きい程度で、喉頭隆起（ノドボトケ）は発達しない。身体の発育は止まらないから、肺や口腔などの共鳴腔は大きくなる。だから、その声は男の力強さを持ったソプラノになる。その声を聞いた人はちょうど声変りのときの少年の声を思い出させるという。

大きな体から子供のような声が出るのだから、はじめて会った人はびっくりしただろう。リヒアルト・ワグナーは、カストラートのササローリについて、次のようにいっている。この偉大な体格のイタリア人ソプラノ歌手は高い女の声と、話したり笑ったりするときの朗らかな幅の広い声で、私をすっかり驚かせた。その愛すべき善良さにもかかわらず、私には、この人間が化け物のように思われたと。

とどまるところを知らなかったカストラートの勢いも、やがて落日を迎えるときがやってきた。それはナポレオンのイタリア侵入である。政治的、社会的変動によって、音楽院は崩壊し、カストラートの訓練がむずかしくなった。それに加えて、女性歌手がソプラノを歌い始め、彼らの没落を速めた。システィナ礼拝堂で、最後に歌ったカストラートは、一九〇二年、七十五歳のときに十枚のレコードを吹きこんでいる。これを聞いたS・ネルソンは、無気味なこの世のものとは思えない、男のものでも、女のものでもない、両性を持ち合わせているような声である、と表現している。

ポナペ島の睾丸摘出

ミクロネシアでは身体変工として、入墨、瘢痕文身、耳垂および鼻中隔に孔をあけて耳飾りや棒を通す習俗などが知られているが、特殊なものとして、ポナペ島の片側睾丸の摘出がある。この手術は片側だけに行われるので、去勢ではないが、便宜上、ここで述べることにする。

松岡静雄は、カベザ・ペレイロの報告を引用している。それを要約すると、ポナペ島の睾丸摘出は疼痛に耐えるだけでなく、しばしば炎症、発熱のために、生命を失うことがあるが、それをしないと、女性から、勇気のないひきょうものと軽蔑されるので、十六歳から二十歳までの間に手術を行う。

被術者は、川の近くの友人か親族の家、あるいは小川の流れる森のなかに小屋を建てて、そこに移る。術者は老人が多く、横になった被術者の上に馬乗りになり、左手で陰嚢を握り、右手にメスを持って、すばやく上下二カ所の皮膚を切り、左の睾丸を押し出して切り取る。術者は、多量の出血があっても、ときどき拭うだけで、手術が終るとすぐ引きあげる。

立ち会いの友人は三日間被術者に付き添って、なるべく体を動かさないように介抱する。腫脹がとれて、多少化膿すると、友人は彼を近くの川に連れて行き、モコモクという木の皮で作った大きな樋の一端から、約半時間、傷面に水を注ぐ。この洗滌は毎日二回、日没と日の出に行い、それ以外は寝ている。八―十日経つと、瘢痕ができて治癒に向かう。

自由に歩けるようになると、被術者は予め姉妹もしくは母に作らせておいた新しい裳を着け、花鬘をかぶり、油を塗り、黄粉をつけて友人を訪ね、また、未婚少女のいる家を回って、賞讃と祝辞を受ける、という。

松村瞭は大正初期、ポナペ島でこの習俗を調査し、右の睾丸摘出をしたという二十五、六歳の男性について述べている。手術をした証拠として、この男性の陰嚢の側面に、長さ六分ばかり(約二センチ)の瘢痕があるのを見ている。松村はペレイロの報告と異なり、必ず右側の睾丸を摘出する、といっている。

この習俗の目的について、次のような二、三の説があるが、まだよくわからない。松村は、それを住民に尋ねたが、要領を得なかった、と述べている。

1　避妊のため。

2　象皮病（フィラリア）の予防。

3　通過儀礼の遺風。

睾丸は一側のみで十分に生殖能力があるので、この手術が避妊の目的で行われたとは考えられない。また、フィラリア（寄生虫）の感染によってリンパ管が閉塞し、そのために皮膚が硬化し、ときには陰嚢が巨大になることがあるが、それを避けるというのは根拠に乏しい。

しばしば説かれるのは、これを入社式（イニシエーション）の遺風とする説である。ある社会あるいは集団のメンバーとして、加入を認められるために、手術を行った、とするものである。松村は世界各地で行われている割礼や、オーストラリア原住民の割礼および尿道切開をあげて、これらの習俗には、入社式として行われるものが多いことを注意している。とくに、オーストラリア原住民では、性器の損傷が生殖とは無関係に行われているので、ポナペ島の睾丸摘出もそのころは単に蛮勇を誇示するために行われていたのではないか、と推測している。

長谷部言人もこれを男子の入社式の遺風としているが、損傷が性器に行われることを強調し、同性との結合を重視し、異性との結合を犠牲にするという意味があるのではないかという。異性との結合を犠牲にするには、陰茎を切断するのが第一だが、割礼、尿道切開、亀頭に小桿を貫通することなどは、この範疇に属する、とみることができる。そこで、生殖に影響のない範囲で、男女の結合を遮る目的で、断茎を睾丸摘出に変えたのではないか、と推測している。

9 人工頭蓋変形

頭蓋の変形

頭蓋の変形ないし異常は先天的にも病的にも生ずることがある。異常とまでいかなくても、偶然に頭型の変形が起こることもある。このような変形が生ずるのは、頭蓋の縫合がまだ癒合していない時期、とくに生後一年の間に起こりやすい。

自分で寝返りすることのできない乳児は、いつも上を向いて寝ていると、圧迫によって後頭部の毛が薄くなることがある。もし、このまま上を向いて寝かせておくと、前後に短い頭型（短頭）になるし、いつも頭を横にしておく習慣をつけると、前後に長い頭型（長頭）になる。

しかし、こうしてできた短頭や長頭は正常の範囲内にあり、異常ではない。正常の頭型から著しく外れた形をつくり出そうとすれば、子供が生まれた直後から、長期間にわたって、頭に弱い圧力を持続的に加えなければならない。このようにして、意図的につくられた頭蓋の変形を、人工頭蓋変形

artificial cranial deformation というのが普通であるが、日常生活の習慣によって、非意図的に生じるものも広義の人工頭蓋変形に含めることがある。

金関丈夫は頭部の変形を次のように分類している。

自然的

1　先天的発育異常

2　後天的発育異常

3　死後変形

人工的

4　意図的

5　非意図的

これによると、非意図的な変形も人工頭蓋変形に含まれるが、頭蓋穿孔のように、部分的な変工・損傷、死後の変工は通常含まれない。

人工頭蓋変形の起源

人工頭蓋変形は非常に古い時代から、最近まで、世界各地で広く行われてきたし、現在でも行われている地域がある。これについて、昭和十六年、小野直治が詳しい総説を書いているので、それに最近の文献を加えて述べることにする。

変形頭蓋を意味する言葉には、BC八世紀のヘシオドスの歌に、"Macroes"という語があり、BC四世紀に、クセノフォンやヘロドトスも同じ表現をしている。次いで、BC三世紀ごろ、アポロニウス・ロディウスは"Macrocephaloi"（大頭）を持った民族を"Macroes"と呼び、AD六〇年、ストラボは"Megalocephaloi"といっている。変形頭蓋を持った民族が〝大頭〟と呼ばれたのは、前後に圧迫された頭を前後方向から見ると、大きく見えるからである。

頭蓋の変形方法を記したのは、ヒポクラテスが最初といわれている。彼はBC四世紀ごろ、黒海沿岸のレバント付近の、ある種族は変形頭蓋をつくるため、幼児の頭を布で縛ることを記している。また、プリニウスはAD一世紀、トルコ東北の黒海沿岸に長頭族がいたことを記録している。この長頭は頭蓋を左右から圧迫したものであろう。

一七九〇年、ヨハン・F・ブルーメンバッハはクリミア半島から出土した人工変形頭蓋をはじめて記載し、それ以来、この地方から多数の変形頭蓋が発見された。これらの出土例から、K・E・フォン・ベールやR・ウィルヒョウは、ヒポクラテスの記載した〝アジア民族〟の故郷はクリミア地方であろう、と考えた。

しかし、この習俗の起源は非常に古く、F・ヘンシェンによると、欧州では、BC七〇〇〇―八〇〇〇年ごろの新石器時代に、すでに行われていたことは明らかである。古代エジプトでは、少なくとも二〇〇〇年前に記録されており、また、クレタ島とキプロス島でも、それと同じころに見られる。

頭蓋変形の目的

変形頭蓋を作る目的や方法は、時代あるいは種族によって異なり、一様ではない。金関はこれを三種に大別している。

1　幼時における頭部固定によるもの　　古くから現在に至るまで、広く見られ、固定の方法は種族によって異なる。

2　服飾によるもの　　“deformation toulousaine”といわれるように、フランスのツールーズ地方で行われた。一種の女性用鉢巻による変形。

3　頭上運搬によるもの　　1、2は意図的な変形であるが、頭上運搬の風習によって、非意図的に頭蓋変形が起こることがある。

文明人の常識では考えられないような人工頭蓋変形は、いったい何の目的で行われたのだろうか。古くヒポクラテスは、長頭アジア民族は長頭を高貴なものとして、できるだけ長頭であることを好む、と述べている。

これはインカやメキシコ先住民でも同様であった。J・J・フォン・テューディによると、インカの頭蓋変形には三型式があり、個人の地位によって様式が決っていた、という。塔頭蓋(円頂状に上下に伸びるもの)は王族のみに限られ、王から子孫にこの様式が許可されることは、最高の栄誉とされた。

また、錐形に頭蓋を変形することは、上流階級の特権であった。

王族や上流階級の変形頭蓋は左右対称であるが、下層階級のものは多くはゆがんでいる。前者では、副木が緩んだり、圧が不均等にならぬよう専門の技術者が付いていたのに対し、後者には、それができなかったからであろう、とJ・レンホセックは述べている。

フランスでは、一八五〇年ごろ、ツールーズ地方で、ツールーズ型と呼ばれる頭蓋変形が盛んに行われた。L・A・ゴースは、その目的を高型頭巾をかぶるために、頭蓋が鞍状であることが必要であったといい、小野は、最初はそういう目的であったかも知れないが、そのうちに美的観念も加わって、美の標準とされるようになった、と考えている。

それに対して、ルドフスキーは、その目的を美的なものではなく、子供の将来は頭脳の形を整える、という優生学的なものに求めている。ヨーロッパでは、骨相学が権威をもっていた時代があり、頭の格好が適性や品性を決定すると思われていた。だから、イエズス会の神父は母親たちに、例えば彼女の子供を偉大な雄弁家にしたてようと思うなら、子供の頭に手を加えなければならない、というように忠告した、と述べている。しかし、この習俗は、フランスではツールーズ地方だけに限られ、キリスト教徒の間でも、一般には受け容れられなかった。

変形の方法

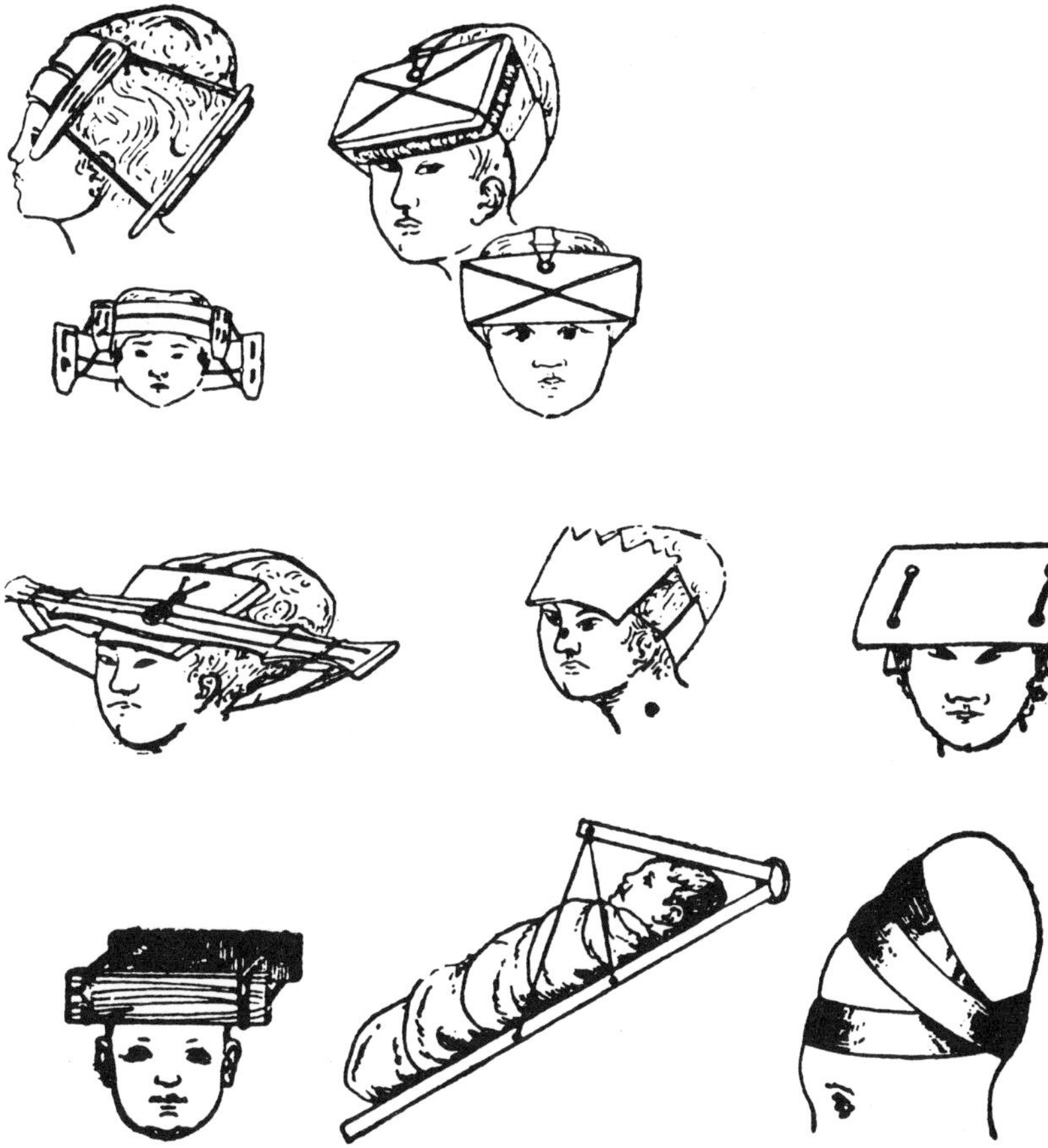

種々の頭蓋変形操作〈小野直治：人類学先史学講座12巻，1939〉

変形頭蓋を作るには種種の方法が知られている。まず、側頭部を圧迫する方法は、イラン・メディア州のアラブ人、マウル人、アブチアゼ人やフィリピンで行われていた。アラブ人の母親は新生児の頭を側方から、下から上に向かって摩擦する。カスピ海東岸の遊牧トルコ人は乳児を、ラクダの毛で編んだ深く狭いハンモックに寝かせて、側方から頭蓋を圧迫する。この方法では、前頭部と後頭部が膨らみ、上面観は西洋梨形の長頭になる。

新大陸では、布で縛る方法が広く行われた。新生児が生まれると、すぐ前頭から後頭に布を巻いた。縛る位置によって、頭蓋は円筒状に後上方に伸びたり、円頂状に上下に伸びる。

アメリカ・インディアンでは、布だけを巻くことは少なく、板を前頭部と後頭部に当て、その上から布を巻く（前頭後頭変形）。この変形は前から見ると、頭蓋は高く幅広く見える。これがいわゆるマクロセファリー（大頭）である。また、前頭下部から頭頂部にかけて、二、三カ所に繃帯を当てて、後頭部に回し、板あるいは副木を当てて縛ることがある。この方法では、前頭骨鼻根のすぐ上から直角に後方に曲り、頭蓋の高さが低くなる傾向がある（頭頂後頭変形）。コロンビア河流域のナッチェ族はゆりかごの中へ幼児を入れ、三角形の枕を当てて固定し、額に革ひもを当ててかごの両側に固定したり、幼児の額に板を当てて寝かせ、砂袋か粘土の塊をその上にのせて圧迫する。

サンタ・カネテ、コニボスのペルー人、サクリフィシォス島のメキシコ人、北アメリカのナッチェ族、チョアクタウ族およびカラグア族、ブラジルのアマグァス族、ポリネシア人などでは、次のような方法があるという。額に板または副木を当て、頭頂部から正中線に沿って、また板あるいは副木の

フランス・ツールーズ地方の頭蓋変形
〈小野直治：人類学先史学講座12巻，1939〉

上を通って左右に布で繃帯をかけ、そのうえ、鼻根の直上から後頭にかけて輪状に縛るというものである。

一八五〇年ごろ、フランスで行われていたツールーズ型の変形は、新生児の頭頂部に、硬い板を包んだ布を当て、ひもで後頭部か下顎の下に回し、ふたたびそれを頭頂部に返して結んでいた。布に包んだ板は金属板が多く、地方によって、童帽 begium、弓 arcelete、頭圧 serre-tête など、いろいろの名で呼ばれていた。男児は八歳まで、女児は結婚適齢期まで、そのままにされる。P・ブローカによると、この型はベルギー民族に始まり、三、四〇〇年の歴史がある、といわれる。

人工頭蓋変形の分布

1 ヨーロッパ

一七九〇年以降、クリミア地方で多数の変形頭蓋が発見されていることは、前に述べた。しかし、それより西方には、変形頭蓋は広く分布しているが、その数は少なく、散発的に発見されているにすぎない。

中部以西のヨーロッパでは、五―八世紀の古墓などから、変形頭蓋が出土し、その範囲はイギリス、スイス、ドイツ、オーストリア、ハンガリーにわたっている。すなわち、この風習はドナウ河、ライン河、ローヌ河からイギリスに及び、その民族については、アファール人、匈奴、タタール人、サラセン人などの説があるが、確かな証拠はない。

この習俗は、十五世紀にはドイツ、十六世紀にはギリシア人やトルコ人、十七世紀にはベルギー人の間で行われ、フラム人やパリジェンヌにも見られた、という報告もある。

L・A・ゴッセは、一八七〇年ごろ、イタリアのジェノヴァや、フランスのラングウェドウで、頭に頭圧板を当てているのを見ており、北ブリティン人やスカンディナヴィアの住民にこの風習があることをあげている。一九一五年、ハット・グドムントはスカンディナヴィアのラップ人に、この風習があることを記載した。

最近まで、頭蓋変形が最も盛んに行われていたのは、フランスである。ツールーズ型の名で知られる特異な頭型は、ノルマンディー、ブルターニュ、ガスコーニュの各地方にわたっている。G・バックマンによると、一九四九年、ブルターニュおよびノルマンディー地方、オランダのマルケン島では、まだこの風習が続いていた、という。

2　アジア

変形頭蓋はコーカサス地方、トランスコーカシア、シリア、カムチャッカ、フィリピン、スンダ諸島、シュマギン諸島のオヌガ島などから発見されている。

この習俗はイランのメディア地方、コーカサス北西部のアプチァス族およびマウロ族、カスピ海沿岸の遊牧トルコ人、アラブ人、クルド族およびキルギス族の間で行われ、七世紀には、ウィグル族でも行われた、と報告されている。また、一八七一年、リーデルはインドネシアのセレベスで、頭蓋変形に使われた圧迫器具を報告している。

最近、小片丘彦らは韓国慶尚南道の礼安里遺跡から出土した四世紀の熟年女性二例に、特異な形の頭蓋を見出した。これらは超短頭で頭高が低く、とくに前頭部の膨らみがきわめて弱く、また、下顎枝の後方傾斜が著しいという共通の特徴が認められる。小片らは、これらの資料を、子供が生れると、ただちに石で圧迫するので、辰韓人は皆「褊頭」であるという『魏志』韓伝の記述を裏づけるものと考察している。

3　アフリカ　古代エジプトでは、ネフェルティティの像やアメノフィス四世(アハナテン)の二人の王女の像は、後上方に伸びた変形頭蓋を表している。スノルソンは、アハナテンがクレタ島やキプロス島の風習を見て、それを自分の娘たちに試みたのだろう、と考えている。

また、黒人の間にも変形頭蓋が見られ、ホッテントットは側方圧迫、コンゴでは後頭部の伸長が行われた、という見聞記がある。

4　北アメリカ　イリノイ州ミシシッピー河東岸(墓地)、アラバマ河上流、テネシー州(墓地)、フロリダ半島(貝塚)などの先住民遺跡から、変形頭蓋が発見されている。

ウィルヒョウは "Crania ethnica Americana" に多数の変形頭蓋を記載し、北アメリカではこの習俗が普及しているので、固有の頭形を知るのがむずかしい、といったほどであった。この習俗を持つインディアンのうち、よく知られているのは、ミシシッピー河とモビール河の間に住んでいたチョクトウ族、ワシントン、アイダホ、オレゴンおよびブリティッシュ・コロンビア州に住むセリシァン族で、彼らは "flat head tribe" (平頭族) として知られている。一七三〇年、フランス兵に滅された ナチ族は "fox-head Indian" (狐頭インディアン) と呼ばれていた。その他の部族にも、近年まで頭蓋変形の習俗が見られた。

グリーンランドのエスキモーには、いまだに人工変形頭蓋が残っている、とヘンシェンは述べている。

一四九二年、コロンブスがバハマ諸島のサン・サルバドル島に上陸して、最初に出会ったインディアンは長頭であったらしく、同じ諸島のニュー・プロビンス島から、数個の変形頭蓋が発見されている。

BC二〇〇〇年ごろから十七世紀にかけて、ユカタン半島、グァテマラ、ホンジュラスにわたって住んでいたマヤ族で、頭蓋変形が行われていたことは有名である。その風習の記録によると、生後五日目ごろから、頭蓋の前後を洗濯ばさみのように、板ではさみ、ひもで縛り、数カ月から数年にわたってこの状態が続けられた。高橋良によると、そのタイプは、押さえ方と縛り方によって、福助型、布袋型、後上方に長く伸びる型が生じ、福助型と後に伸びる型が多い、という。

小アンチル諸島セント・ヴィンセント島、メキシコ・ヴェラクルス海岸南部および南部の住民にも、近年までこの風習があった。

Flat-head インディアンの頭蓋変形
〈小野直治：人類学先史学講座12巻，1939〉

5　南アメリカ

インカの古代ペルー人が頭蓋変形を行ったことはすでに述べた。ウィルヒョウは“Crania ethnica Americana”に、多数の南アメリカの変形頭蓋を記載している。南アメリカの変形頭蓋について詳しい研究をしたのは、J・イムベローニである。彼はブエノスアイレスの新石器時代住民、北部アルゼンチンおよび南部ボリヴィアの古代住民、ペルーやパタゴニアから出土した変形頭蓋について述べている。

現在でも、この風習はコロンヴィアのクゥインバヤ族、パンチェス族、ラーチェ、ピハオス、エクアドルのエスメラルデスなどに残っている、といわれる。最近、M・トマセオとA・ドゥルシーニはペルーのアマゾン地方の部族、シピボ族とフゥアラヨス族の変形頭蓋を記載し、彼らは少なくとも三十―四十年前に施術を行った、とみている。

6　オセアニア　ニューブリテン島およびニューヘブリジス諸島のメラネシア人、ニューギニアのパプア人に、この風習があり、タヒチ島およびハワイのポリネシア人にも、かつてはこの習俗があった、と報告されている。

北米インディアン・チップウェイ族女性の小児運搬法
（M’ Kenney）〈金関丈夫・田端丈夫：民族4巻3号，1929〉

非意図的頭蓋変形

日常の生活習慣によって起こる頭蓋変形の多くは、頭頂部にひもをかけて物を運ぶ習慣によるものである。

中近東、中央アジア、コーカサス地方では、運搬用のかごにひもをつけて頭にかける。北アメリカのチップウォリィ族の女性も頭頂部にひもをかけて荷物を運ぶので、頭蓋縫合の骨化していない子供のときから、それを行っていると、ひもの圧迫によって、頭頂部に横方向の浅い溝ができる。

金関は触診によって、台湾のタイヤル族女性の過半数において、前頭骨と頭頂骨の間に横溝があることを確認し、その部位がひもの当る場所であることを認めている。金関らは、北海道胆振郡白老村（白老町）で、アイヌ女性の一人に、金高勘次はパラオ島住民の女性頭蓋に、このような圧迫溝が見られた、と報告している。これらの住民には、意図的に頭部を縛るような習俗はない。

岩田英彬によると、頭上に一二貫（四五キログラム）前後の荷物を載せて、約一〇キロメートルの道を京に通った、という大原女の頭蓋にも、その影響が現れている。京都府立医科大学解剖学教室にある大原女の頭蓋標本には、肉眼ではっきりわかる凹みがあり、その部分の骨が薄くなっているという。

少し変ったところでは、アルゼンチンのパタゴニア人、パンパスインディアン、その他多くのイン

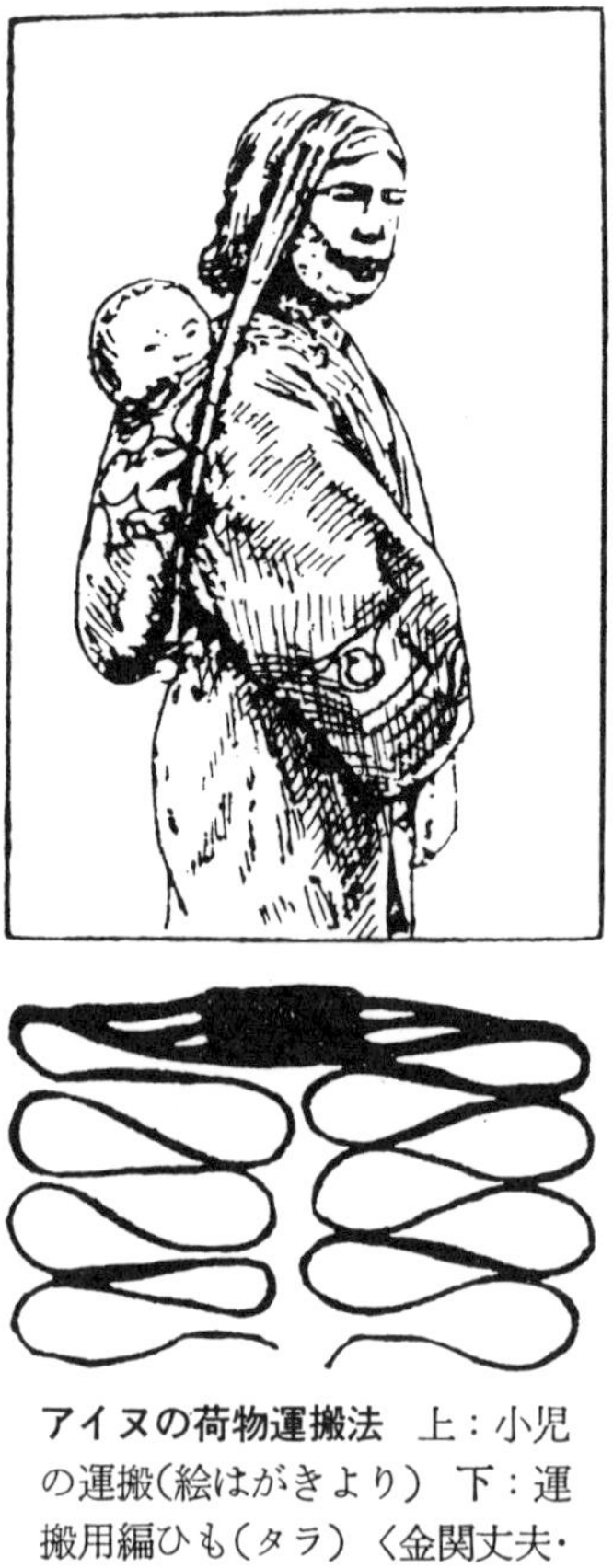

アイヌの荷物運搬法　上：小児の運搬（絵はがきより）　下：運搬用編ひも（タラ）〈金関丈夫・田端丈夫：民族4巻3号，1929〉

ディアンに見られるものがある。彼らは幼児を運ぶとき、かごから幼児が落ちないように、その頭を頭巾でおおい、ひもでかごの両側に縛りつけるので、変形が起こる。

日本では、頭蓋変形の報告例が少なく、そのほとんどは非意図的なものと思われる。清野謙次らは、愛知県渥美郡田原町吉胡貝塚（縄文後期）の六例と、大阪府藤井寺市国府遺跡（縄文中期）の二例を報告している。これらのうち、吉胡の三例は後頭部の垂直圧迫によるもの（斜頭蓋）、吉胡の他の三例と国府の二例は荷物の運搬によると思われる帯状の溝である。意図的な人工頭蓋変形と考えられるものは、わが国では、まだ発見されていない。

頭蓋変形　三河・吉胡貝塚〈清野，1949〉

頭蓋の解剖学的変化

人工頭蓋変形は脳頭蓋の変形だけでなく、それに伴って、種々の形態学的変化を生ずる。その変化は、圧迫の程度や方法によって異なってくる。

頭頂部が上下方向に圧迫され、そこに横方向の溝を生ずるツールーズ型では、ブローカによると、前頭部は眉弓から四、五センチ上で、角度をなして後方に曲り、頭頂部に移行する。輪状圧迫によって、頭囲および頭蓋容積は小さくなる。上顎は内方から圧迫されてCamperの顔面角はわずか七〇度になり、切歯は斜めになり、顔貌は獣性になる。また、下顎は反対にオトガイ隆起が後退し、下顎歯列は上顎歯列に咬合せず、関節突起は強く外方に突出して、関節窩によく適合しない、といっている。

側方圧迫では、側頭骨は圧迫されて、脳頭蓋は上下に圧平される。前頭鱗と後頭鱗が膨隆し、圧迫の程度に応じて、頭蓋は高さと長さを増し、とくに側頭泉門に相当する部分は減少する。その結果、

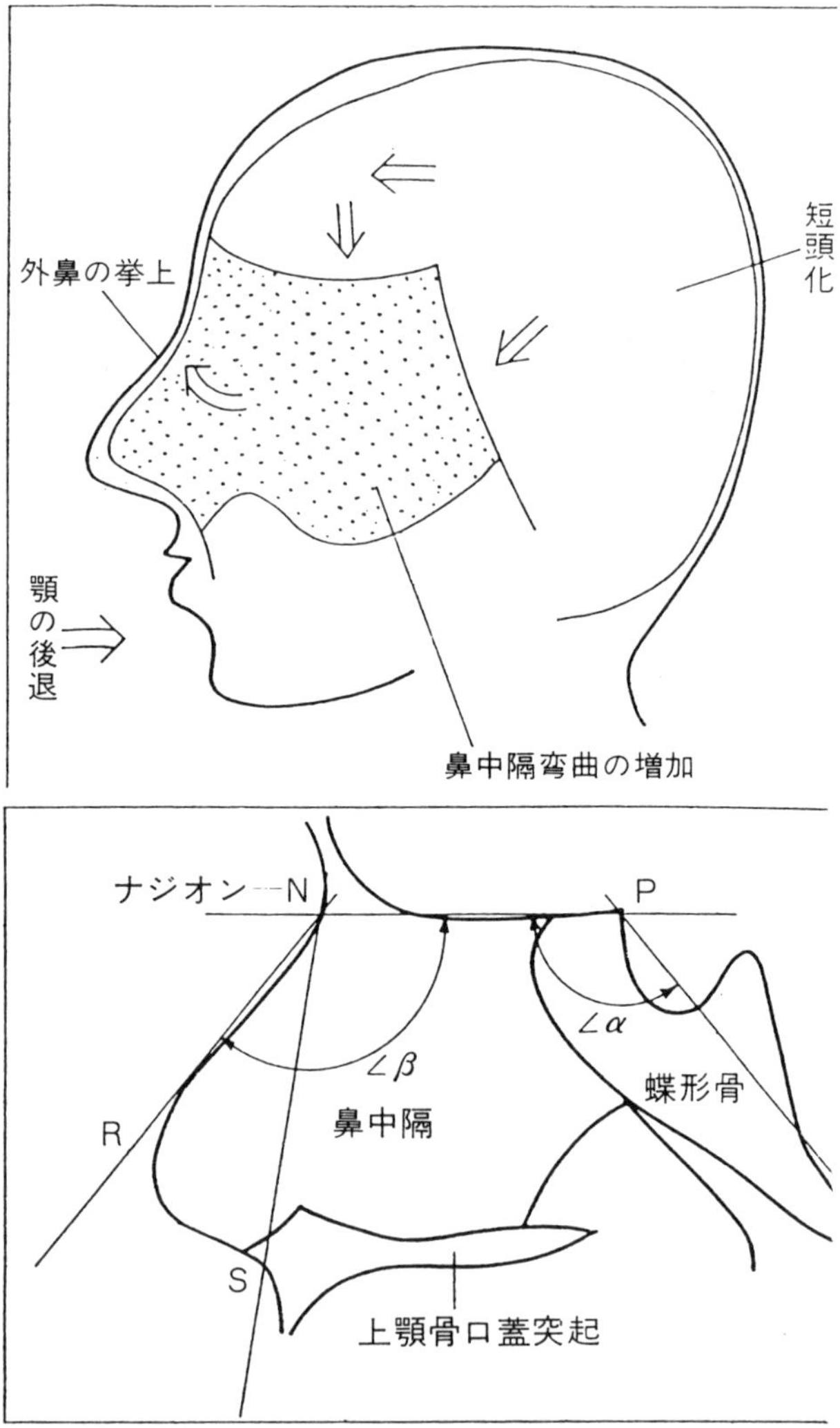

人工頭蓋変形による鼻の変化

頭蓋底亀背程度の表示としてのトルコ鞍角(∠α)は，短頭になるほど狭小となる．鼻背頭蓋底角が，人類進化にともなって大きくなるのは，脳頭蓋が顔面頭蓋を圧縮する形で∠βを押し出している，と考えられる．〈高橋良：メディカルトリビューン9巻25号，1976〉

上から見ると、西洋梨型の長頭となるが、顎は正常である。

マヤ頭蓋には、脳頭冠の前後を板で押さえ、後上方に長く伸びる型と、前後に扁平な型が多い。高橋良は耳鼻科医の立場から、この処置が高い鼻をつくる、と考えている。この場合には、前頭部の変形によって、頭蓋の短頭化が生じる。その結果、トルコ鞍角（前頁図）は小さくなり、鼻背頭蓋底角を前方へ押し出して大きくなるので、鼻が高くなる、という。

骨の変化に伴って、頭蓋内の血管にも変化を生ずることは明らかである。というのは、頭蓋骨の内面には、静脈洞溝があり、その部位に一致して、硬膜静脈洞があるからである。これは内外二葉の脳硬膜の間にある静脈腔で、主として脳の静脈血を集めて、内頸静脈に注ぎ、頭蓋腔から外に出る。G・グルーペは、ビスマルク諸島のニューブリテン島で得た人工変形頭蓋のX線検査を行い、血管の変化を観察している。その変化は頭蓋内静脈の拡張と、それによる蝶形頭頂静脈洞（硬膜静脈洞の一つ）および頸静脈孔（内頸静脈の通路）の拡大であり、これらの径路の変化から、頭蓋内静脈の質的な変化があることは明らかである。

また、頭蓋冠の板間層（外板と内板との間の骨髄）内に、内外板を貫いて、板間静脈が走る。板間静脈は板間層内で静脈網をつくり、頭蓋腔内の硬膜静脈洞あるいは頭皮の静脈に注いでいる。グルーペは、人工頭蓋変形は板間静脈の恒久的な変化によってできる、と考えている。

頭蓋は変形操作によって、上後方に大きく伸びるので、静脈もこの成長パターンの変化に伴って、上後方に向かって走るようになる。これらの静脈は、径路の正常なものと変化したものからなり、後

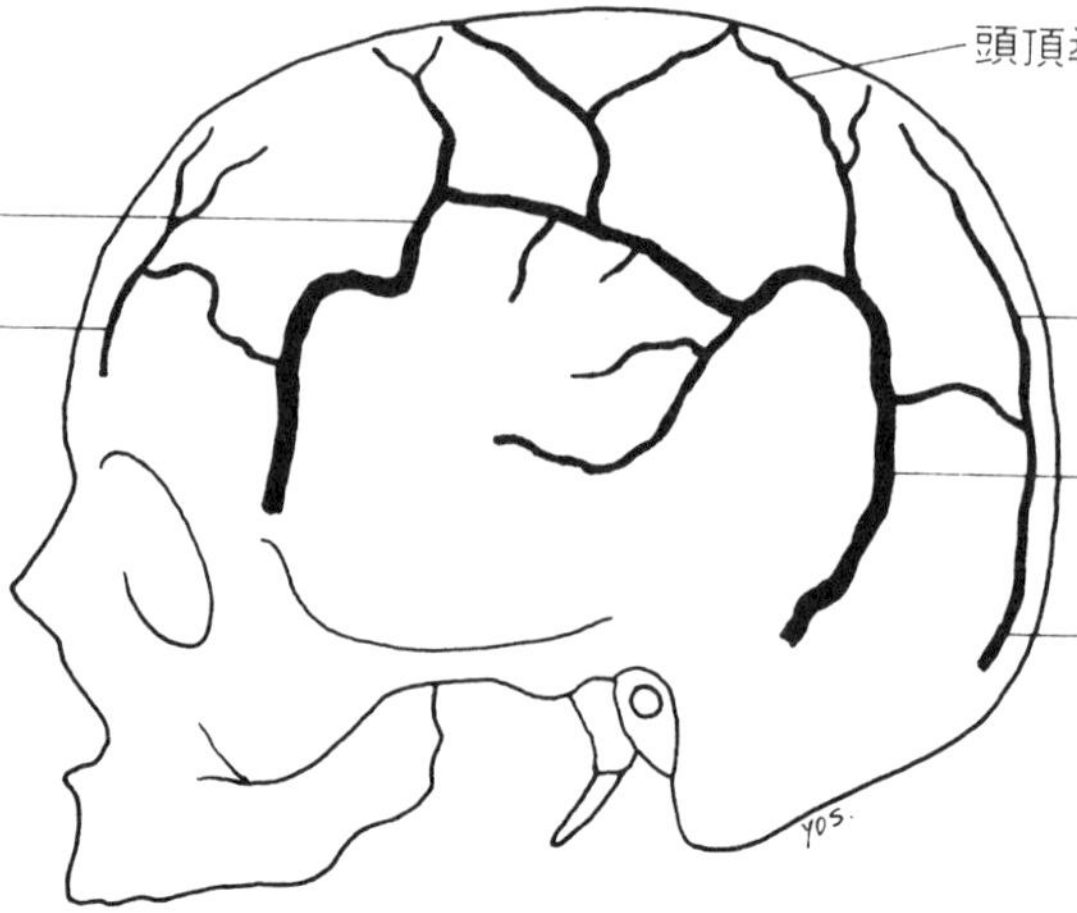

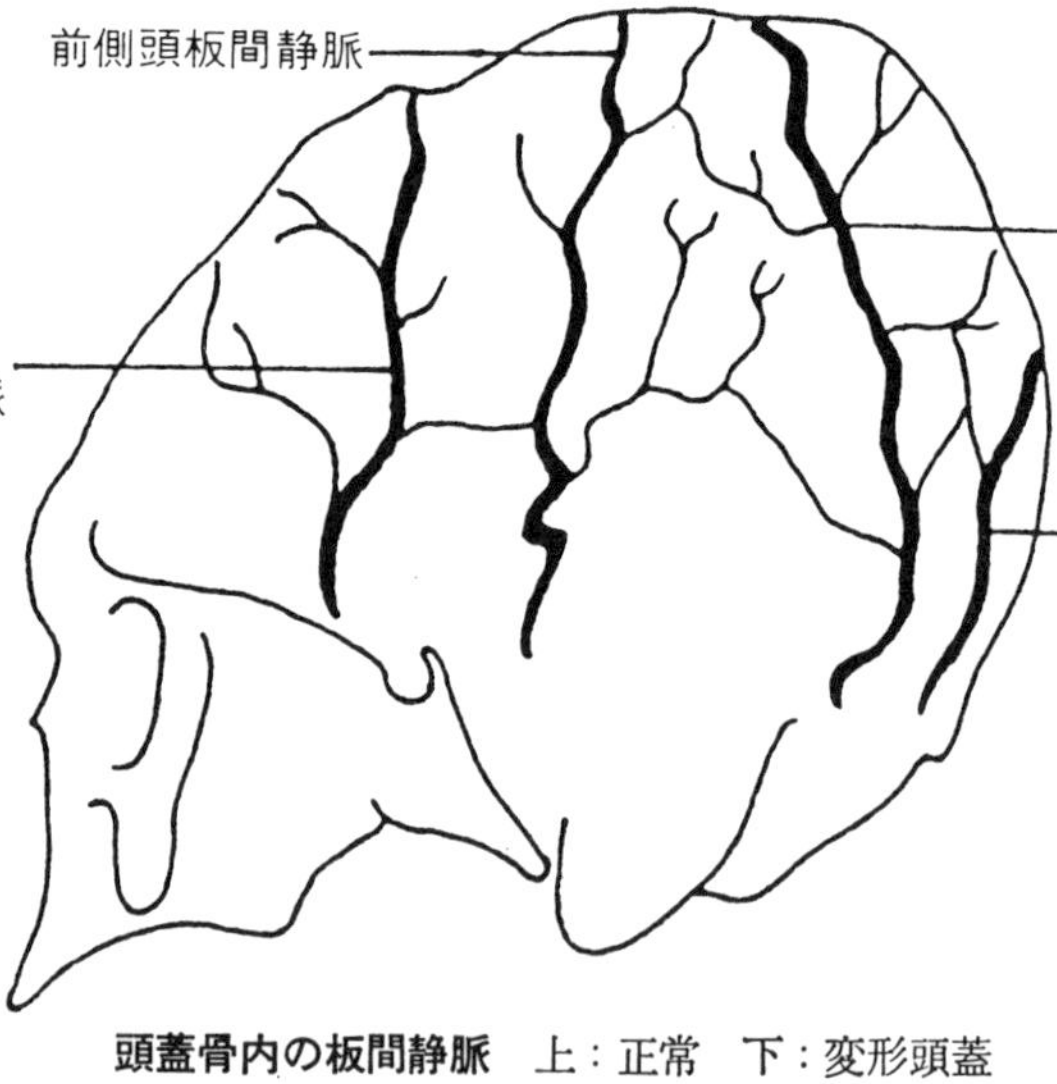

頭蓋骨内の板間静脈　上：正常　下：変形頭蓋
〈下図＝G. Grupe：Z. Morph. Anthrop. Bd. 73, Nr. 2. 1982〉

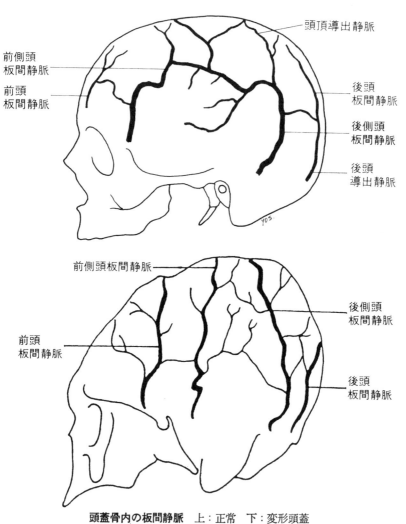

者には、星状静脈、静脈瘤、密度の変化などが見られる。

病理学的所見から考えると、変形頭蓋の血管の所見は静脈の流れが冒され、血流の障害を示すと考えられる。小児の頭に使われるバンドは軟部組織を圧迫し、静脈の流れはその部分で閉塞される。脳と脳脊髄液はほとんど圧迫されないので、この圧を代償する可能性はない。従って、静脈の拡張とともに、硬膜静脈洞および内頸静脈は静脈血を送る主なシステムになる。そして、圧の変化によって、静脈の本来の正常な径路が変ってくる。血管の新しい径路は、成長を続ける脳が代償的に変化している方向に流れる。

このような所見と考察から、グルーぺは次のように結論している。血管新生の特異な〝血管性因子〟は頭蓋の形態発生に作用するので、人工頭蓋変形によって二次的に生じた血管新生が、頭蓋の形および構造の恒久的変化をもたらす。だから、幼児期にいったん変化した頭蓋の形は、頭のバンドを外しても、もはや正常の頭形にはもどらない。

頭蓋変形の身体への影響

圧迫の程度やその期間によって差はあるが、圧迫部位によっては、身体に影響があると思われる。とくに、研究者や旅行者の見聞によると、圧迫されている幼児の状態はきわめて悲惨なものらしい。顔面はむくんでチアノーゼになり、眼は赤くなって突出し、頭には熱感がある。幼児は不安でうめいている。ただ、授乳と着がえのときだけが、この拷問から解放されるようだ、という。この変形操作によって、死亡する子供は少なくない。

しかし、頭蓋変形が脳の発育にどのような影響を及ぼすかは、あまり論じられていない。A・エッカーによると、平頭では前後方向の脳の発育が著しく抑制され、代償的に側方に広がる。側頭葉は前後に圧縮されるが、その割には高くならないので、強く変形する。前頭葉は冠状縫合で膨隆し、それに応じて、脳に横隆起をつくる。後頭葉の位置は変らず、容積の縮小も生じない、と述べている。

それに対して、ブローカは、七十五歳の痴愚の女性は、脳の重さが一〇二九グラムしかなく、前頭葉と後頭葉に高度の萎縮があり、後頭葉と小脳は重さが増えている、という。しかし、初期の研究者は変形頭蓋の脳容積が小さいので、重さも軽くなる、と考えた。

頭蓋変形は必ずしもてんかんを起こすとは考えられないが、大脳皮質の運動領を圧迫すれば、外傷性てんかんと同様の病因になりうることは、容易に理解される。

人工頭蓋変形の判定

頭蓋の変形が軽度の場合には、それが人工的かどうかの判断は慎重を要する。後頭部の扁平はゆりかごの中でも生じるし、頭頂部のくぼみは荷物を運ぶときの習慣によってもできる。

ヘンシェンは、長い間、地中に埋れている頭蓋はカルシウムが分解したり、圧力で変形することがある。そういうものをエジプトやキプロスで、いくつか見たことがあるので、生前の変形か死後の変化かを区別しなければならない、と述べている。

このような伝統的な習俗は驚くほど根強い力を持っている。一四九五年、コロンブスがアメリカ大陸を発見した後、スペイン人はインディアンを強制的にキリスト教に改宗させようとして、人工頭蓋変形を禁止した。しかし、このような習俗は法律や禁令などで、簡単になくなるものではない。一五八五年、リマの宗教会議で厳しい禁令を出したが、変形施術はやまず、一七五二年にふたたび禁令が出た。この風習は文明化が進むにつれて、徐々にすたれてきたが、最近まで多くの部族において行われてきたし、現在なお続いている地域がある。

10　頭蓋穿孔（穿頭術）

頭蓋穿孔とは

生きている人の頭蓋に穴をあける手術は、最も古くから行われている手術の一つであり、人類学のみならず、考古学でも医学史でも、非常に興味深いものである。

被術者を死亡させずに、頭蓋に穴をあけるには、頭蓋骨の下にある血管、脳膜、脳を傷つけないで、骨の一部を切り取らなければならない。このような手術は頭蓋穿孔《とうがいせんこう》と呼ばれているが、その定義は研究者によって多少違っている。広義の頭蓋穿孔には、頭蓋に小さい孔をあけたり、陥没をつくることも含まれるが、狭義では、生体の健全な頭蓋に穴をあける手術をいう。通常、頭部外傷（陥没骨折など）や感染のある骨を除去する、純粋に医学的な手術は頭蓋穿孔には含まれないし、死体から骨片を取る手術も除外されている。しかし、古い時代には、科学と呪術との区別がむずかしく、実際に頭蓋だけを見て、頭蓋穿孔か、医師の手による手術の痕かを知ることは困難である。また、術後まもなく死亡した場合にも、死後の骨片採取と鑑別することはむずかしい。

「頭蓋穿孔」を表す“trepanation”という言葉はギリシア時代からあり、穴をあける人あるいは道具（トレパン trepan）を意味するギリシア語“trypanon”に由来するもので、頭蓋穿孔の定義からすると、少し意味が違っている。フランス語の同意語“trephination”もこれと同じ意味である。

この手術は先史時代から世界各地で行われ、ある地域では現在でも行われている。しかし、西欧医学では、十八世紀から十九世紀もの長い間、先史時代に穿頭術が行われたことを疑っていた。私も縄文時代の人骨に穿頭術が行われていたという報告をはじめて読んだときには、すぐには信じられなかったほどであった。有効な感染予防策のない時代には、術後患者が生存していたと信じられなかったことは無理もない。その後、太平洋の島々で、現実に穿頭術が行われていることが知られるようになり、この疑いは徐々に消えていった。

頭蓋穿孔に関する文献はきわめて多く、研究者の関心の深さをうかがわせるが、この章は主としてE・P・リゾウスキー、エドワード・L・マーゲッツ、ルイス・バカイらの著書や報告にもとづいて記すことにする。

頭蓋穿孔の起源

頭蓋穿孔の起源について、ヨーロッパでは約一万年前、あるいは旧石器時代末期に始まったという説があるが、確証はない。

これまで、ヨーロッパの遺跡から発見された穿孔頭蓋の最も古いものは、新石器時代のものといわれていた。S・ピゴットやK・P・オークレイらはBC三〇〇〇年ごろ、ダニューブ河周辺の住民の間で、ときどき行われていたという。最近ソ連のドニエプル河近くで多数の穿孔頭蓋が発見された。これらはこれまでのどの発見例よりも古く、BC約八〇〇〇年の中石器時代のものといわれる。

頭蓋穿孔によく似た記録として、ヘロドトスは次のように記録している。

リビアの遊牧民は――その全部がそうかどうかは私も確実には知らないが、少なくともその多くは――次のようなことをする。自分たちの子供が四歳になると、羊毛の脂垢を用いて頭頂の血管を焼くのである。……これはその後子供たちの一生涯にわたって、粘液が頭から下ってきて体に害を及ぼすのを防ぐためである。……（手術の最中に）ひきつけを起こした場合に……牡山羊の尿をかけて治すのである。（松平千秋訳）

ヒポクラテスの時代には、頭部外傷の治療として穿頭術が行われており、ヒポクラテス（BC約四六〇―約三七七）は穿頭術の適応や注意について記している。

世界最古の穿孔頭蓋と穿頭術の記録はヨーロッパにあるが、先史時代から現在に至る頭蓋穿孔の分布は各大陸の広い範囲にわたっている。これは一地域で発生したものが広がったというよりは、各地で別々に発生したと考えるべきであろう。

ヨーロッパにおける頭蓋穿孔

ヨーロッパでは、新石器時代に頭蓋穿孔が行われていたことは、多くの研究者が認めている。とくに、フランスのセーヌ・オアーズ・マルヌ地方のチェンバー・トゥーム（石室墓）からは、非常に多くの穿孔頭蓋が発見され、この手術はある儀礼的な意味を持っていた、と想像されている。これらの年代はBC約一九〇〇―一五〇〇年ごろと推定され、この時代の南フランスは穿頭術の一大センターであったかの観がある、といわれる。このような手術を施した新石器時代頭蓋は、そのほかイギリス、デンマーク、ドイツ、イタリー、バルカン半島、ソ連から報告されている。

ところが、金属器時代になると、ヨーロッパでは、穿孔頭蓋がまれになる。スカンディナヴィア、ドイツ、チェコスロヴァキア、ハンガリー、ルーマニア、ブルガリア、ソ連で、少数の穿孔頭蓋が発見されているにすぎない。

ギリシア・ローマ時代になっても、ヨーロッパでは、いぜんとして穿頭術が行われていた。とくに、純粋に医学的な治療として、穿頭術が行われるようになったのは、ヒポクラテスの時代からである。彼は頭部外傷（骨の損傷、化膿）に対して、古い穿頭術を奨め、さらに頭蓋骨の下の血液を除去できるかも知れない、と硬膜外血腫（そしておそらく硬膜下血腫も）を知っていたことを示唆している。

ローマ時代の穿頭術について、アウルス・コルネリウス・ツェルズス（BC約二五―AD三七）はAD

二五―三五年の間に書いた "De medicina" と "De artibus" とで述べている。ヒポクラテスは陥没骨折の手術をしなかったが、ツェルズスはただちに手術を行った。ツェルズスは骨片を除去し、折り重なった骨縁を平らなのみで削るか、または周辺の骨を取り去って、陥没した骨片を持ち上げて整復した。彼は頭蓋骨のカリエスも穿頭術の適応とした。彼は通常三カ所に孔をあけ、その間の骨を切断して骨片をつくった。彼は頭蓋内血腫、硬膜外血腫の手術も行っている。

ガレヌス（一二九―一九九）はヒポクラテスから大きな影響を受けているが、多数の陥没骨折を手術して、骨片を除去した。

中世になっても、ヨーロッパでは頭蓋穿孔が行われ、イギリス、アイルランド、フランス、ドイツ、イタリー、チェコスロヴァキア、ハンガリー、ルーマニア、ブルガリアなどから穿孔頭蓋が出土しているが、新石器時代ほど多くない。

この時代の医師たちも、陥没骨折や血腫に穿頭術を適用している。サレルノの外科医ルギエロ・フルガルディ（ロジァー）（約一一七〇―一二〇〇）は脳の外傷を穿頭術の適応とし、粗い骨片はすべて除く必要がある、といっている。また、この手術は躁病やうつ病にも有効である、と主張した。

アイルランドでは、数個の穿孔頭蓋が知られている。コリァースタウン（十三歳小児）、バリンラフ、マガニー・ローウァー、マヒー島修道院から中世の穿孔頭蓋が発見された。J・フリートウッドは、この時代には大きい手術は修道院の病院で行われた可能性が強いといっている。センフェラードはモイラスの戦いで、剣の打撃で頭蓋を骨折し、トゥエイム・ドレカインの院長セント・ブリシンによって手術された、という伝説がある。

スウェーデンで発見された穿孔頭蓋の大多数はバイキング時代や歴史時代のものであって、ベステロス、エランド島、ゴトランド島から発見されている。

一二〇三年生れのヘンリー一世は十四歳で亡くなり、彼の治世はわずか三年であった。彼はある日、パレンシァ（スペイン）のビショップ宮殿の庭で遊んでいたとき、奇禍に会い、頭頂部の正中線上に陥没骨折を起こした。当ったものは屋根瓦か、投石か、武器かはわからない。彼は急遽ブルゴスに運ばれて、穿頭術を受けたが死亡した。この頭蓋は一九四四年に調査され、上矢状静脈洞の直上が損傷していたことが明らかにされた。

ユーゴースラヴィア南西部およびアルバニア北部では、頭蓋穿孔がひき続いて行われ、十九世紀まで行われていた。

アジアにおける頭蓋穿孔

パレスチナ（イスラエル）では、最も古い穿孔頭蓋はイェリコから出土した青銅器時代（約二〇〇〇BC）のものである。鉄器時代のものはテル・ドゥウェアから三個報告されている。

ソ連ダゲスタン共和国のコーカサス山地では、広く頭蓋穿孔が行われていたが、その習俗についてはあまり知られていない。

東アフガニスタン、北パキスタン、カシュミールでは、最近まで頭蓋穿孔が行われていたが、インドでは知られていない。チベットには穿頭術が行われた証拠があり、カシュミールを経て伝わったらしい。

イラン西部のザグロス山地のバクチアリでは、頭部外傷のとき、頭蓋骨外板のみを除く手術が行われている。この手術では内板は削らないので、穴はあかない。

シベリアでは、南部のオグラクティのハン王朝（BC二〇二―AD二二〇）に比定される墳墓から、穿孔頭蓋が出土している。G・モンタンドンはウラジオストックの博物館に穿孔頭蓋があるのを見つけたが、出土地と年代に疑問があるといわれている。

中国には、頭蓋穿孔の確かな証拠はないが、リゾウスキーは十世紀から十四世紀の間、穿頭術が行われたらしい記録があるといい、J・ニーダムによると、穿頭術の伝説的な記録はあるという。

日本で頭蓋穿孔は行われたか

ここで、わが国では頭蓋穿孔が行われたかどうかを、考えてみることにしよう。これまでに報告されたものでは、頭蓋に穴のあいている縄文人骨は次の六例である。

愛知県渥美郡渥美町伊川津貝塚　一例
同　同　同　保美貝塚　一例

同　　同　　田原町吉胡貝塚　　一例
岡山県倉敷市粒江船元貝塚　　一例
広島県尾道市高須町大田貝塚　　二例

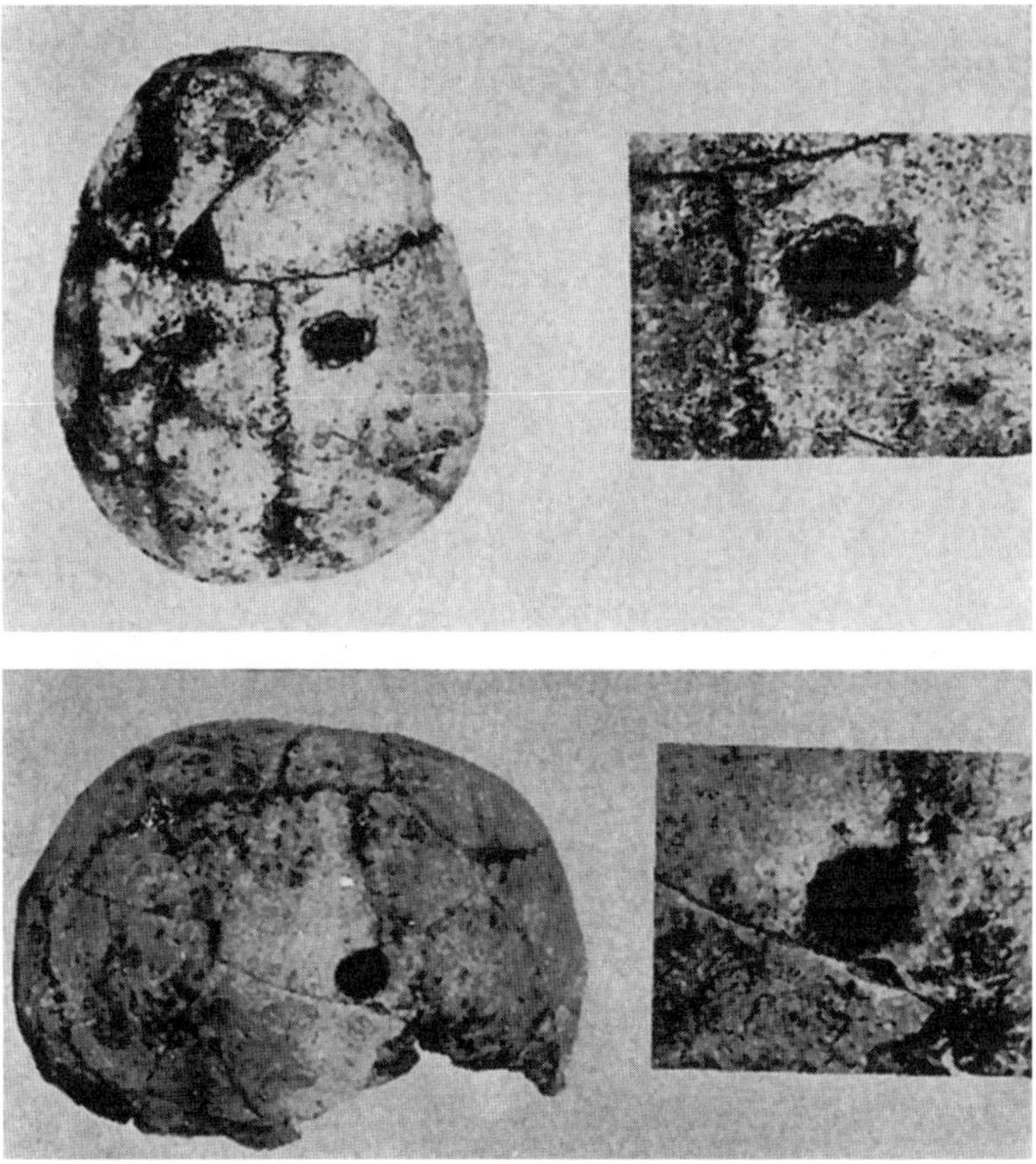

穿孔のある頭蓋　上：備前船元貝塚　下：備後大田貝塚〈清野，1949〉

昭和二年、清野謙次と平井隆は吉胡、船元、大田から出土したそれぞれ一例の頭蓋を報告し、昭和十二年、清野門下の吉見恒雄は大田貝塚の一例を追加した。

吉胡頭蓋には、左頭頂骨に六×四ミリの孔があり、その孔縁は鈍く、鋸歯状をなしていないので、穿孔後、治癒して骨の増殖が行われたことを示している。船元頭蓋には、右頭頂骨に二四×一七ミリ、大田貝塚の一例には、右頭頂骨に一六×一四・五ミリ、他の一例には、左頭頂骨に一一×六ミリの孔があり、いずれも治癒機転は認められない、と記載されている。

清野は、吉胡人骨は治癒機転が現れているので、明らかに生前穿孔したものであり、日本でも縄文時代には、頭蓋穿孔の習俗があったことは明らかである、と主張している。しかし、他の三例は治癒機転が見られないので、術後まもなく死亡したのか、死後穿孔したかは明らかでない、と述べている。

昭和十三年、鈴木尚は伊川津、保美の二頭蓋に、それぞれ二個の小孔のあることを報告した。伊川津頭蓋には、左頭頂部に二二×一二ミリ、長径不明×一一ミリ、保美頭蓋には、後頭骨上部に四七×約一七ミリ、左頭頂骨に三六・五×約一五ミリの孔がある。

これらの穴は、鈴木が指摘するように、外国の頭蓋穿孔の平均の大きさに比べると、確かに小さい。W・ヒンスデールとE・グリーンマンはミシガン州から発掘されたインディアン頭蓋に、径九―一〇ミリの小孔を認めた。その孔縁は平滑で、外口と内口との径の差が小さいので、“perforation”(穿孔)と呼んで頭蓋穿孔と区別した。

鈴木は自験例二例で、外板の口径が内板に向かって拡大していることに注目し、これを鈍器による損傷と考え、その利器として磨製石斧を想定している。そして、清野らの報告例にも言及し、船元人骨は穿頭術によるものかも知れないが、他の三例は疑わしい。とくに、大田の一例は外板の口径が内板に向かって大きくなっているので、鈍器による打撃を考えている。

内口の径が外口のそれよりも大きいものは、外傷の可能性がある、という指摘は重要であるが、穴の大きさによって、頭蓋穿孔によるものかどうかを決めることはできない。後で述べるように、頭蓋穿孔には、錐の太さに近い穴もあるが、その穴が意図的に、手術によってあけられたものでなければならないので、縄文時代の頭蓋のように、口径の小さいものは判断できない。

内藤芳篤らは長崎市深堀遺跡（縄文晩期）から出土した成人男性の頭蓋に治癒機転の認められる穿孔を見出し、生前、鋭い利器で削ったものと推定しているが、穿頭術によるものかどうかの判断を保留している。

結論としては、日本では、頭蓋穿孔の存在を完全に否定することはできないが、明らかにそれといえるような証拠はない、ということができる。

南北アメリカにおける頭蓋穿孔

北アメリカでは、白人が来る前から、インディアンやエスキモーの間で頭蓋穿孔が行われ、アラスカ、ブリティッシュ・コロンビア、アメリカ合衆国、メキシコで穿孔頭蓋が記録されている。しかし、現在まだ行われているかどうかは不明である。

南アメリカの頭蓋穿孔については多数の報告があり、穿孔頭蓋は世界のどの地域よりも多く発見されている。その中心はペルーの中部と南部、およびボリヴィアのそれに近接する地方である。T・D・スチュアートは、南米で最も古い穿孔頭蓋は、BC五世紀からAD五世紀までさかのぼるといい、M・M・ライテルは、ペルーで最も古いものはBC約三〇〇〇年と考えている。

インカ以前のペルーでは、リマ南方のパラカス墓地（BC二〇〇〇年ごろ）から、現在までに一万体以上のミイラが発掘されており、その約六パーセントに頭蓋穿孔がある。また、ボリヴィアのクスコ地区では、二一パーセントという高い頻度で、この手術が行われていた、と報告されている。

ボリヴィアのアイマラ・インディアンでは、二十世紀はじめまで、まだ頭蓋穿孔が行われていたし、一九五〇年ごろには、頭痛の治療とされていた。

一九一八年、L・フリーマンは、ペルー、チリ、ボリヴィアの山地では、頭蓋骨折の際穿頭術がまだときどき行われている、と述べている。また、W・ブルークは一九五〇年に、ボリヴィアで穿頭術が行われたのを観察している。手術は患者も術者も酒を飲んで、酔ってから始められ、石とさびた釘を使って行われた。術後患者は回復したが、動けなくなったという。

ペルーのプレコロンビア期には、頭蓋穿孔を表現した壺がある。患者が腹ばいになり、その上に術者が馬乗りになった様を象っている。

オセアニアにおける頭蓋穿孔

オセアニアも現在なお頭蓋穿孔の行われている、数少ない地方の一つであり、ポリネシアとメラネシアで行われている。ミクロネシアからは、穿頭術は報告されていない。

ポリネシアでは、一八二九年、ウィリアム・エリスが、中部南太平洋のソサイエティ島の頭蓋穿孔を報告した。しかし、これは頭蓋骨折の骨片を取り除くもので、真の穿頭術とはいえない。タヒチ島やトゥアモツ島にもこの習俗があった。

メラネシアでは、フィジー諸島、ビスマルク諸島、ニューヘブリデス諸島、ニューカレドニア島、ロヤルティ島などで、頭蓋穿孔が報告されている。これらの島々では、黒曜石、貝殻、サメの歯を用いて手術をする。

ビスマルク諸島のニューブリテン島では、頭蓋骨折の治療としてのみ穿頭術を行う。パーキンソンはこの島で、頭蓋穿孔を行った三十一人の患者のうち、二十三人が生存していることを報告している。若いときに手術したという六十歳の一人は二十五年後に二回目の手術を受けている。ニューアイルランド島では、てんかんと頭痛の治療に頭蓋穿孔を行った。J・A・クランプは五回目の手術まで生きていた患者を、この島で見ている。ビスマルク諸島の頭蓋穿孔は最近三十年ぐらいで消滅した。

頭蓋穿孔はヨーク諸島、ゲリット島、デニス島、ケーンス島で、護符を取る目的で行われている。ロヤルティ諸島やニューカレドニア島の穿頭術は頭部の打撃による頭痛と目まいに適用される。穴はガラス片あるいはサメの歯で削り取られ、骨の欠損部はココナツの殻でおおわれる。F・サラシンは実際に五カ所の欠損部をココナツの殻でおおった人を観察した、と述べている。ロヤルティ諸島では、樹皮、バナナの葉、貝殻で穴をおおっていた。

東ニューギニアおよびパプアは、オセアニア州の頭蓋穿孔の西限である。ニューギニアでは、頭痛に穿頭術が行われる。オーストラリアに穿頭術が行われたかどうかはわからない。ウィーンの自然史博物館には、ニュージーランドの穿孔頭蓋といわれるものがあるが、疑問視されている。

アフリカにおける頭蓋穿孔

北アフリカでは、アルジェリアのコンスタンチーヌ北方の、ロクニアのドルメンから、先史時代の穿孔頭蓋が発掘されている。

エジプトでは、古王朝初期に書かれたBC二五〇〇—三〇〇〇年のエドウィン・スミス・パピルスに、頭部外傷の治療が記録されている。それには、頭部外傷の手術は記されていない。事実、エジプトの頭蓋はよく調査されているにもかかわらず、古いものは少なく、リゾウスキーが一九六七年にまとめた段階では、穿孔頭蓋は次の六例が報告されているにすぎない。

セセビイ(スーダン)　第十八—十九王朝（BC約一二〇〇）
サッカラ　第二十五王朝（BC約六〇〇）
サッカラ　プトレマイオス時代（BC約三二三—三〇）
メロティク　AD約五〇—二〇〇
アレキサンドリア付近　AD約二〇〇
ヘサ(アスワン付近)　ビザンチン時代（AD三九五—六三八）

リゾウスキーは、エジプトの穿頭術はおそらく近隣諸国のそれと関係があるとみている。

これらのタイプの頭蓋は、北アフリカでは、リビア、アルジェリアのアウレス山、サハラ・テベスティのチブ族の穿孔頭蓋が報告されている。これらの手術はイスラム時代まで遡ると考えられており、ツェルズスの記載した手術法がアラブに採用されたとみられる。

頭部外傷後の骨片を除去する手術はアフリカ北西部に広く分布し、現在も行われている。サハラ・アトラスのバーバリ人の間には、慣習的に穿頭術が行われている。とくに、アルジェリアのコンスタンチーヌ北方のアウレス山で行われている。M・W・ヒルトン・シンプソンによると、アウレス山の穿頭術は頭皮を焼灼して骨を露出して、膿や血液を出すために、両手でドリルを回して、頭蓋に穴をあける。縫合にはアラーの手によって書かれた患者の運命がある、と信じられているので、手術の際には、縫合を避けるように注意する。術者は鋸と起子を使って、毎日毎日〝悪い骨〟を取り除き、最後に傷を蜜、バターおよび薬用植物でおおい、肉芽ができるようにする。

カナリア諸島の原住民グアンシェ族は頭蓋穿孔を行っていたし、また、新石器時代の頭蓋に見られる前頭部のT字形焼灼のような、瘢痕を作るために、頭蓋を削っていた。

チァドおよび南リビアのティベスティ地区に住むテダ族(テブあるいはティブ族)は、頭部外傷と頭痛に対して頭蓋穿孔を行っている。この手術は先の尖った道具で、頭蓋から骨片を削り取るものである。一人の患者は一回の手術で二カ所から骨片を取り、それらを持ち歩いていた、と報告されている。これらの骨片はおそらく護符として身につけていた、と考えられる。

西および中央アフリカには、頭蓋穿孔に関する確実な情報はない。ナイジェリアのベンダ州では、頭蓋穿孔が行われるといわれ、セネガルのものといわれる穿孔頭蓋がある。

南アフリカでも、穿頭術の目撃者はいない。M・R・ドレンナンとレイモンド・ダート(猿人の最初の発見者)は、ブッシュマンが穿頭術を行っていると信じている。レオナード・ブルームは、ダーバン付近のツル族が穿頭術を行ったという情報を得たという。

東中部アフリカにおける頭蓋穿孔の事例

ケニア、ウガンダ、タンガニイカ、ザンジバルの頭蓋穿孔について、マーゲッツが報告している。彼はとくにキシイ族とテンデ族の頭蓋穿孔を調査して、詳しく報告しているので、それにもとづいて記すことにする。

ザンジバルでは、その地方の博物館に穿孔頭蓋があるといわれていたが、現在は所在がわからなくなっている。この島の住民は穿頭術が普通に行われていることを否定した。

ソマリアのケニアとの国境付近やエチオピアでは、穿頭術が行われている、と報告されている。

ウガンダのガンダ族、ンコレ族、ンガ族では、頭痛の治療として、頭蓋骨を切除、焼灼し、また、ンガ族は頭蓋骨折のとき、骨片を除く手術をする、と報告されている。しかし、マーゲッツは、健全な頭蓋には穿頭術は、現在行われていないようだ、といっている。ウガンダ北西部のルグバラ族は、手に負えない頭痛を起こす悪霊を追い出すために、両刃で先の尖ったナイフで、頭蓋に穴をあけた、とJ・E・ハイルストンは述べている。また、J・H・ドリベルグはスーダンのルドルフ湖西北西に住むトポタ族で、頭蓋穿孔の手術を観察している。

健全な頭蓋に穴をあける狭義の頭蓋穿孔は二つのバンツー族の間で、今なお行われている。すなわち、ケニア南部ニアンザのキシイ族と、それより南からタンガニイカに至る地区のテンデ族である。キシイ高地で行われている頭蓋穿孔は、頭蓋の骨折の有無とは関係なく、頭部外傷後の頭痛に対して、一次的に行われる。頭部外傷に続発しない頭痛には、この手術は普通行われないし、精神病、てんかん、目まい、悪霊に憑かれた人にも、習俗としては行っていない。

手術は単純であるが、骨の折れる仕事であり、ときには一―四時間を要することがある。術者は特別の限られた職業ではなく、他の職業を兼ねている。術者は技術に習熟し、自分で手術の責任を持てるようになるまで、見習いをする。彼らはこの技術を他人から習うこともあるし、父親から習うこともある。女性は手術を行わないようである。

オモバリ・オモトゥエ omobari omotwe（複数は ababari emetwe. omobari は外科医、omotwe は頭の意）は手術（オコバラ okobara）の前に、祈禱その他の呪術的行為を行うことがあるが、儀式はない。患者の頭は剃ることも剃らないこともあり、洗ったり洗わなかったりである。患者は坐位または臥位をとらされ、抑えられる。ある患者は二つの欧州スタイルのベッドの間に挟まれて、頭をその端から出して横になった。そして、患者の上に逆さまに置かれたベッドの四隅に、それぞれ一人ずつ親戚の者が坐った。

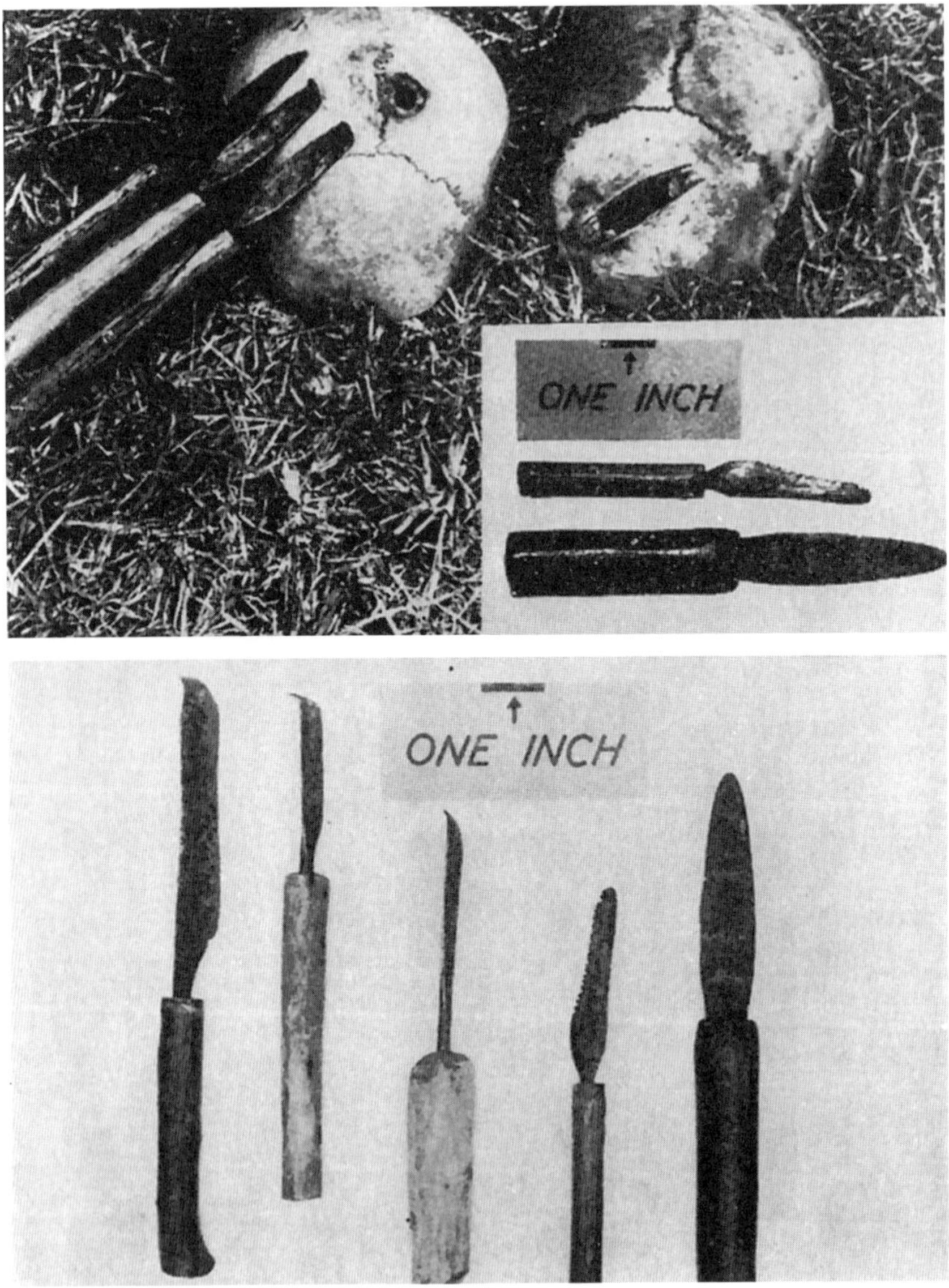

ケニアの穿孔頭蓋と手術用具　〈E. L. Margetts: Diseases in antiquity, 1967〉

こうして準備ができると、いよいよ手術が始まる。頭皮は頭痛の病巣の上に、線状あるいは十字状に切開され、皮弁を助手が指でつまんで翻転する。傷には何もつけないのが普通であるが、ときには痛みを和らげるために、薬（特別のものではない）が病巣にふりかけられ、止血のために木炭のような薬を使ったり、局所の圧迫が行われる。骨片、異物、凝血はすべて取り除かれ、変色した骨あるいは骨折線は鋭いナイフで削り取る。このナイフは硬膜や脳を突かないように、先が急に曲っている。ときには鋸が使われることがある。ほとんどの手術は頭蓋縫合を骨折線と区別しており、無知のために硬膜下血腫を穿刺することがあるが、硬膜を穿刺する危険があるように思われる。普通は内外板とも穴があいて、硬膜が露出するまで削られるが、常にそうとは限らない。

骨を十分に除去した後、水で傷口を洗滌する。あるオモバリは口に水を含んで、傷口に噴きこむ、といっている。脂肪かバターを傷口に塗ることがある。ときには治癒を促すために、薬草が加えられる。傷は通常肉芽によって治癒する。まれには頭皮は針で8字形に縫合される。

手術時の痛みは、はじめに軟部組織を切って反転するときだけで、それ以外には、痛みが非常に少ない、といわれている。麻酔は行われない。もしビールを飲むとすれば、それはおそらく術者であって、患者ではないだろう、とマーゲッツはいう。痛み止め（Pain killing）の薬は薬理作用よりも呪術的な効果があるようである。オモバリは手術後も、予後がいいと推定されるようになるまで、規則的に患者を訪れ、注意して見守っている。

患者が何回も手術することは少なくない。土着民は病歴を述べるとき、おおげさに考えがちである。

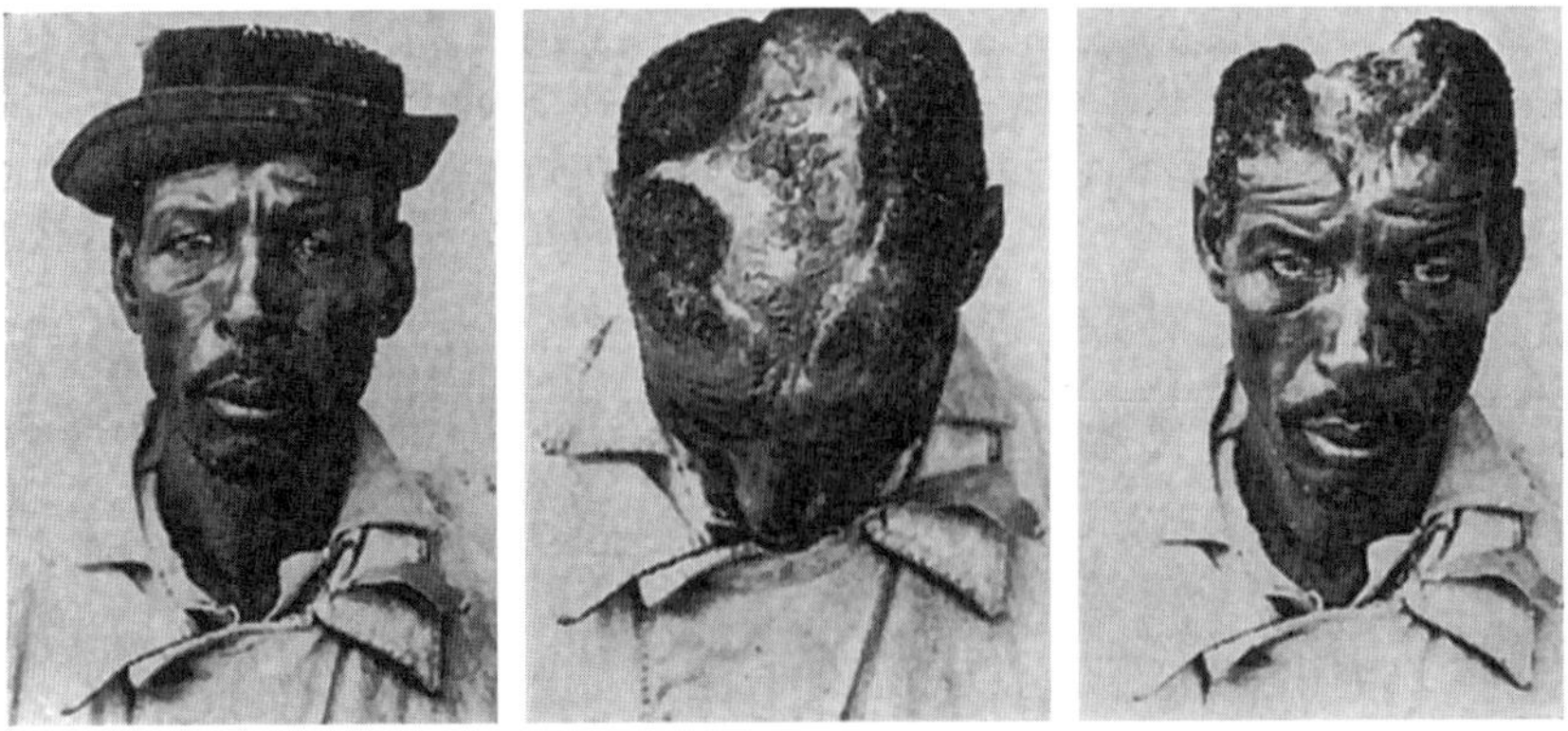

ケニアの頭蓋穿孔　"Hat on, hat off" 約50歳の男性
〈E. L. Margetts: Diseases in antiquity, 1967〉

ある一人のキシイ族は何回か問診すると、穿孔数が五から三〇まで変化した。キシイ族が何回も手術する際には、いくつかの穴をあけるよりも、むしろ以前あけた穴を拡大するようである。

患者が支払う報酬はオモバリの要求により、環境により、またおそらく患者の支払能力によって異なるようである。金あるいは重要な品物で請求され、その額は現金四〇—七〇〇シリング、プラス品物と変化がある。ある患者は七〇〇シリングと羊一頭、山羊一頭、鶏三羽、四ガロンのドラム缶の穀物ビール三個を支払った、とマーゲッツに語っている。

死亡率は低く、おそらく五パーセントぐらいといわれる。術後の経過が悪いと、局所感染や脳膜炎で公立病院で死ぬか、あるいは殺人として警官の取り調べを受ける。オモバリに対する裁判は普通、殺人として起訴されるが、ほとんど例外なく殺人の一つか無免許の医療行為とみなされ、法廷は、術者は悪意を持たないか、たぶん法律を知らないことを認める。文化的で教育のある人には、このような弁解は通じないが、文盲はしばしば刑が軽くなる、とマーゲッツは報告している。

頭蓋穿孔の動機

現在行われている頭蓋穿孔の習俗は文明社会からみると、奇妙な感があり、好奇心をそそるものであるが、先史時代までさかのぼれば、文明国でもかつては広く行われていたことがわかる。この手術の動機や目的についてそれぞれの地域および社会によって異なり、多くの意見が出されている。これらの説は次の三つに要約されている。

1　呪術的治療　古い時代には、科学と呪術との区別がはっきりしないので、頭蓋穿孔の動機も呪術的ないし儀礼的なものと、治療的な動機とを区別できないことがある。

多くの研究者は、先史時代には、種々の頭蓋内疾患は悪霊によって起こるとされ、頭蓋からそれを追い出すために、手術が行われた、と推測している。E・フォルグはこの手術の後、しばしば患者の状態が改善されたので、先史時代にはこの手術が続けられたのであろう、という。A・カスティグリオーニは穿頭術の起源を呪術的な考え方に求め、スチュアートはペルーの穿頭術から、呪術的動機を否定していないが、手術は主に頭蓋骨折に対して行われた、と信じている。M・M・ライテルはこの手術の適応は治療と迷信の両方であった、と述べている。

穿頭術によって悪霊が追い出されると、ときには治療的な効果があることがあり、リゾウスキーはその適応として、頭痛、めまい、神経痛、昏睡、せん妄、頭蓋内血管の下方捻転、脳膜炎、痙攣、てんかん、頭蓋内腫瘍、精神性疾患をあげている。

クランプは、メラネシアでは、頭痛、てんかん、精神分裂病ばかりでなく、長生きをするために、穿頭術が行われていたことを報告している。また、E・フォードもメラネシアで、頭部外傷や頭痛に対して穿頭術が適用されるほか、三—五歳の子供から外傷の危険を防ぐために、婦人が子供の前頭部に穴をあけた、と記している。フォードはこれを、外科的治療を予防にまで拡げたのだろう、といっている。

2　呪術・儀礼的適応

K・P・オークリーらは、セーヌ・オアーズ・マルヌ地方に分布する石室墓から発見された、穿孔頭蓋の大多数は儀礼的な手術とみているが、他の手術例については、治療的意義を認めている。I・G・ルスとV・ボロガは、十九世紀、ユーゴスラヴィア南西部およびアルバニア北部では、頭部外傷や神経精神疾患に頭蓋穿孔が行われ、また血族間の反目で、復讐の相手としてマークされたものは、頭蓋穿孔をすることによってその追求から逃れることができたという。グィアールは、プレインカの習俗のなかでも、頭蓋穿孔は高い頻度の習俗であるから、礼拝に関係がある、と考えている。

3　医学的治療

頭蓋穿孔を治療に求める説は最も多く、現在行われている手術をみても、最も一般的な目的と考えられる。

P・ブローカは、穿頭術を頭蓋内の慢性疾患の治療といい、V・ホースレイは頭蓋穿孔をすべて治療と考えた。J・ルークス・シァンピオニィエールはこの手術の目的を、頭部に病巣があるか、脳の圧迫を取るために骨片を除くためと考えている。M・A・ルッファーは、新石器時代人の穿孔頭蓋には外傷の徴候がないので、主な適応はおそらく頭痛であろう、という。

純粋に医学的な治療として穿頭術が行われるようになったのは、ヒポクラテスの時代からで、頭部外傷に対して用いられ、中世の医師も頭部外傷を穿頭術の適応としたことは、前に述べた。

現在行われている地域の穿頭術は、アルジェリアでは、通常頭部外傷とくに棒か石による骨折や、頑固な頭痛（M・W・ヒルトン・シンプソン）、ケニアでは、頭痛（B・K・スード）、主として外傷による頑固な頭痛（マーゲッツ）が主な適応であり、ボリヴィアでもまだ頭部外傷に穿頭術を行っている（オークリーら）。

人の頭蓋穿孔と関連して、この手術は昔、羊などに対して行われていたものが、人に適用されるようになった、という説がある。ルーマニアでは、古代から、穿頭術は羊飼いによって、羊、山羊、その他の家畜に行われていた、といわれる。これらの動物の脳に、**Coenurus cerebralis, Taenia coenurus (Multiceps multiceps)** の幼虫が寄生すると、動物はよろめきながら歩くという。ルスとボロガによると、羊飼いはその頭蓋を鉄のナイフで開いて、寄生虫を除去するが、わずか二、三頭の動物が治癒するのみである、と述べている。ルークス・シァンピオニィエールも家畜治療起源説を述べているが、ルッファーはこの説をまったくの空論にすぎない、と退けている。

4　護　符（アムレット）

護符として用いる骨片は、死体の頭蓋骨から切り取ることが多いが、ときには生体から取ることがある。この小骨片は普通円形をなし、しばしば孔をあけ、それに紐を通して首飾りとするため、磨かれている。

S・ピゴットは、この骨片は前に頭蓋穿孔をした死者の頭蓋から取るらしく、その骨片には、治癒した穴の縁が含まれているのを認めている。一九五七年、ケンブリッジ探検隊はチャドおよびリビアのティベスティ地区で、自分の頭蓋から取った二個の骨片を持ち歩いていた住民を報告している。この骨片は悪霊を避けるための護符と考えられている。ヨーロッパでは、中世でも、頭蓋の粉末は治癒力のある力を持っていると信じられ、ガリア時代まで、骨の小円板が作られていた（ルッファー）。

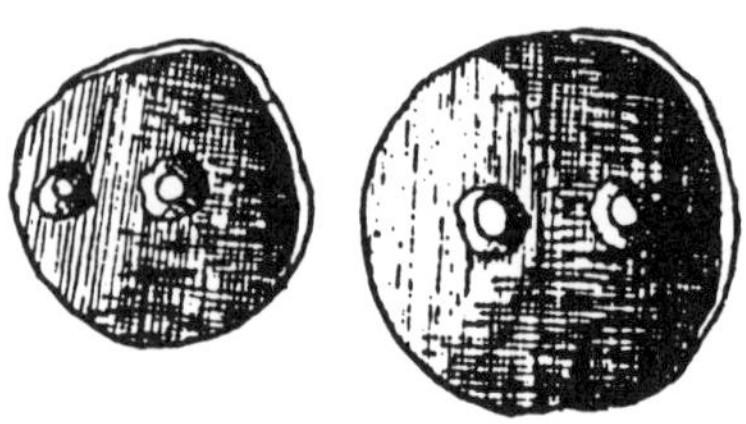

頭蓋骨から採ったアムレット（護符）
フランス，新石器時代〈H. E. Sigerist: A history of medicine, Vol. I. 1951〉

術前・術後の処置と経過

頭蓋穿孔の大多数は、頭蓋の左側にある。その理由をルスらは、相手は右利きが多いので、被害者と向かい合って、打撃を加えると、左側に損傷が起こる、と説いている。

穿孔のある部位は、頭頂骨が最も多く、前頭骨、後頭骨の順であり、側頭骨はまれである、と多くの研究者は報告している。ルッファーは、穴が頭頂骨に多いのは、術者が患者の頭を固定して手術しやすいからだ、という。スチュアートはペルーから発見された穿孔頭蓋一一二例を調べ、四八・二パーセントが左側、二九・五パーセントが右側に穴があり、二二・三パーセントは正中線で手術されていることを観察した。それらのうち、五三・六パーセントは前頭部、三三・〇パーセントは頭頂部、一三・四パーセントは後頭部に穿孔されていた。

ルークス・シァンピオニィエールは、術者は注意深く矢状縫合を避けているとして、彼らはその下にある矢状静脈洞についての解剖学的知識を、ある程度知っていた、と主張している。ヒルトン・シンプソンもアルジェリアで実際に穿頭術を観察し、この手術には、穴は縫合を含んでいないことと、硬膜は健全のままにしなければならない、という二つのルールがあることを観察した。それに対して、リゾウスキーはスチュアートの研究を引用して、彼らの観察は正しくない、と反論している。ただ、ヨーロッパや北アフリカの手術と南米のそれとで、方法やルールが全く同じといえるだろうか、という疑問が生ずる。

術前の麻酔はあまり行われていない。数少ない使用例をあげると、セルビア人はぶどう酒、ウガンダではやし酒を使用し、古代エジプト人は阿片を知っていた、といわれる。インカはコカから採った薬物やアルコールを使用した。現在、ボリヴィアでは、地方の飲物〝チチァ〟を麻酔薬として用い、メラネシアでは、大部分の症例に麻酔薬が用いられる、と報告されている。

先史時代には、手術器具として、剝片石器とくにフリント製のものと、骨器が使われた、と推測されている。ルスらは、ルーマニアで発見されたBC二世紀ごろの鋸を、穿頭術の器具と考えている。K・ズードホフはハンガリーで発見された同時代の外科用器具、骨鋸、開排子、エレベーターを報告し、これらを再検したE・ホレンデルはその鋸が穿頭術に使われた、とみている。

穿頭錐はヒポクラテスの時代から、すでに使用され、両側の手掌の間で回転したか、あるいは横棒と紐で回転した。ツェルズスもまた種々の穿頭錐を記載している。このような器具はポンペイからも発掘されている。

現在、アルジェリアでは、スクレーパー、開排子、錐、鋸、ねじ、エレベーターなど種々の手術用器具が用いられ、ケニアでは、開排子、鋸、エレベーターが使われている。一方、メラネシアでは、鋭い縁の貝殻、黒曜石、壊れた壺、かみそり、鮫の歯などが使われている、と報告されている。手術の術式については、後で述べる。

骨片を除去した後の、頭蓋の骨欠損はかなりの大きさを占めている。例えば、ペルーのミイラでは、穴の数は三個が普通で、四―五個あるものも少なくない。バカイはプラニメーターを使ってこれらの骨欠損部の面積を測定し、大きな一個の穴は頭蓋の全円蓋部の一二パーセントを占め、二個以上のものは合計すると、一六パーセントであった、と述べている。

このような欠損部を保護するため、一、二の研究者は傷痕を貝殻、鉛などの金属、その他の物質のプレートでおおったと推測しているが、スチュアートは、それらが実際に使用されたという証拠はない、という。

止血剤として、ツェルズスは酸の使用を奨めている。ライテルは、止血剤としてインカ人はRataniaの根および Pumacbuca（タンニン酸の多いアンデスの灌木）から採ったエキスを使った、と考えている。

インカでは、穿頭術は行われていないとされているが、それ以前の手術で、これらの止血剤が使われた可能性は考えられる。

アルジェリアのカビール族は熱した蜜やバター、Labiatae の葉柄を毎日使用し、ときにはこの手当は一カ月も続いた、とヒルトン・シンプソンは報告している。

クランプやフォードによると、メラネシアでは、ココヤシの汁で傷を洗い、樹皮の切れはしで傷を塞ぎ、火であぶったバナナ科植物の内皮あるいは葉の一部でそれをおおった。次いで、皮膚弁をもとにもどして、オオコウモリの翼の骨でつくった針で縫合し、最後にバナナの茎の乾いた帯で頭を縛る。

骨折が治癒する過程で、骨折部に仮骨が形成される。しかし、頭蓋骨では、板間層によってつくられる仮骨は少量であるから、穴の周囲の骨の再生はごくわずかである。これは動物実験でも確認されている。

穿頭術による穴の周りの骨には、炎症性の骨粗鬆症のような多数の小孔が、輪状に取り囲んでいる。これは骨炎によるもので、スチュアートは術後、ある程度の感染があったことを示すものだとしているが、リゾウスキーは傷に使用した薬物による化学性骨炎らしい、と考えている。

治癒した個体では、穴の周縁に骨増殖があって、平滑であるから、生存率を知るには、この穴の縁を調べる必要がある。それをみると、これらの手術が不完全な処置のもとで行われたにもかかわらず、その生存率は予想以上に高いものである。

スチュアートはペルーで発見された二一四個の穿孔頭蓋を調査し、五五パーセントは完全治癒、一六パーセントは治癒の初期、二八パーセントは治癒していない、という結果を得ている。ライテルは、ペルーの穿孔頭蓋四〇〇個のうち、六二・五パーセントが治癒していたことを認めている。

クランプは、ニューブリテン島では、約二〇パーセントの死亡率であり、死亡者の多くは手術よりも、むしろ別の外傷によるものであった、といっている。

死因はオリジナルの外傷によるものが非常に多く、それに加えて、出血、脳挫創、ショック、敗血症、脳膜炎、手術の合併症などが死亡率を高めている。

頭蓋穿孔の術式

手術の術式には、数種の方法が記載され

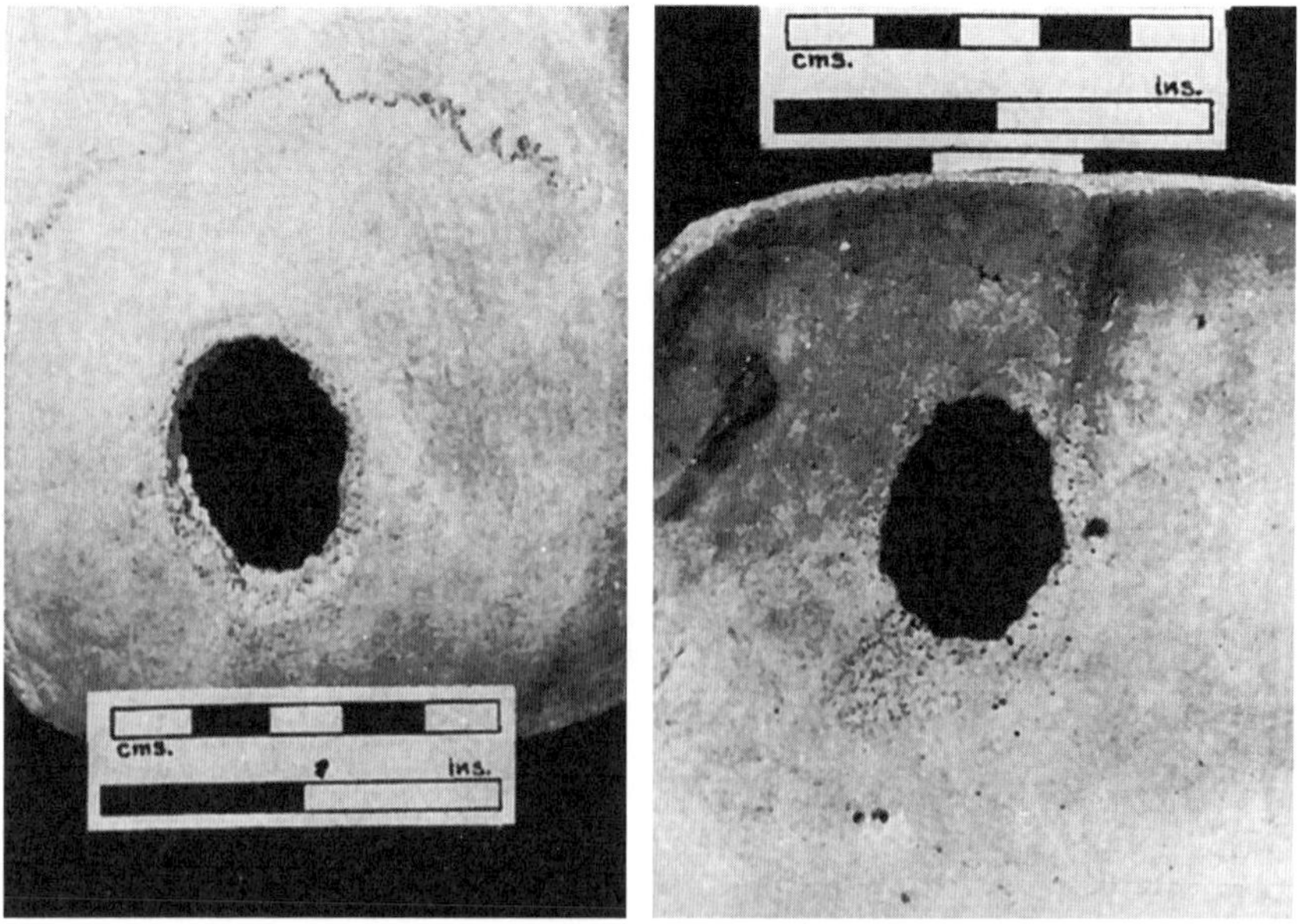

ウガンダの穿孔頭蓋　前頭骨の穴の周縁に治癒傾向が認められる．
左：外板　右：内板　〈E. L. Margetts: Diseases in antiquity, 1967〉

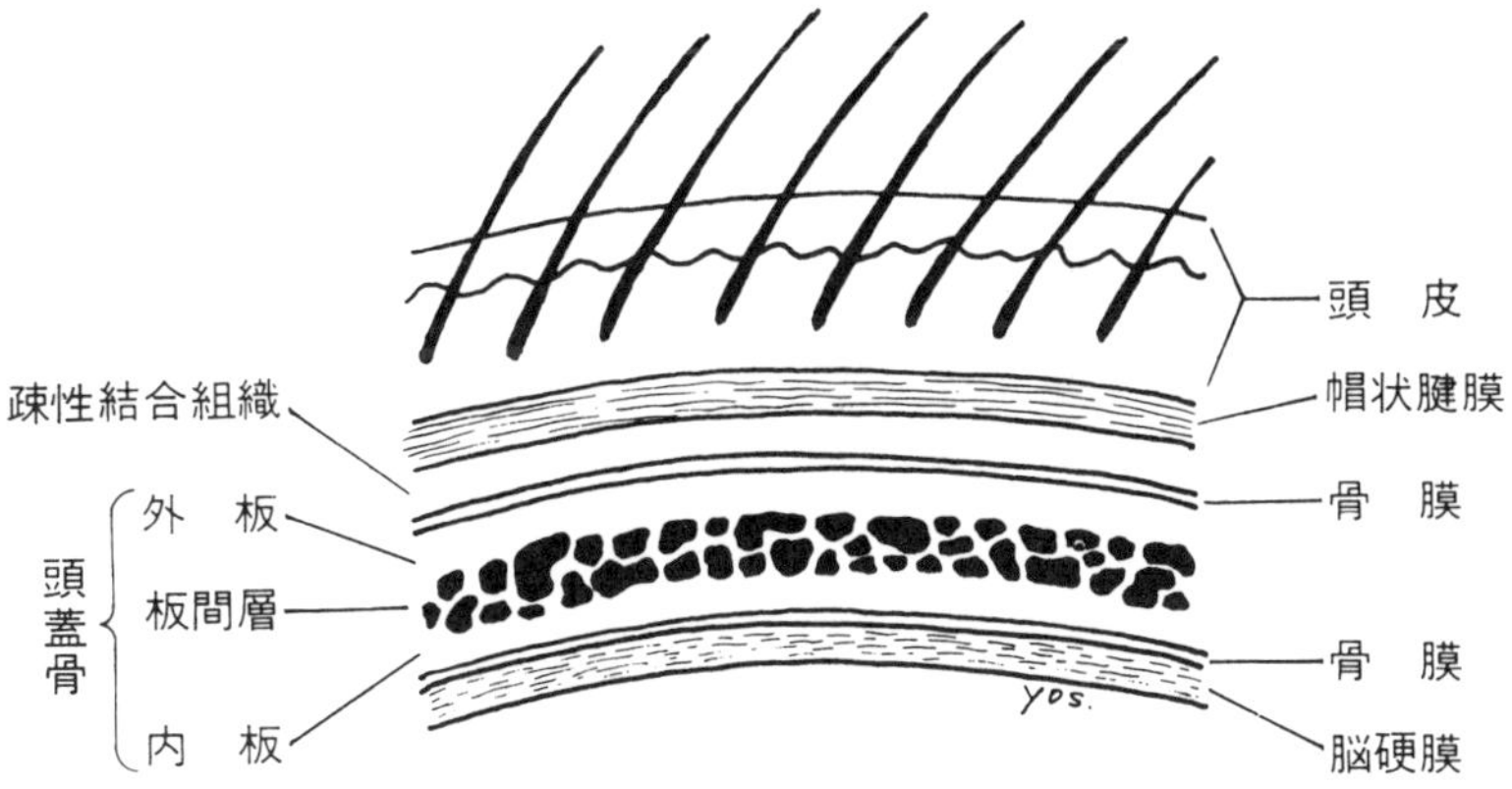

頭蓋冠の断面

ている。次に、リゾウスキーの分類に従って述べることにしよう。

1　剥離法 scraping method　骨を表面から少しずつ取り除く手術である。最初に頭蓋の外板と板間層（海綿質）を除き、次に注意しながら内板を取り除いて、脳硬膜を露出する。この方法によってできた穴の縁は、広く斜めになり、除去した骨は粉末状になる。

この方法は、おそらく最も普通に行われたものの一つで、S・ピゴットはイタリアではルネサンス時代まで続いたといい、ルスらはルーマニアでは中世のみに行われた、といっている。

2　円溝法 grooving method　頭蓋に彎曲した溝をつくり、溝の間に遊離した円板状の骨片を除去する。この方法によってできた穴は常に円形であって、一般に外板の切口は内板のそれよりも少し大きく、縁は骨表面に対してほぼ垂直である。

この術式は主にペルーで行われていた。J・O・トレリスによると、ペルーのミイラでは、逆T字形の金属製器具"tumi"で、骨を擦過して穴をあけている。これらの器具は大きさも形もまちまちで、刃が半月状に彎曲し、柄は刃に対して七〇―九〇度の角度に付いている、という。

そのほか、フランスおよびルーマニアの先史時代、パレスチナの古代に、この形式が使われた。B・K・スードによると、ケニアでは、今日でもこの方法がとられている。

3　穿孔切断法　boring-and-cutting method

内板にまで達するいくつかの小孔が、輪状に互いに接してあけられる。内板は孔と孔との間でつながっているが、最後は切り離される。

スチュアートは、この術式はおそらくペ

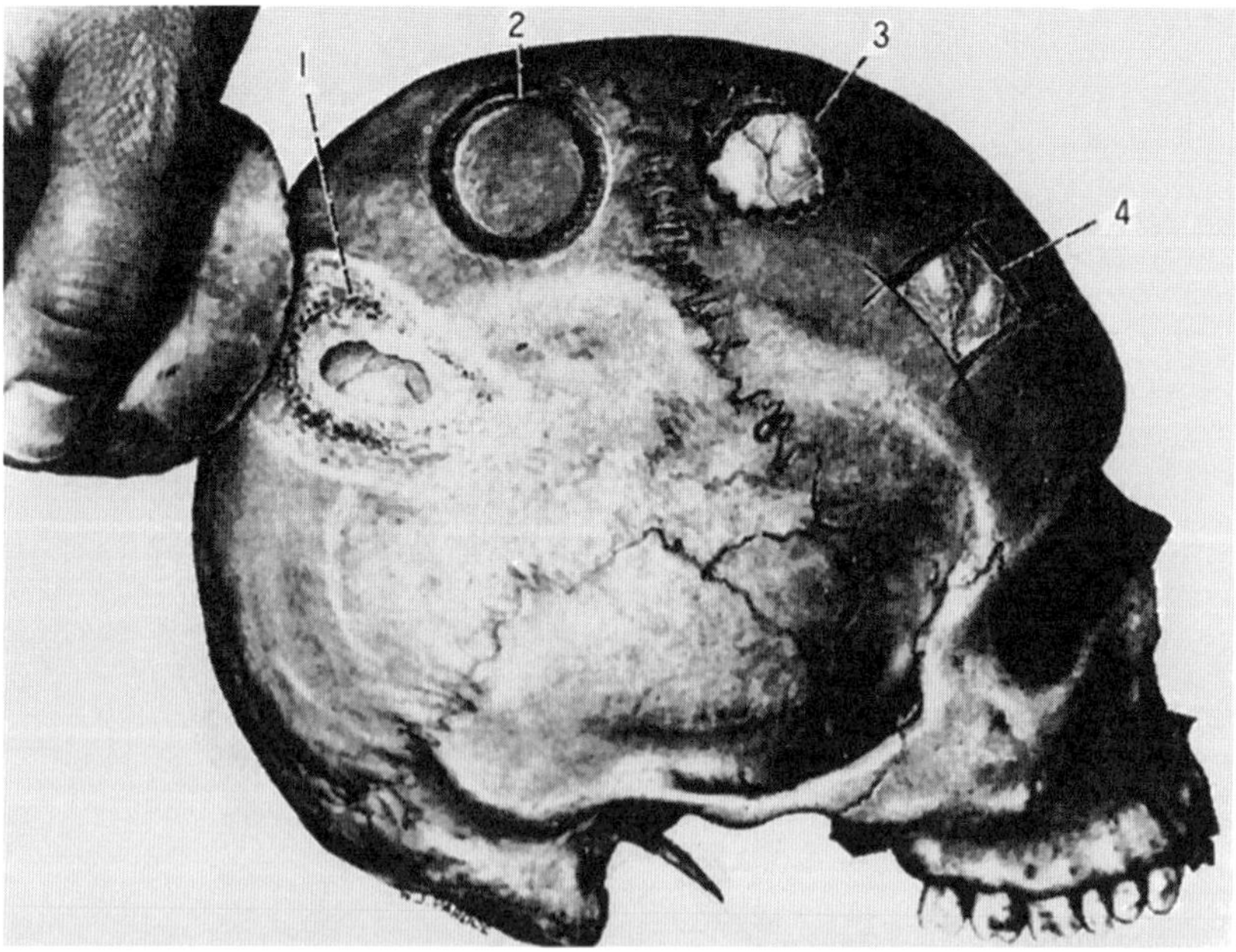

頭蓋穿孔の手術法　1：剥離法　2：円溝法　3：穿孔切断法　4：方形切除法
〈F. P. Lisowski：Diseases in antiquity, 1967〉

ルー以外では採用されず、ときどき行われたにすぎない、と考えている。しかし、W・G・スペンサーによると、この方法はツェルズスによって記録されている。ツェルズスは穿頭錐で孔をあけ、孔の間はのみを使って取り除いた。この手術は後にアラビア医学に採用され、中世には穿頭術の基本となった。ロゲリウス・フルガルディは陥没骨折の症例にこの方法を用いた。

ヒルトン・シンプソンの報告では、アルジェリアのカビール族は熱した鉄のパンチで頭皮を取り除き、開排子で頭皮を引き離す。次いで、ドリルを両手で回して孔をあけ、鋸で脳硬膜を傷つけないように注意しながら、骨を切り、骨片が緩くなるまでに、十五―二十日を要する。最後はエレベーターで遊離した骨片を持ち上げて取り去る、と記述されている。

4　穿頭器の使用　use of a trepan　のみを用いて骨円板を頭蓋から取り除く。ヒポクラテスは頭部外傷の際、のみを使うことを奨めた。手術中、骨が過熱するのを防ぐため、手術器具をしばしば冷水の中へ入れることがある。ツェルズスは小さい頭部外傷を処置するため、頭蓋穿孔器“modiolus”の使用を推奨した。この器具は中空の円筒状鉄器で、その中心から下へピンが出ている。

5　方形切除　rectangular incision　直角に交わる四条の直線状切開を加えて、方形の骨片を取り除くものである。

この手術はペルーで普通に行われ、のみと槌で何回にも分けて、方形あるいは多角形の穴が刻まれた、とトレリスは述べている。フランスの新石器時代とパレスチナの鉄器時代にも、この形式は少数例知られている。フォルグはカビール族でもこの術式が行われているといい、スードはケニアで発見された一頭蓋にこの例が見られるという。

ライテルは、頭蓋穿孔の術式には、次のような進歩の傾向がある、と考えている。最も古いのは、方形の穴をあける手術で、多角形の型を経て、輪状の型に進み、次に回転技法で骨を削り落として、円形あるいは卵円形の穴がつくられた。そして、最後に穿孔切断法が記載され、ツェルズスや中世の外科医に採用された。

手術に要する時間について、二、三の実験がある。P・ブロカは死体を使って手術をくり返し行い、三〇分から一時間かかることを知った。ペルーの外科医は、原始時代の手術器具を使って、生きている人に無菌的に手術を行い、ほぼ同じ時間を要した。ルークス・シァンピオニィエールは円溝法で一時間以上を要し、先史時代に採られた方法は穿孔切断法だ、としている。また、何日もかかって、少しずつ切り取ることもある。

穿頭術による穴は、一定以上の大きさがある、という意見があるが、穴の大きさによって、武器などによる外傷か、手術によるものかを区別することは不可能である。その大きさは錐の太さに近い直径二、三ミリぐらいから、大きいものでは、八二ミリ×六二ミリ、あるいはそれ以上のものまである。リゾウスキーは、穴の大きさは平均三〇—四五ミリで、卵円形が多く、その長軸が前後方向に向かう傾向がある。四角形の穴は正方形に近い、といっている。

穴の数は大部分が一つである。現在までに発見されている穿孔頭蓋のうち、最も孔が多いのは、オークリーらがペルーのクスコから発見したもので、七つの穴を持っている。二、三個から五個の穴がある例は世界各地から発見されている。

鑑別診断

頭蓋に穴のあくケースはいくつかあり、それを頭蓋穿孔と断定するには、それ以外の穴と区別しなければならない。リゾウスキーおよびブロスウェルは頭蓋穿孔と鑑別を要するものとして、次のようなケースをあげている。

1 骨の疾患　頭蓋の穴は結核、梅毒、局所性骨髄炎、菌状息肉症などの感染症、上皮性嚢腫、皮様嚢腫、骨髄腫、転移性癌および肉腫などの腫瘍によってできることがある。

2 武器による損傷　E・ビルヘルは、頭蓋穿孔とされているもののいくつかは、中世に特有の武器によることを示している。

3 動物による咬痕　ブロスウェルは甲虫、ヤマアラシ、齧歯類によって、骨の広汎な破壊が起こりうることに注意している。

4 発掘時の損傷　発掘の際、つるはしなどで、とくに骨が湿って軟らかいときに、輪郭の明瞭な穴ができることがある。また、盗掘者や墓掘り人による損傷が生じることもある。

5 持続的圧力　鋭い石による圧迫で、穴のあいた例がある。

6 頭蓋の腐食　頭蓋の一部に選択的に腐食が起こることがある。とくに、骨の一部がすでに壊れている場合、人工的な穿孔に酷似した穴になりうるという。

7　頭頂骨の先天性欠損　ブロスウェルはイングランドのケント州イーストリーの発見例をあげている。

しかし、多くの研究者が頭蓋穿孔と間違えやすいのは、次の三つだ、とリゾウスキーはいう。

1　頭頂孔　頭頂骨には、矢状縫合の近くに、一対の頭頂孔がある。この孔は正常では非常に小さく、誤ることはないが、ときにはそれが直径一―三センチになることがある。この破格(変異)は成長の障害によるものである。リゾウスキーはこの例として、エジプトのシュラファで発見された女性頭蓋(AD二〇〇年ごろ)をあげている。

2　"fenestrae parietalis symmetricae"(対称性頭頂窓)　この遺伝的奇形は頭頂骨に卵円形ないし円形の穴があり、治癒したような周縁をなし、生体では、皮膚と脳硬膜でおおわれている。

3　骨粗鬆症　本症は老人性あるいは閉経後の女性に、骨質の稀薄化が起こり、全骨質の脱灰がみられる。そのプロセスは脊柱や胸郭に始まるが、後には頭蓋その他の骨にも及んでくる。古人骨では、頭頂骨に本症がしばしば見られる、とリゾウスキーは述べている。カンプによると、頭頂骨の本症が出現する頻度は、五十歳以上の二一七頭蓋のうち、一例にX線で証明されている。死後、何かの理由で、この部分が壊れると、頭蓋穿孔と間違えることがある。エジプトの第十二王朝(BC一九〇〇年ごろ)の頭蓋が穿孔頭蓋として報告され、スチュアートによって骨粗鬆症と判定された。

11　抜歯

抜歯とは

千葉県銚子市余山貝塚（晩期）の頭蓋を調べていた小金井良精は、奇妙なことに気がついた。上顎骨の破片には、他の歯が健全なのに、犬歯だけが欠けているものが多いのである。彼はこれを抜歯の習俗によるのではないか、と考えた。この観察にもとづいて、大正七年、「日本石器時代人に上犬歯を抜き去る風習ありしことに就いて」という論文が、『人類学雑誌』に発表された。これは、わが国に抜歯の習俗があったことを、最初に指摘したものとされている。

抜歯 dental extraction とは、文字通り歯を抜くことであるが、人類学で「抜歯」というのは、病的な原因による歯の脱落や、歯科的治療として行った抜歯を除き、健康な歯を人工的に抜去する、習俗としての抜歯である。広義には、死体から歯を抜く習俗を含むことがあるが、ここでは、生体の健常な歯に限ることにする。

抜歯の対象となる歯は、切歯、犬歯、第一小臼歯の範囲に限られている。これは、口をあけたときに、見えやすく、相手に抜歯したことを認めさせる必要があったためと考えられている。

抜歯に関する文献はきわめて多く、日本では、縄文時代から古墳時代に至る事例報告や研究がある。ここでは、主として、鈴木尚、池田次郎、成田令博、その他の著書や総説と、渡辺誠、春成秀爾らの研究にもとづいて述べることにしたい。

なぜ抜歯を行うか

抜歯の目的については、多くの説があるが、現在行われている抜歯の目的は一つではなく、当初の動機とは異なっていると思われる場合が少なくない。

1　成人式　民族誌的にみると、抜歯の目的には、男女とも成人式の儀礼として行うところが多い。オーストラリア原住民、メラネシア、インドネシア、中国、台湾原住民、東部シベリア、アリュート、アフリカなどで行われている抜歯の多くはこれである。抜歯の施術には、かなりの苦痛を伴うので、肉体的な試練を与えるためだ、と説く研究者が多い。

2　服喪　近親者が亡くなったとき、喪に服するために抜歯をする習俗は、ポリネシアを中心に行われている。中国の犵狫族でも、成人式のほか、服喪のために抜歯を行い、死霊の祟りを防ぐために、抜いた歯を納棺したことが、記録に見えている。

金関丈夫は、祖霊が死の直後だけでなく、子孫の一生の重要な行事には、必ず出てくるので、服喪のときの抜歯も、成年式に抜歯するのも、「死霊に対して身をかくすカムフラージュ」である、と結論している。

3 婚姻　娘が結婚前に行う抜歯は、中国華南や台湾で行われていた。貴州省の犵狫族では、女子は嫁ぎ先の夫の家に害を及ぼさないように、切歯二本を抜いた、と記されている。

4 刑罰　バビロニアのハムラビ王（BC一七九二—一七五〇ごろ）がBC一七五三年に制定したハムラビ法典には、相手の歯を脱落させたものは、自分の歯も抜かなければならない、という条項がある。これは一般人が他人に傷を負わせた場合だけでなく、医療の結果であっても、その患者と同じ状態にしなければならない、というものである。この法典がどこまで実施されたかを、疑う人もある。

身体刑の一つとしての抜歯は、ヨーロッパでは、中世初期のフランク時代から近世に至るまで、中国では、春秋および戦国時代、日本では、平安時代から近世にかけて行われた。

5 その他　宮内悦蔵の調査によると、台湾では、美容のため、八重歯になるのを防ぐため、あるいはブヌン族では発音のために犬歯を抜くという。これらの目的は抜歯本来の動機を示しているとは考えられない。

抜歯の起源については、一元論と多元論がある。金関は、服喪の際の抜歯も、成年式の抜歯も、ひとしく死霊に対するカムフラージュである、という解釈から、これらの異なる意味をもつ抜歯風習が別々に起こったとは考えにくい、と単一起源論を主張している。

それに対して、山内清男は、縄文時代には外からの影響がきわめて少なく、抜歯習俗のみが例外であったとは考えられない、という理由で、抜歯は日本で自生した、という立場をとっている。渡辺もその編年的考察から、仙台湾周辺に発生した、と自生説を唱えている。

春成は、乳歯から永久歯に交替する成長に伴う変化が契機になって、抜歯の習俗が生れた、という説を述べている。この時期は乳児期の終了であり、成人への第一関門と思われ、歯の脱落と人生儀礼とが結合するきっかけが与えられる。こうして、社会がある段階に達すると、人生の重大なときに、人工的に抜歯をするという発想が出てくるのは、比較的容易であろう。こうして抜歯は成年式、婚姻、葬送と結びつき、地域と時間を越えて、多元的に発生したのであろう、という。

抜歯習俗の分布

抜歯の習俗は先史時代から現代に至るまで、世界各地に分布し、とくにオセアニアと東アジアに多い。

オセアニア　オーストラリアでは、原住民の一部において行われている。そのうち、多くの種族では、七―八歳、ある種族では、十一―十二歳ごろの男子に行われ、儀式を伴っている。上顎切歯を抜くものが多く、女子に行う種族もある。

タスマニア島でも、すでに絶滅した原住民に、切歯を抜く風習があった、といわれている。ニュージーランドの西海岸では、すべての住民に上顎第一切歯がなかった、という記録がある。

メラネシアのニューヘブリデス諸島では、女性は婚約または結婚したとき、上顎切歯を抜去する。

ポリネシアのハワイ諸島、トンガ諸島では、近親者の不幸があるたびに、一本ずつ切歯を抜く、といわれている。ハワイの抜歯の頻度は少なく、島五郎と鈴木誠によると、オアフ島のモカプ遺跡では、二八六例中わずか一例にすぎず、その他の出土例では、四四五例中二二・二パーセントである、と報告している。島らは抜歯の様式を十一に分類し、下顎のみの型式はほとんどが女性、上顎のみの型式はすべて男性、上下顎の抜歯はほとんどが女性であった。

なお、ギルバート諸島では、死者の歯を集めて、首飾りにしていた。ある酋長は先祖代々の犬歯と切歯を集めて、それをつくり、そのなかには、祖母の頭蓋から抜き取ったものも混じっていた、という。


アフリカ　北アフリカでは、すでに中石器時代から抜歯が行われていたことを、L・C・ブリッグスが報告している。すなわち、アルジェリアのアファルー・ブー・ルンメル岩陰、モロッコのタホラルト遺跡の人骨では、上顎中切歯、ときには上顎切歯四本が抜去され、アルジェリアのメシュタ・エル・アルビ遺跡では、上顎の抜歯に下顎中切歯二本あるいは全切歯の抜去を加えたものである。

古代エジプトでは、習俗としての抜歯は知られていないが、刑罰として、一本の歯を抜くことが行われた。

ナイル河上流のニャムニャイ、ボンゴ、ヂンカ族の間では、四本の下顎切歯を抜く、といわれる。

タンガニーカ・ニアサ湖畔のマサイ族、ザンベジ河畔のバトカ、マトンガ族では、男子の成人式として抜歯を行っている。マトンガ族では、十六歳になると、上顎第一切歯二本が抜き取られ、成人として認められる、という。ヌビアの東からエチオピア北部にかけて住むハミーテン系のベヂアー族でも、ナイル河上流の人々と同じように、切歯を抜く風習があった、といわれている。

コンゴでは、主に南方のハクバ、バヂンガ、バツソンゴ族の間で、男女とも思春期前後に上顎第一切歯二本を抜去している。西海岸でオバンボ、オバヘレロ族でも、下顎第一切歯を二本抜いている。ガーナに近いアシャンチ族は敵の捕虜に抜歯をして、奴隷として使い、抜いた歯を身につけて勝を誇った、という。トーゴでは下顎第一切歯二本、ツアーデ湖付近のサマラオ、サラ、バイ族では、それぞれ一、二、四本の上顎切歯を抜去する。

ヨーロッパ　ヨーロッパでは、抜歯は新石器時代に見られる。アレー・クヴェルト・ヴォーデンクールから発見された人骨は下顎中切歯二本、ガリーヒルの一体は下顎中切歯二本、ドッグホールズ洞窟およびパーン・クワルー洞窟の各一体には、上顎中切歯二本の抜歯が認められる。

ヨーロッパ諸国では、習俗としての抜歯は知られていないが、中世から刑罰としての抜歯が行われていた。例えば、復活祭前の四十日間は肉を食べてはいけないのに、禁を破って肉を食べたものに、歯を一本抜いて、見せしめにした。また、貴族は年貢を収めない住民に対して、歯を一本抜いて罰とした。

南北アメリカ　アリューシャン列島のアリュート族に、抜歯の風習が報告されている。南アメリカでは、エクアドル・グアヤキル湾付近のグアンカヴィル族に、抜歯の習俗があるらしい。その男子には、必ず一本の歯が欠けている、という記載があるのみである。

アジア　中国では、新石器時代以降、近年に至るまで、抜歯の習俗があった。金関は、昭和十一年に奉天（現在の瀋陽）で、上下の切歯を左右対称に抜いた死体を見たことがある、と述べている。台湾でも、十七、八世紀から明治中期に禁止されるまで、抜歯が行われていた。日本では、縄文時代前期から弥生中期ごろまで抜歯が行われ、最近では、古墳時代にも行われた可能性が説かれている。それればかりではなく、つい最近まで、長崎県や大分県の家船の娘が嫁入り前に歯を抜いていたことは、金関でなくても、「意外なこと」と思うだろう。中国、台湾、日本の抜歯については、項を改めて述べることにする。

その他の先史時代の抜歯例としては、パレスチナ・ワド洞窟（中石器時代）の上顎中切歯一—二本、シベリア・イルクーツク地方（新石器時代）の男性人骨五体に上顎中切歯二本、ゴルニ・アルタイ地方オイロッカイ（金石併用時代）の男性一体に上顎中切歯二本、女性一体に上顎左中切歯の抜去が認められている。

タイのバンカオで発掘された例では、上顎側切歯二本の抜歯がある。インドシナ半島の抜歯風習はマレー半島と、大陸部南西部海岸地方のバナール、セダング、トラウ、モイ族にあり、内陸部には及んでいない。

ボルネオのプナン族は男女とも上顎切歯四本や犬歯など合計八本を抜去する、という。カヤン族のなかには、十本抜歯をしたものもいた。また、ムルング族は上顎前部の歯六本と、下顎前部の歯六本を抜去する。この手術は小児のとき、一人子供を得たとき、四人の子持ちになったときの三回行う、と報告されている。

中国における抜歯

晋代に張華の著した『博物誌』によると、この時代には、貴州、雲南、湖南および四川省に抜歯の風習があり、貴州省と雲南省では清代までこの風習が行われていた。

これらのうち、古くから知られているのは、貴州省普定を中心に住んでいる打牙犵狫《デヤケーラオ》族の抜歯である。これは犵狫族のなかの一部族の名である。犵狫族には十余りの部族があり、とくに抜歯の習俗のある部族を「打牙」犵狫と呼んだのである。この部族の名は『博物誌』に現れるので、おそらく古代から抜歯の風習があったのだろう、と推測されている。

抜歯を行う理由として、『皇清職貢図』『貴州通志』などには、結婚した女性が夫の家に災害や疾病をもたらすおそれがあるので、結婚前に予め二本の歯を抜いた、ということが記されている。また、『大清一統志』『炎徼紀聞《えんきようぶん》』その他には、肉親に不幸があったとき、その死を悼み、あるいは死霊の祟りを防ぐために抜歯を行い、その歯を亡くなった人の棺の中に入れた、と書かれている。これによると、打牙犵狫族の抜歯は、婚姻と葬儀のときに行われた習俗とみられる。

中国の抜歯の様式は、時代および地域を問わず、すべて上顎の左右側切歯を欠いている、といわれている。例えば、旅順（漢代）、山東省大汶口（新石器時代）から発見された頭蓋は同じ抜歯の様式である。また、金関は南京博物院の古人骨を調査し、河南省安陽（殷代）発見の頭蓋九十七例のうち一例（熟年男性）に、上顎左右側切歯の抜歯を認めた。また、山東省城子崖（おそらく戦国時代）から出土した六頭蓋のうち五例（成年ないし熟年男性）には、ひとしく上顎右側切歯を抜去した痕が見られた、と発表している。

手術は十二、三歳から十八―二十歳ごろまでに行われた、とされている。

台湾における抜歯

台湾原住民における抜歯の報告は多く、近年までこの風習を行っていたのは、タイヤル、サイセット、ヴヌン、ツオウの四族であり、アミ、ピューマ、パイワン族には、この習俗は見られない。日清戦争後、台湾が日本の領土になってから、政令によって抜歯が禁止された。

ツオウ族のトフヤ社には、抜歯の起源に関する伝説がある。二人の兄弟がいて、あるとき、二人で狩に出た。ところが、二人で獲物を争い、兄は弟を銃殺してしまった。首長はそれを聞き、社人に命じて、兄を捕えようとしたが、彼は鹿港の方へ逃げてしまった。そこで、首長はその兄を社人と識別するため、社人に前歯四枚を抜くことを命じた、という。

この伝説に従うと、社人の表徴として抜歯をしたことになる。しかし、抜歯に限らず、身体変工を施している当事者たちの説明は、あまり当てにはならない。当の本人たちはしばしば当初の目的を忘れ、変工の意味が変化したり、慣習として行っているのが普通である。

宮内悦蔵によると、原住民の伝えるところでは、識別の意味はなく、美容のため、成年の表示、八重歯（上顎犬歯の唇側転位）を防ぐため、またブヌン族では、発音のために行う、という。美容のために歯を抜くということは、文明人には理解できないかも知れないが、談笑するとき、歯の欠けているところから舌の先が見えて、愛嬌がある、といっている。また、ブヌン族で抜歯していないものは、ブヌン語の発音がうまくできない、と宮内は述べている。タイヤル族の女性には、頬部の入墨のとき、苦痛を弱める効果がある、というものがいたそうである。

抜歯の様式は、宮内によると、側切歯のみのもの、犬歯のみのもの、側切歯と犬歯を抜くものの三つに分けられる。抜歯様式が種族によって異なり、男女で差のある部族もあるという報告があるが、現地で調査に当った宮内はそれを否定し、各部族を通じての基本型式は、上顎側切歯を左右対称に抜去するものだ、としている。タイヤル族の一部では、小臼歯を抜くものもあるが、多くない。一般に下顎は抜歯をせず、もしあれば、それは定型的ではなく、他の理由によるものであろう、という。

四歯を抜く理由について、宮内は、若年のときに歯を抜くと、後になって歯の間隙が狭くなり、抜歯していないように見えるので、さらに二歯を抜くのである。だから、成長期の末期に抜歯する地域では、二歯のみに限られる、と説明している。

抜歯を行う年齢は男女とも十歳から十五、六歳の間に行われ、部族による差、個人差はあるが、性差はない、といわれる。宮内によると、最初に側切歯を抜き、数年後に犬歯を抜く場合がある、という。その術式には、打ち欠く方法と麻糸で引き抜く方法とがある。前者は歯を強く打って歯根を緩めるための処置で、最後は後者と同じように引き抜くのである。抜いた後には、止血と消毒のために、灰を塗っていた。

抜歯の頻度は、ツオウ族阿里山蕃では、男性七二人中一九・六パーセント、女性三四人中五五・九パーセント（野谷昌俊）、タイヤル族露社蕃では、男性二九〇人中五二・四パーセント、女性一五八人中六一・二パーセント（白井忠治）、タイヤル族タロコ蕃では、男性一七七人中三九・五パーセント、女性二〇四人中四六・一パーセント（村松晋）に認められた、と報告されている。

これらの数値からわかるように、抜歯は必ずしなければならない習俗ではなく、男女ともしたくなければ、しなくてもよかった。宮内は、調べてみると、老人のなかでも抜歯をしていないものは、その当時のインテリであったことは注意すべきであろう、と述べている。

縄文時代の抜歯

縄文時代の抜歯については、古くは小金井、松本彦七郎、長谷部言人、清野謙次、宮本博人らの報告や研究があり、最近では、渡辺誠、春成秀爾、池田次郎の研究と総説が発表されている。

この時代の抜歯は、北は北海道礼文島から南は鹿児島県日置郡金峰町上焼田遺跡に至るまで、全国各地にわたって見出され、前期から弥生中期にかけて行われ、とくに縄文後期と晩期に盛行している。

遺跡別にみると、吉胡貝塚（愛知県）の一二〇例と津雲貝塚（岡山県）の一〇九例がずば抜けて多い。津雲貝塚と宮戸島貝塚（宮城県）の人骨は抜歯をしていないものがまれであり、吉胡、平井、保美、伊川津貝塚（以上、愛知県）、中沢浜貝塚（岩手県）、余山貝塚（千葉県）の人骨は、それに次いで高い頻度で、大多数あるいは半数以上に抜歯が見られる。それに対して、青島貝塚（宮城県）、羽島貝塚（岡山県）、大田貝塚（広島県）、轟貝塚（熊本県）の人骨には、抜歯が少なく、阿高貝塚（熊本県）にはまったく見られない。

縄文人に抜歯の行われた年齢は智歯（親知らず、第三大臼歯）の生える十七、八歳ごろ、というのが通説である。抜き取られた歯の数は四―五本が普通であって、一本の場合はまれである。最も多いのは、津雲貝塚の十四本である。

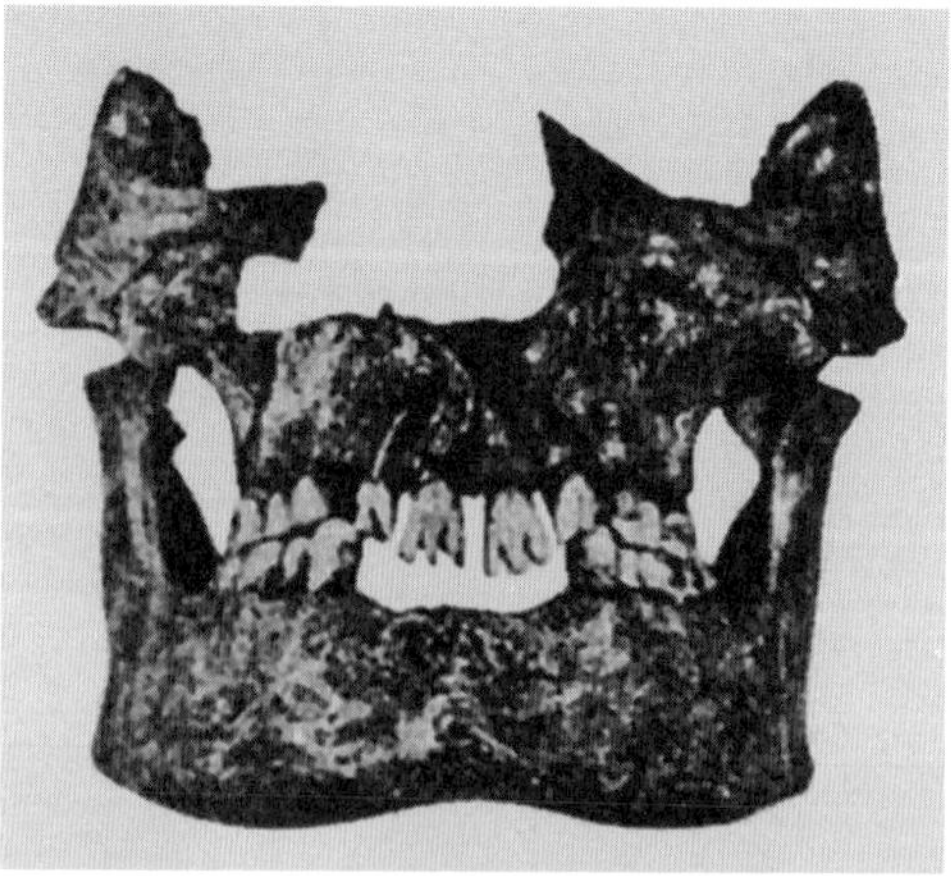

抜　歯　河内国府遺跡〈小金井，1928〉

その動機については、その施行年齢が思春期前後に集中しているので、成人式に関係がある、という説が圧倒的に多かった。最近、渡辺は年齢と、縄文晩期にとくに高率に認められることから、成人の資格をうるための肉体的試練とみなしている。そして、その完成まで、一、二年から数年を要する、と推定している。春成は、必ずしも成人式のみでなく、婚姻と葬礼に関係のある通過儀礼とみなし、生涯を通じて数回行われたのであろう、という。

なお、沖縄県那覇市港川から発見された人骨（港川人）の一体には、抜歯が認められる。それに伴って出土した木炭の^{14}C年代は、一万八二五〇年前および一万六六〇〇年前と測定されているので、日本最古の抜歯例ということになる。しかし、この頭蓋に見られる左右上顎側切歯を抜去する様式は、縄文後期に流行した様式であり、この年代に疑問を抱く研究者も少なくない。

抜歯様式の地域差

渡辺は渥美半島と浜名湖との間を境として、東日本と西日本とで抜歯の様式に、明瞭な地域差があることを明らかにした。彼は最初縄文時代の抜歯を七群十三様式に、後に五群十二様式に分類している（詳しい説明は省略する）。

東日本の様式は犬歯のみを抜去する様式（第Ⅱ群）のままに終るのに対して、西日本では、第Ⅱ群から第Ⅲ—Ⅴ群にまで発展する。西日本では、さらにA、B、Cの三地区に分けられる。渥美半島から大阪湾までのA地区では、叉状研歯を伴う第十二様式が特徴的である。大阪湾から瀬戸内海までのB

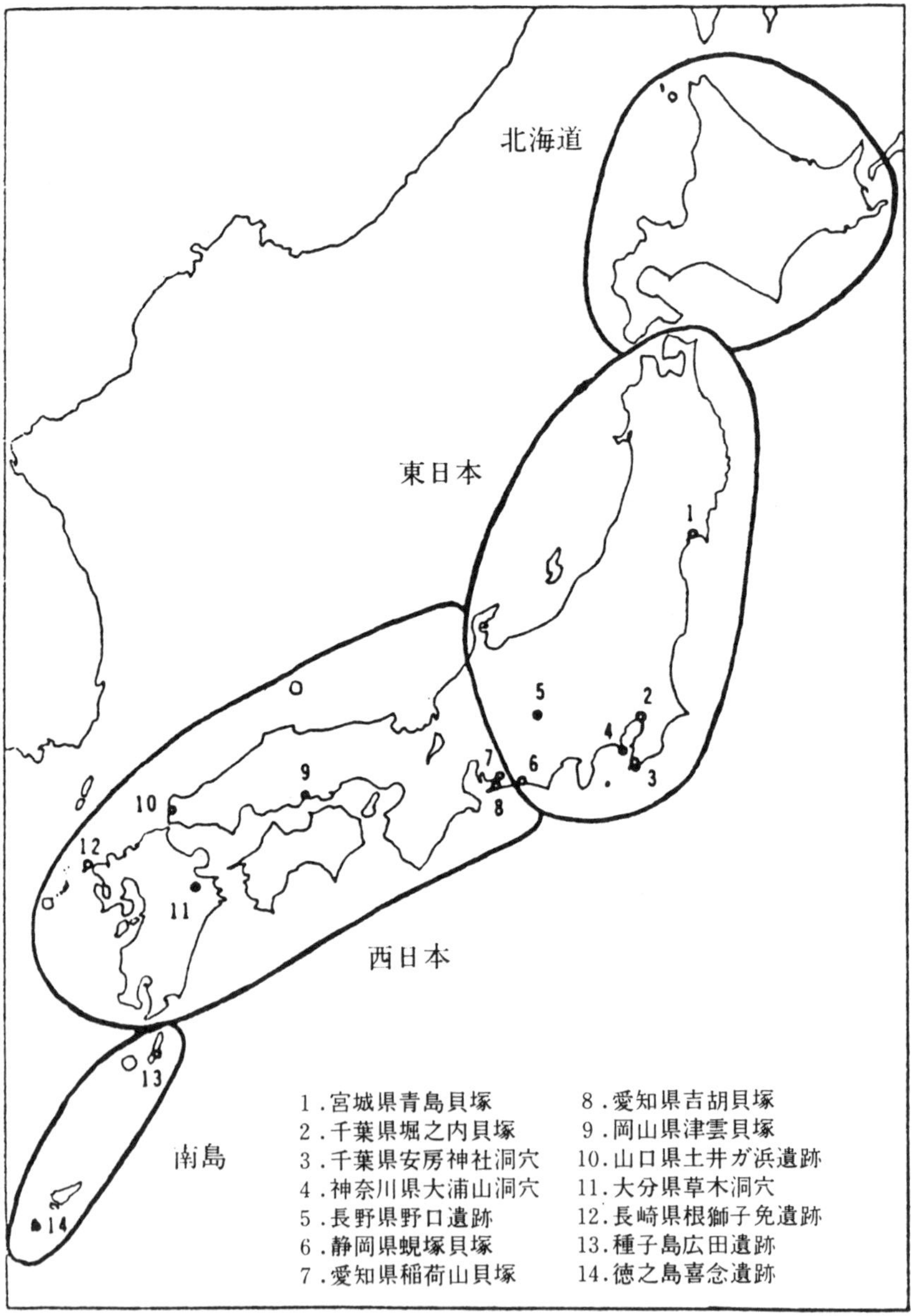

抜歯風習の地域差(付・主要遺跡分布図)〈渡辺誠：考古学ジャーナル No. 10, 1967〉

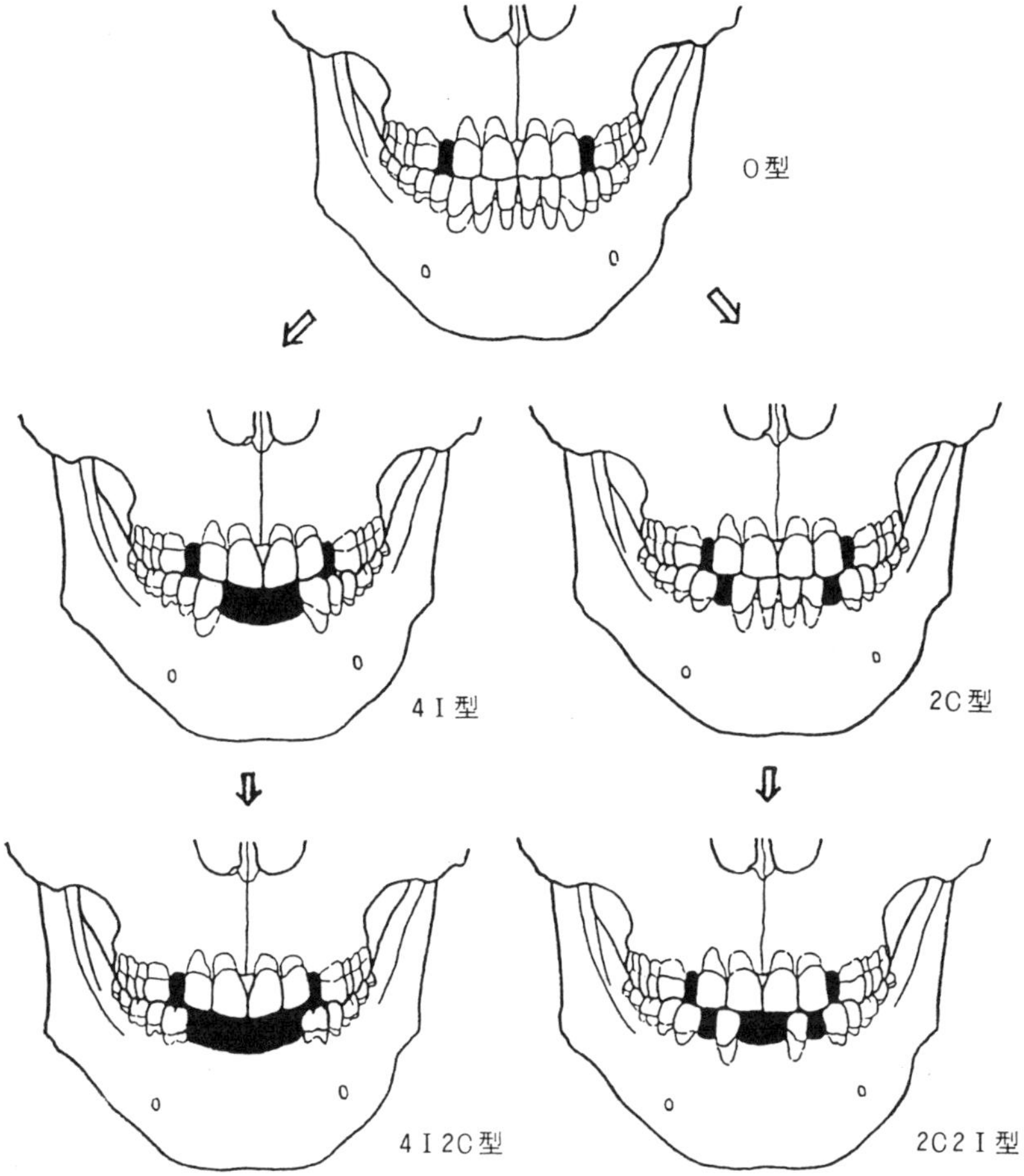

西日本，縄文晩期の婚姻・出自抜歯の五型式〈春成原図〉

地区では、第十二様式を欠くが、A、Bとも第Ⅱ—Ⅴ群を持っている。それ以西のC地区では、第Ⅲ群までで、第Ⅳ・Ⅴ群は見られない。

西日本の第Ⅲ—Ⅴ群と黒色磨研土器文化（宮滝式など）との間には、密接な関係があり、これらの抜歯様式は、東日本的様式に大陸由来の切歯抜歯様式が加わってできたものであろう、と考察している。

春成は縄文時代の抜歯を次の五型に分類している。

0型　　上顎左右犬歯
2C型　　下顎左右犬歯
2C2I型　すべての左右犬歯
4I型　　切歯二本と下顎左右犬歯
4I2C型　すべての切歯と下顎左右犬歯

そして、0型は成人抜歯、その他は婚姻抜歯と考えている。

岡山県笠岡市津雲貝塚(後期)では、2C型が男性に多く、4I型が女性に多い。縄文社会の婚姻制度を氏族外婚で夫方居住と仮定すると、2C型は自氏族、4I型は他氏族の出であることを示すことになる。自他氏族にまたがる2C2I型と4I2C型は、離婚後の居住変更や再婚など、その人が遍歴した氏族を示している、と考えた。

ところが、この型式および男女の比率には地方差があるので、春成は後に自説を訂正して、津雲貝塚では、妻方居住が優勢であったとした。愛知県渥美郡田原町吉胡貝塚(晩期)では、4I型が自氏族、2C型が他氏族を表す可能性がある。夫方居住の多い東日本、妻型居住の多い西日本、その中間にあって選択居住の行われた東海・近畿地方でも、自氏族および他氏族を表すために、4I型と2C型が用いられた、と解釈している。

縄文時代にはまた、近親者が死亡したとき、喪に服することを表すための抜歯も、同時に行われたと考え、上下四本の第一小臼歯の抜去がそれに相当する、と推定している。

これについて、池田は、成人、結婚、服喪のように、段階の異なる通過儀礼を表す抜歯を、一人の人間に同時に行うことは、これまでの民族誌では、まだ例がない、と疑っている。また、氏族の出自を表すためには、入墨や瘢痕傷身などを行う種族が多く、しかもこれらの習俗を示唆するような遺物が、縄文遺跡から出土している、と批判的な意見を述べている。

前にも触れたように、中国の打牙犵猪族の抜歯には、婚姻と葬儀という二つの意味があった、と考えられる。その後の論文で、春成もこの例をあげて、時代によってその目的が変ったのか、集団によって異なっていたのか、どちらかが記されているだけであって、一生のうち、別々の理由で何回か抜歯をしたわけではない、と述べている。これは池田の批判に対する反論とも受け取れる。

春成は縄文晩期の著明な地方差が生じた要因を、縄文社会の特質の差にあると考え、東日本では、出自氏族を区別しようとする意識が弱かったが、西日本では、自然条件において、氏族間の優劣が少なく、そのために氏族の自立性が強かった、と推定している。

抜歯風習の伝播

縄文時代の抜歯の発生については、日本で発生したという自生説と、南方から入ってきたという渡来説にまとめられている。前者は長谷部、山内清男、渡辺ら、後者は小金井、八幡一郎らによって支持されている。

　渡辺の自生説はその編年的研究にもとづいている。仙台湾を中心とする大木式文化圏（中期末）において、磨消縄文土器とともに発生した抜歯風習が、土器、釣針などとセットをなし、磨消縄文とともに西日本へ伝わり、西日本で盛行するに至った、という仮説である。

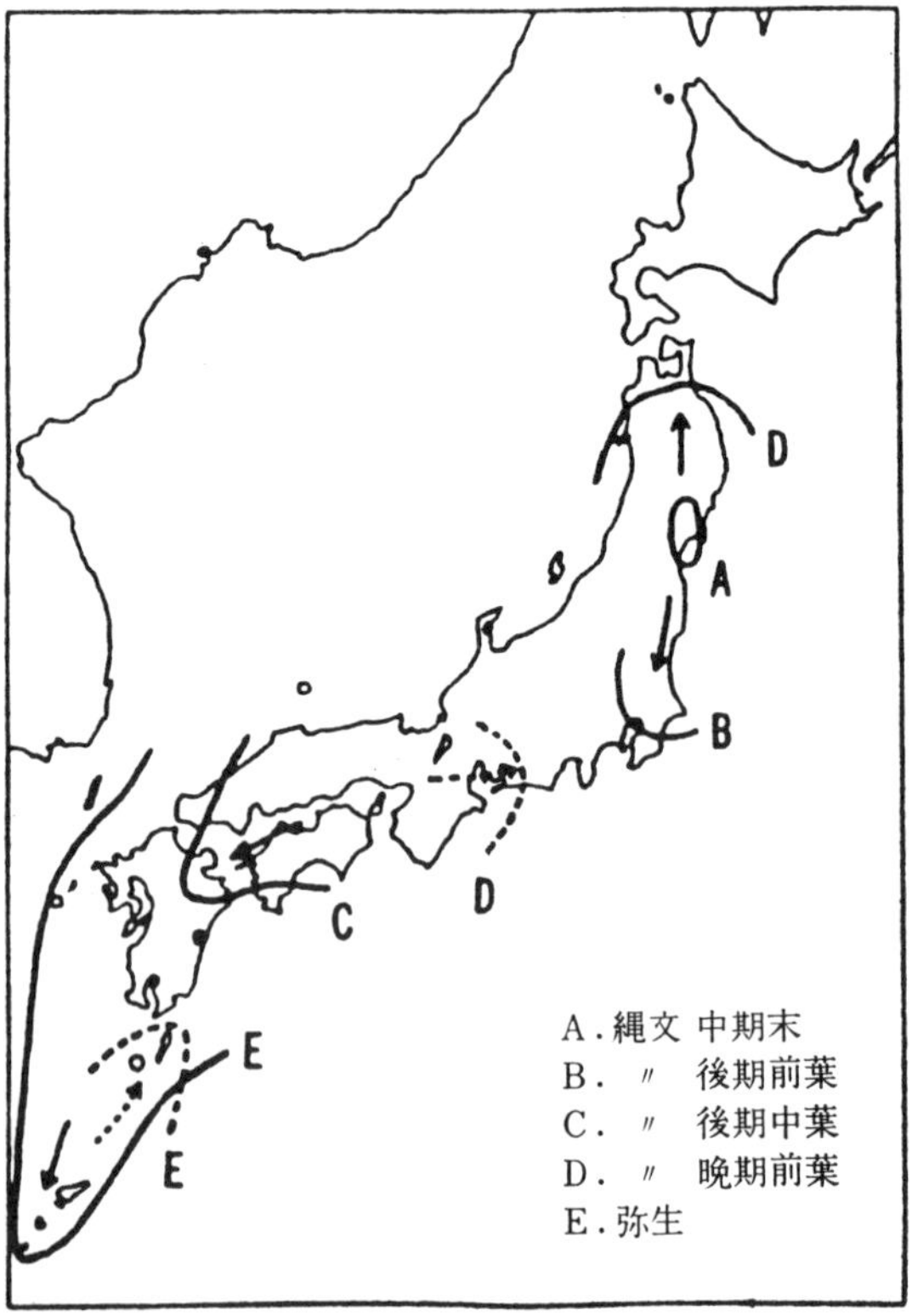

抜歯人骨の時期別分布
（実線は東日本的様式，破線は大陸的様式を示す）
〈渡辺誠：帝塚山考古学 No．1，1968〉

　この説は抜歯様式の発達とその地理的分布から、第4様式まで発達した段階で、後期中葉には、九州の豊後地方に到達した。そして、後期末には、熊本県まで及んでいるが、南九州、西北九州では、弥生時代になってから採用された。

　こうして、抜歯の伝播経路と時期が描かれ、後期中葉には、非抜歯人骨の分布と、西北九州型釣針と石鋸の分布とがほぼ重なることから、この地域には抜歯習俗が受容されなかった、と結論している。

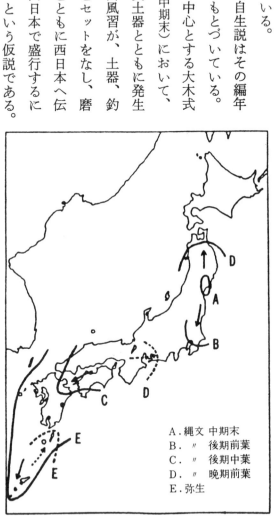

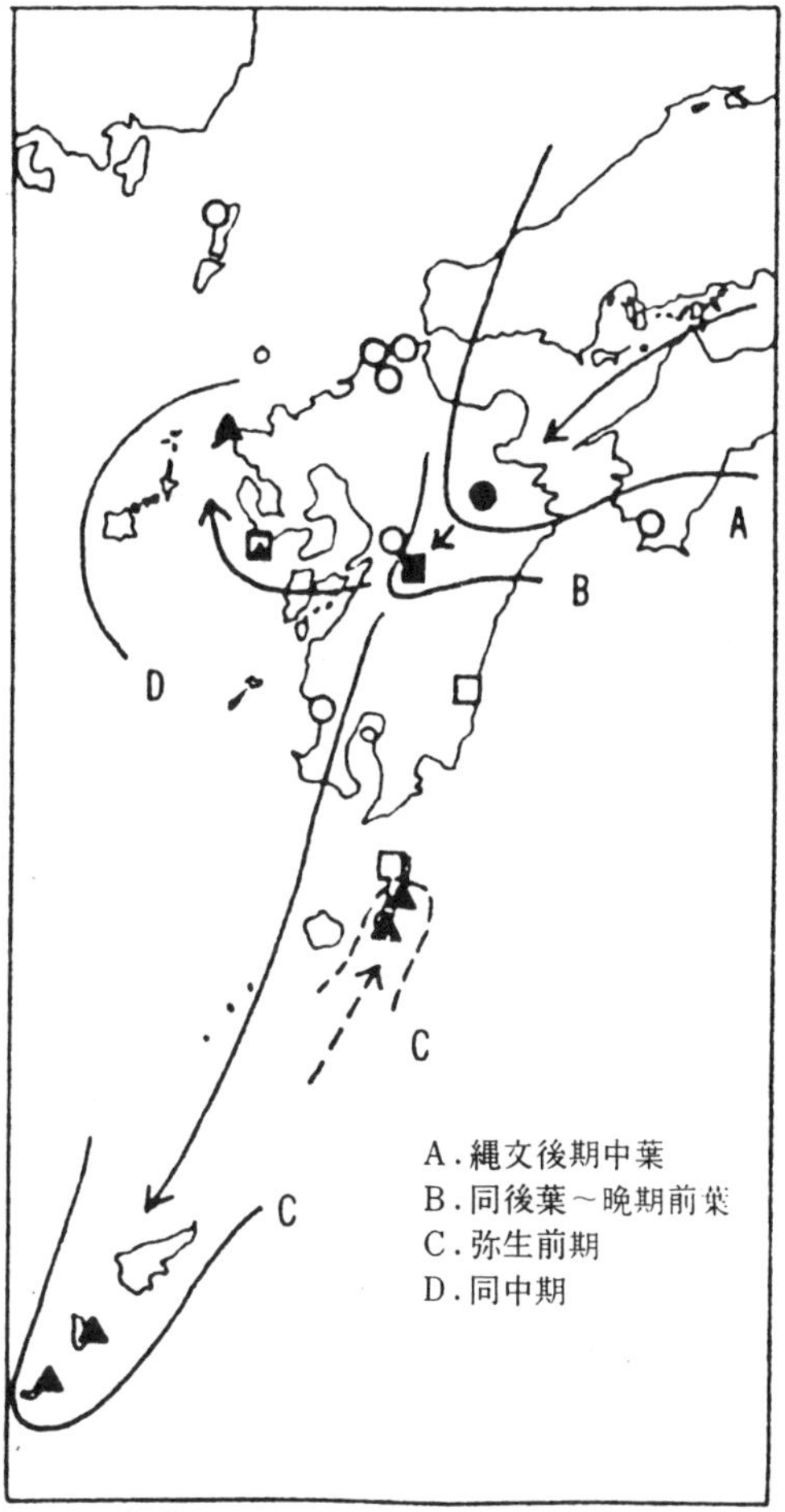

九州における抜歯人骨の時期別分布
（実線は東日本，破線は大陸からの伝播を示す．●■▲印はそれぞれ縄文後期中葉，同後葉，弥生前・中期の抜歯人骨，○□印はそれぞれ縄文後期，中葉，同晩期前葉の非抜歯人骨出土遺跡を示す．）〈渡辺誠：帝塚山考古学 No. 1, 1968〉

中国では、華北に縄文中期に相当する抜歯例があり、華南には、縄文後期中葉から末期に当る抜歯人骨が出土している。

その様式は男女とも上顎左右切歯を抜去するものである。縄文晩期の西日本は大陸文化の影響を受けたが、南島経由のルートは考えにくい。大陸系統の抜歯様式が西日本に渡来した時期には、すでに東日本型の抜歯様式が波及した後だったので、日本自生説を訂正する必要はない、と渡辺は述べている。

古墳時代に抜歯が行われたか

わが国の抜歯は弥生中期ごろ終りを告げた、というのが、これまで通説になっていた。その後、非常に少数ながら弥生中期以後の抜歯例が報告され、古墳時代にも引き続いて抜歯が行われた可能性が示唆されている。

昭和三十二年、小片保らは島根県八束郡恵曇町古浦遺跡から発見された人骨に、抜歯が認められることを報告した。この遺跡は少量の弥生式土器を混ずるが、土師器が圧倒的に多いので、古墳時代の抜歯例として注目された。しかし、後に、これらの人骨は弥生式土器の出土地点から発見されたとして、報告者自身により訂正された。

次いで、昭和三十七年、鈴木は徳島県内谷の組合式石棺から、女性と推定される人骨の上顎右中切歯が発見されたことを報告した。これは近親者が亡くなったとき、服喪のために歯を抜いて棺に入れる習俗が示唆される。宮川渉は奈良県於《うえの》古墳の中央棺内に、三体分の人骨と、四人目の人物のものと思われる上顎右第一小臼歯一本が発見されたことを報告している。愛媛県桜谷古墳からも、上下の切歯を欠く人骨が発見されている。また、森本岩太郎・小片丘彦らは、千葉県山武郡山武町森台十九号古墳の壮年男性人骨および群馬県佐波郡赤堀村赤堀二八六号古墳から出た熟年男性人骨に、抜歯を疑われる欠歯があることを報告している。前者は上顎側切歯二本と上顎左中切歯、後者は上顎左側切歯（右側は欠損のため不明）を欠いている。

土肥直美と田中良之は、大分県や長崎県の民俗事例で、現代の水上生活者に抜歯風習が残っていたという報告に注目し、古墳時代にも抜歯が存続した可能性があると考えて、九州大学所蔵の古墳人骨を調査した。その結果、一〇三体のうち二十四例に抜歯の可能性のある所見を認めた、と述べている。これらの出土地は、福岡県九例、佐賀県四例、大分県四例、山口県三例、熊本県、宮崎県、鹿児島県、鳥取県各一例となっており、性別は男十三例、女十一例である。

これまでの資料は断片的で、習俗としての抜歯のほか、病的な原因による歯の脱落も考えられるものであった。土肥らの報告例は九州を中心とする西日本の、かなりまとまった資料であり、抜歯習俗の可能性が強く示唆される。

土肥らによると、これらの抜歯型式は単純で、第一小臼歯あるいは側切歯の片側性抜歯が多い。抜歯年齢はほぼ成年期と推定され、その回数は基本的には一回であった、と推定している。その目的は単なる服喪ではなく、おそらく小中豪族の相続儀礼に伴うものであろう、と示唆している。

抜歯の判定

抜歯をした後の形態的変化として、鈴木は次のような所見をあげている。一つは歯根の入っていた歯槽の変化である。時が経つにつれて、歯槽が閉鎖し、徐々にその周囲の骨（歯槽の周りの骨）が吸収される。もう一つは脱落歯の周囲の歯の変化である。その前後の歯の間隔が狭くなるので、結果として歯弓の長さが小さくなる。そして、咬み合うべき歯の一つが欠けると、残った歯が長くなる。また、抜いた歯の直後の歯が捻れてくる。抜いた歯に接していた面が唇側に回転し、後の歯に接する面は舌側に向かって捻れる。しかし、抜いた歯の直前の歯には、このような捻れは起こらない。

これに関連して、池田は、抜歯の判定には慎重でなければならない、と注意を促している。抜歯後に起こるような変化は、歯槽膿漏、慢性疾患、外傷などで歯が脱落したときにも起こる。また、抜歯後の歯槽の閉鎖には数カ月以上かかるので、閉鎖が認められないもののなかにも、抜歯によるものが含まれている可能性があるからである。そのほか、ミクロネシアの習俗のように、死体から歯を抜くこともある。

なお、これまでの研究者は指摘していないが、犬歯は切歯や小臼歯に比べて、齲歯になりにくいので、もし他の歯が健全であるにもかかわらず、犬歯だけが欠けているときには、人工的な抜歯によることが、強く示唆される。

ワギナ・デンタータ（有歯腟）

抜歯と oral coitus とが関係があるのではないか、という説が、金関によって説かれている。昭和十五年、金関は当時台湾原住民の間に伝わるワギナ・デンタータ vagina dentata（以下、ＶＤと略す）

の説話を集め、それについて論文を発表した。

この論文は『台湾医学会雑誌』という医学雑誌に掲載されたので、一般の研究者の目に触れる機会がなかったが、最近、金関の論文集『木馬と石牛』のなかに収められてから、しばしば話題になるようになった。

台湾原住民の間に伝わる二十四のVD説話（前論文では二十三）が集められ、サゼック（セダッカ）族とヤミ族以外の、すべての部族にこの話が伝わっている、という。これらの話の内容に共通していることは、VDを持つ女性が主人公であること、二十の説話においてその夫がVDにペニスを噛み切られて死んでいること、十八の説話において膣の歯が抜去され、幸福になっていることである。

ここで、金関は、貴州の打牙犵狫では、娘が結婚に先立って、抜歯をする習俗を持ち出している。これと同じ習俗は古来東南アジアに存在し、リーデルは、中央セレベスのトナポ、タバダ、トクラビの三部族において、婚期に達した少女が、上顎切歯二本を抜去する風習をあげ、その理由として、妻が夫のペニスを噛むため、と彼らがいうことを引いている。これについて、戦前、上海あたりには、歯を全部抜き取った口姦専門の売春婦がいた、という。

このような例をあげて、金関は、結婚適齢期に達した女性が前歯を除去する東南アジア諸族の間には、このような考え方が一般にあったのだろう、と推測している。

台湾でも、抜歯の風習があったことは、すでに述べた通りであるが、女性だけでなく、男性もそれを行う点が、貴州やセレベスと違うところである。私は原著を見ていないが、鈴木作太郎『台湾の蕃族研究』には、本種族の抜歯の理由として、「或は生殖に関する或る種の目的の為めにするとも謂ふ」とあるそうである。

金関は、抜歯がオラル・セックスに関係があると推定される理由として、次のような点をあげている。第一に、VD説話のあるところには、必ず抜歯の風習があるとはいえないが、抜歯の風習のある部族には、例外なくこの説話がある。第二に、この説話と抜歯の説明とは著しく似ており、両者の違いは歯の生えている部位が腟か口かという点だけである。腟と口のどちらか一方から他方を連想することは容易であり、自然である。第三に、台湾原住民の間にオラル・セックスがあるかどうか資料はないが、サイセット族の間には、女性がペニスをなめる話が伝わっている。第四に、説話のなかにある歯の処置法、すなわちヤスリや砥石による磨滅、抜歯、石または木棒による打損は、東南アジアや台湾の諸族の間で実際に行われている。

このような理由から、金関は、VD説話は抜歯の習俗に対する説明として生れ、最初はオラル・セックスの説明のような形から出発し、その後、しだいに潤色が加わって、このような話ができあがったのであろう、と考えた。

西洋にVD説話のようなものがあったかどうかは知らないが、VDの幻想は洋の東西にかかわらず存在する。渋沢龍彦は、性交不能を訴える神経症のなかには、性交の際、自分のペニスが腟の周りに生えている歯によって嚙み切られはしないか、という恐怖感を抱いているものがいる。このような神経症者のなかには、オラル・セックスの結果、生じた罪悪感からVDの空想にまで発展することがある、という。

西欧の精神分析学派も、同じように口から膣を連想し、両者を同一視した結果、VDの幻想を生ずるといい、女性では去勢願望、男性では去勢不安を伴うことが多い、と説いている。VD説話やこれらの説明を読んで、私が連想したのは膣痙である。台湾のVD説話の一つに、「昔、人々が性交すると容易に抜くことができなかった。これは歯があったからである」というのは、膣痙を想像させるに十分である。

膣痙とは、不随意に起こる膣ならびにその周辺の筋肉の痙攣である。軽いものは膣口周囲の膣括約筋のみが痙攣するが、重いときには、骨盤底の筋肉も痙攣して、性交はまったく不可能になる。ペニスを挿入した後に痙攣が起こると、ペニスを抜去することができなくなることがあり、これを陰茎捕捉という。陰茎捕捉が起こると、麻酔を行って、はじめてペニスを抜くことができる。この状態が長く続くと、ペニスは壊死に陥ることがある、といわれる。古い時代や未開社会では、麻酔を知らなかったので、まれにはペニスが壊死に陥ることもあっただろう。VDの話はこのようなことから生まれたのではなかろうか。

わが国では、膣痙の報告が少なく、石浜淳美は、一九一六—五五年の四十年間に、わずか十七例しか報告されていない、という。しかし、外国ではそれほどまれではなく、ツァッヘルは五〇〇名中一一・〇パーセントに多少とも膣痙の傾向を認め、クラベロは不妊女性一七七〇名中二・八パーセントに膣痙を認めた、と報告している。日本では、報告例は少ないが、本症はそれほどまれなものではないのではないだろうか。

他方、堀田吉雄は民俗学の立場から、VD説話がオラル・セックスから生じた、という説を否定している。堀田によると、日本各地に、神が娘の初夜権を持ち、神の代理者が処女膜を破る習俗があった。この習俗は愛媛県北宇和郡島津町ではアナバチワリ、島根県平田町ではハチワリ、同石見地方ではスケワリ、三重県尾鷲市鬼浦ではアナバチワリと呼ばれていた。

これらの地方では、娘が十三―十五歳になると、村の特定の老人にアナバチワリを依頼し、それが終ると、若者たちに娘のハチが割れた、と披露してもらうのである。愛媛県島津町では、ハチを割る老人をワリジジといい、処女膜を爪で破って毒血を除いたといわれるが、堀田は爪だけでなく、性行為も行ったのではないか、と疑っている。処女膜を破るときに出る血液には毒があり、これが除かれないうちは性交はできない、と信じられていた。堀田は、このような習俗がVD説話の生れる根元であり、その発想はタカラガイからであろう、と推察している。

この習俗もまた、膣痙と関連づけることができそうである。性体験の未熟な若者が処女と性交した場合、破瓜が不成功に終ったり、不十分であったりすると、娘が性交に対して不安や恐怖心を抱き、ときには膣痙を起こすおそれがある。そこで、性体験の豊富な老人が初夜権を行使し、結婚生活にスムースに入れるようにしたのではないか。もし未熟な男女が初交において膣痙が起こったとすれば、アナバチワリの発生した由来を説明できるように思われる。

VD説話の由来に関する説は、抜歯を説明するために作られたという説、去勢願望あるいは去勢恐

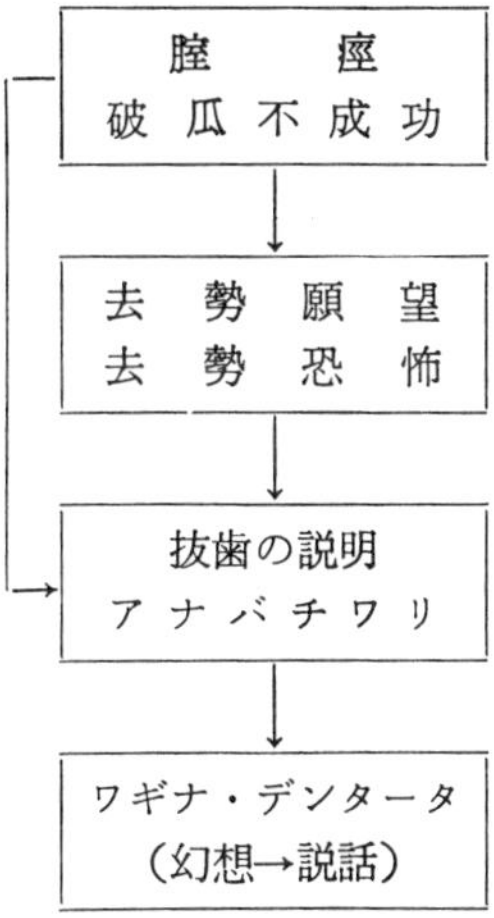

ワギナ・デンタータ説話の由来

怖によるという説、膣収縮運動や膣痙に由来するという説、アナバチワリの習俗にもとづくという説に要約することができる。これらの説はどれもVDの本質をついているようにみえるが、単独では説明が不十分であり、互いに相反する説と考える必要はない。これらの関係を、私は上図のように整理してみた。

なお、最近、堀田は比較民俗学の立場から、VD説話に関連して、志摩神島（鳥羽市神島町）のゲーター祭について述べているので、紹介しよう。

台湾のパイワン族には、五年祭という祭りがある。この祭りで最も大切な儀礼は毬（球のこと）突きである。木の皮や草のつるを巻いて、いくつもの毬をつくり、それを若者たちが竹で突くのである。ゲーター祭は球ではなく、グミの枝で円形の輪をつくり、それをアワと呼んでいる。ゲーター祭でも、アワを竹槍で突き上げ、乱暴に突くほど、神様はお悦びになるという。グミの枝にある小さいとげは陰牙の面影をしのばせるものであろう。

神島では、偽りの太陽が現れ、それを竹槍で打ち落す、という伝承がある。アワは太陽を表している。台湾にも、五年祭とは関係ないが、太陽が二つあって、暑くてかなわないから、その一つを射落した、という伝承が多い。

また、神島には、おたつ上臈《じょろう》の漂着譚がある。ある日、高貴なお姫様がうつぼ船に乗せられて、浜に漂着した。姫は庄屋の家の二階にかくまわれたが、やがて討手が来たので、みずから命を絶った。上臈の鏡を投げこんだという井戸が残っている。台湾には、VDのある娘を箱舟に乗せて流した、という伝説が多い。

この両者の類似性からみて、堀田は、ゲーター祭の要素のなかには、台湾原住民的な伝承を内包している、という。その第一はワギナ・デンタータ譚、第二は太陽征伐、第三は五年祭である。この三つの要素が若干ずつゲーター祭のなかに含まれていることは確かである、と結論している。

ここまで読んだ私は、島崎藤村の「椰子《やし》の実」を連想した。若き日の柳田国男が、神島の対岸にある伊良湖岬に漂着したヤシの実を見て、はるばる黒潮に乗って運ばれて来たことに思いをはせた。それを聞いた藤村が詩に詠んだものである。堀田も、この論文の終りで、このヤシの実と同じように、南方の文化が伊勢湾口の離島に流れ着いた可能性を述べて、結んでいる。

12 纏　足

中国特有の習俗

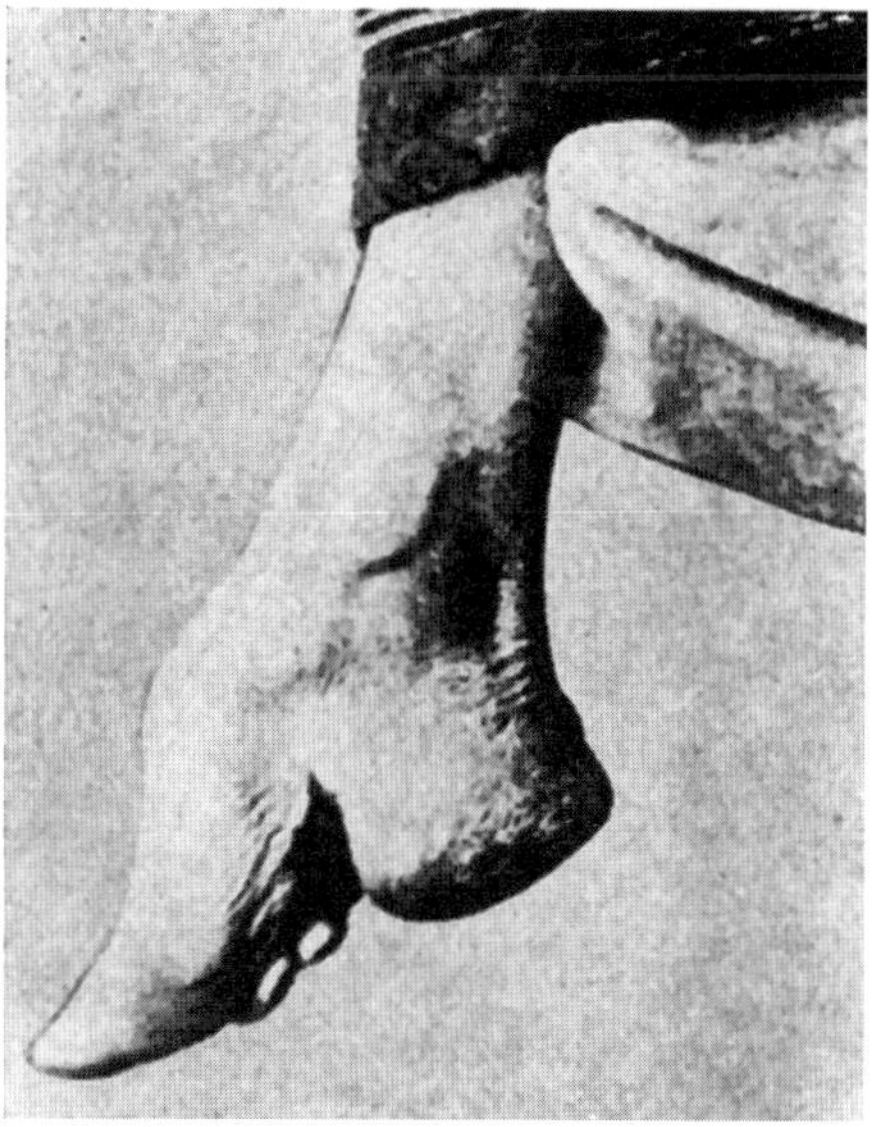

中国女性の纏足 〈Ploss & Bartels, 1927〉

私がはじめて纏足《てんそく》の話を聞いたのは、昭和十年代で、小学生のころだった。当時、台湾はまだ日本の植民地であって、若い女性はすでに纏足をしていなかったが、中年以上の婦人には、この風習の名残りがあった。この人たちが伊勢神宮を参拝していた、という話である。

そのころの纏足についての、私の知識といえば、大人になっても、足を子供ぐらいの大きさに保ち、杖をついてよちよち歩きをしていた、ということ

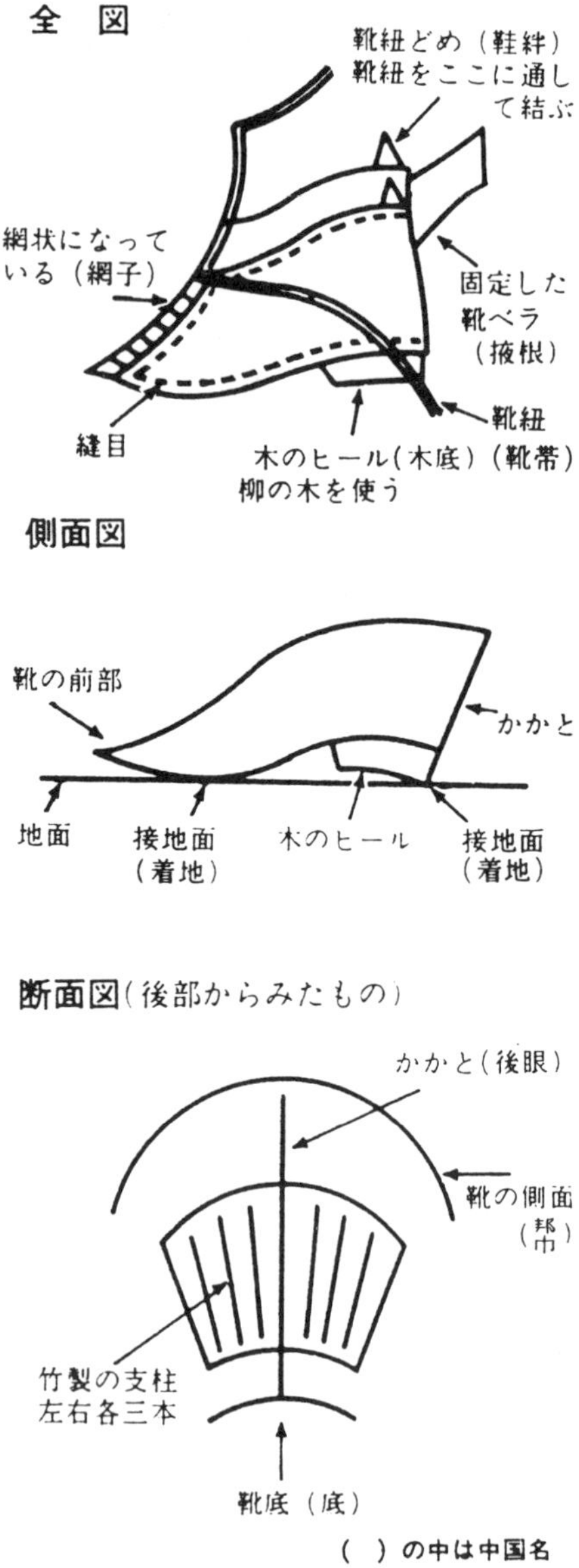

纏足靴
〈岡本隆三：纏足物語，東方書店，1986〉

ぐらいであった。昭和三十八年に出た岡本隆三著『纏足』に、横浜の南京街にはいまだに纏足の婦人を見かける、とあるのを読んで、あのころまで痕跡があったのか、と驚いたものである。この習俗がどういう意味を持っていたのか、纏足の話をしてくれた小学校の先生も知らなかったに違いない。

纏足とは、三、四歳ごろから足を布で緊縛して、成長を止め、成人後も女性の足を幼時に近い状態にしておくことである。足の親指を除く第二指以下の四指を、足底の方に折り曲げたままの状態にして、布で縛る。こうしておくと、体は成長しても、足は三、四歳に近い大きさであるから、歩きにくくなるのは当りまえである。これは女性に対して、外を出歩くな、ということにほかならない。

中国の宮廷習俗として有名なものに、宦官《かんがん》がある。これは後で述べるように、去勢された男性である。男性の去勢は中国のほか、キリスト教国やイスラム教国でも行われたが、纏足は中国以外で行われたことはなかった。その意味で、纏足は空前絶後の奇習といわれたことがあるが、これも女性の“beauty culture”の一つであって、第三者から見て、いかに無意味な悪習であっても、それを異文化の習俗として見なければならない。

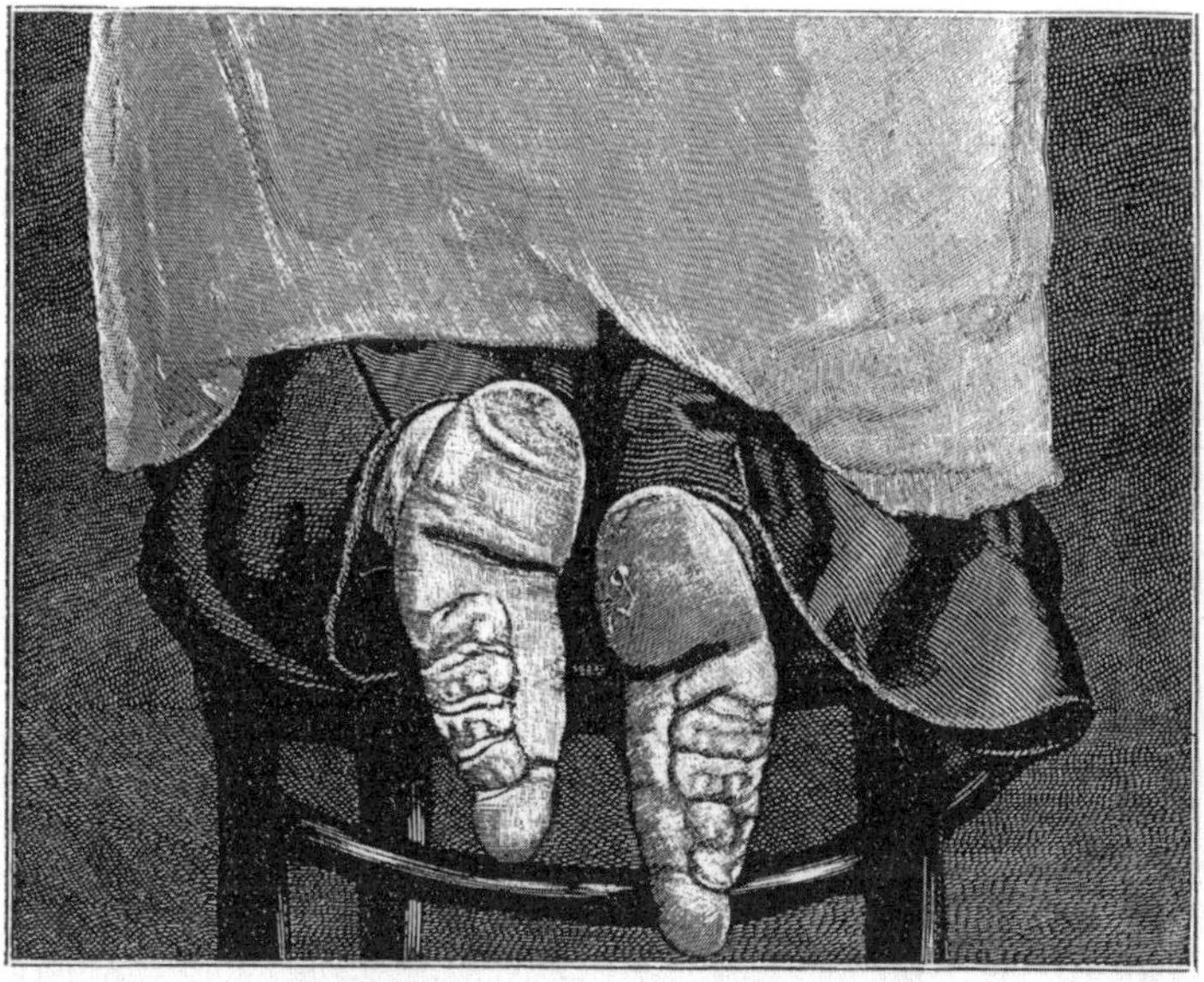

纏足の足底〈Ploss & Bartels, 1927〉

ヨーロッパのハイヒールは、イギリスの宮廷で、女官のスタイルを美しく見せるために起こったものが、一般に普及した、といわれている。纏足も足を小さく見せて、スタイルを美しくし、腰部を発達させて、性的魅力を増すことを目的とした点では、ハイヒールと同様である。こういう観点から見ると、纏足の足骨が、ハイヒールのように変形、転位していることに気付くだろう。

ただ、纏足とハイヒールの違うところは、ハイヒールが脚線美を誇示するのに対して、纏足は何重にもおおわれていて、人目を避けている。これは岡本によると、足のかくれた効用と、中国人の足に対する観念によるものだという。昔の中国人女性は絶対に、他人に素足を見せなかった。日中戦争のころ、中国に渡った日本人女性がよく強姦された、といわれているが、これは素足でいたからだ、といわれている。たぶん、素足に下駄やぞうりを引っかける日本での習慣が、抜けきらなかったのであろう。

纏足の起源

纏足の起源については、諸説があるが、十世紀ごろに始まる、というのが圧倒的に多い。とくに、五代（九〇七—九六〇）、北宋（九六〇—一一二七）ごろに始まる、という説が多い。その根拠になっているのは、宋末の宣和年間に張邦基の撰んだ『墨荘漫録《ぼくそう》』と、元末明初に陶宗儀の撰した『輟耕録《てっこう》』である。前者にはじめて「纏足」の語が現れ、五代の南唐の李後主（在位九六一—九七五）のときに始まるといい、後者には熙寧《きねい》（一〇六八—一〇七七）、元豊（一〇七八—一〇八五）以前は纏足は少なかったが、近年盛んになり、していないのを恥じるようになった、といっている。

女性の洗練された身のこなし方も、五代の南唐から始まった、というのが通説とされ、岡本は、纏足は間違いなく舞踊靴から生れてきた、と説いている。

金関丈夫は纏足の起源について、考古学的探究を試み、漢代の遺物、人物像および画像から、弓彎の強い女子用の履物が現れているが、まだ小足は見られない。纏足は人工的処置を施した小足であることが第一条件であって、弓彎新月の状をなすというようなことは、必要条件ではない、として漢代起源説を否定している(「新月」というのは纏足の別称である)。

そして、その起源を北宋の中葉前後におき、はじめは倡優舞妓の間で行われていたものが、宣和のころになって、一般にまねられるようになり、宮中あるいは貴婦人の間で行われるようになったのは、それより後のことであろう、といっている。

宋は九六〇年、南北に分裂し、漢民族の南宋(一一二七—一二七九)では、国粋主義的な儒教が流行した。儒教では、女性にうるさいことをいうようになり、良妻賢母型の女性が理想像とされた。纏足はこういう風潮のなかで、儒学者によって広められた。宋代にはまた、印刷技術が進歩して、マスコミが形成され、女性の貞節、纏足の習俗普及に役立った。

中国について詳細な記録を残したマルコ・ポーロが、纏足を記録していないのは、元初の上流階級にこの習俗がなかった証拠とされている。それから数十年後に、元に遊んだイタリア人、オドリコ・デ・ポルデノーネ(一二六五—一三三〇)によって、纏足ははじめてヨーロッパに紹介された。

南宋以後、纏足がどの程度普及してきたかはわからないが、明の万暦中期(十六世紀の終り)には、『金瓶梅』など文学書に纏足が描かれるようになり、かなり広く普及していたことは間違いない。しかし、身分のいやしい娘は労働を行わなければならないので、纏足はしなかったようである。

清代に入ると、纏足は最盛期を迎え、漢族では、纏足をしないのは恥とされるようになった。縁談を進めるとき、何歳で纏足をしたか、という挨拶までされるようになった、という。纏足をしなければ、結婚できなかったし、纏足は美人の欠くべからざる条件ともなった。

纏足の分布

ここで注意しなければならないのは、纏足の習俗は中国全土に流行したのではない、ということである。これは漢族の習俗であり、南方の少数民族の間では行われなかった。

清朝の後期の皇帝やその一族はこの習俗を嫌った。しかし、纏足は早くから満洲族の間にも入り込んでいたらしく、日清戦争のとき、中国東北地方に従軍した人によると、ただ指を折り曲げることだけが行われていた、と角田秀雄は記している。康熙三年（一六六四）に、満洲族女性の纏足を禁止する厳命が出てから、満洲族の間では行われなくなったので、明治二十七、八年（一八九四、五）ごろには、指の屈曲だけでごまかしていたのかも知れない。

日本植民地時代の台湾では、広東系には纏足の習俗はなく、纏足をしていたのは主に福建系の女性であった。

岡本によると、足の小さい点では、広東を筆頭に、山西省大同、甘粛省蘭州、湖南省益陽、四川省成都などが有名である。また、李笠翁の見聞によると、蘭州と大同の女性の足が最も小さく、大きいものでも三寸（約九センチ）、小さいものはそれを下まわるほどだった。山西の女性は足が軟らかだった、とあるそうである。

ヨーロッパにこの習俗が詳しく伝えられたのは、十九世紀になってからである。次いで光緒二十八年(一九〇二)、義和団の乱が起こり、その後、纏足に関して多くの情報が知られるようになった。中国女性の足のX線写真がヨーロッパへ送られ、H・ウィルヒョウやJ・フレンケルのような医学の大家がそれらを利用して、論文を書いている。

これらのなかには、纏足には多くの変異がある、というものがあるが、これはおそらく地域差ではなく、H・H・プロスらがいうように、同じプロセスの一時期を表している、と思われる。とくに、中華民国になり、纏足が下火になると、纏足を解いたり、途中で中止したりする例が多くなったので、ヨーロッパ人には、それらが変異と映ったのではないだろうか。

施術の方法

纏足の施術は三、四歳から始めるのが普通とされる。ひよわな子は五歳ごろまで遅らせることがあるが、年が進むと骨が固まるので、開始の時期は骨化の完成しないうちに行うのがよい。これには、地域や時代によって多少の差があるらしく、明治三十八年(一九〇五)ごろの台湾では、四―七歳、ときには九―十三歳ではじめて行うこともあった、という。

宦官の手術は政府公認の専門家が行ったが、纏足では、母親か親戚の女性が多かった。富裕な階級では、とくに訓練された女性の専門家が処置をした。

最初は親指をそのままの位置にして、第二指以下の四指を、強制的に底側に折り曲げて布で縛る。

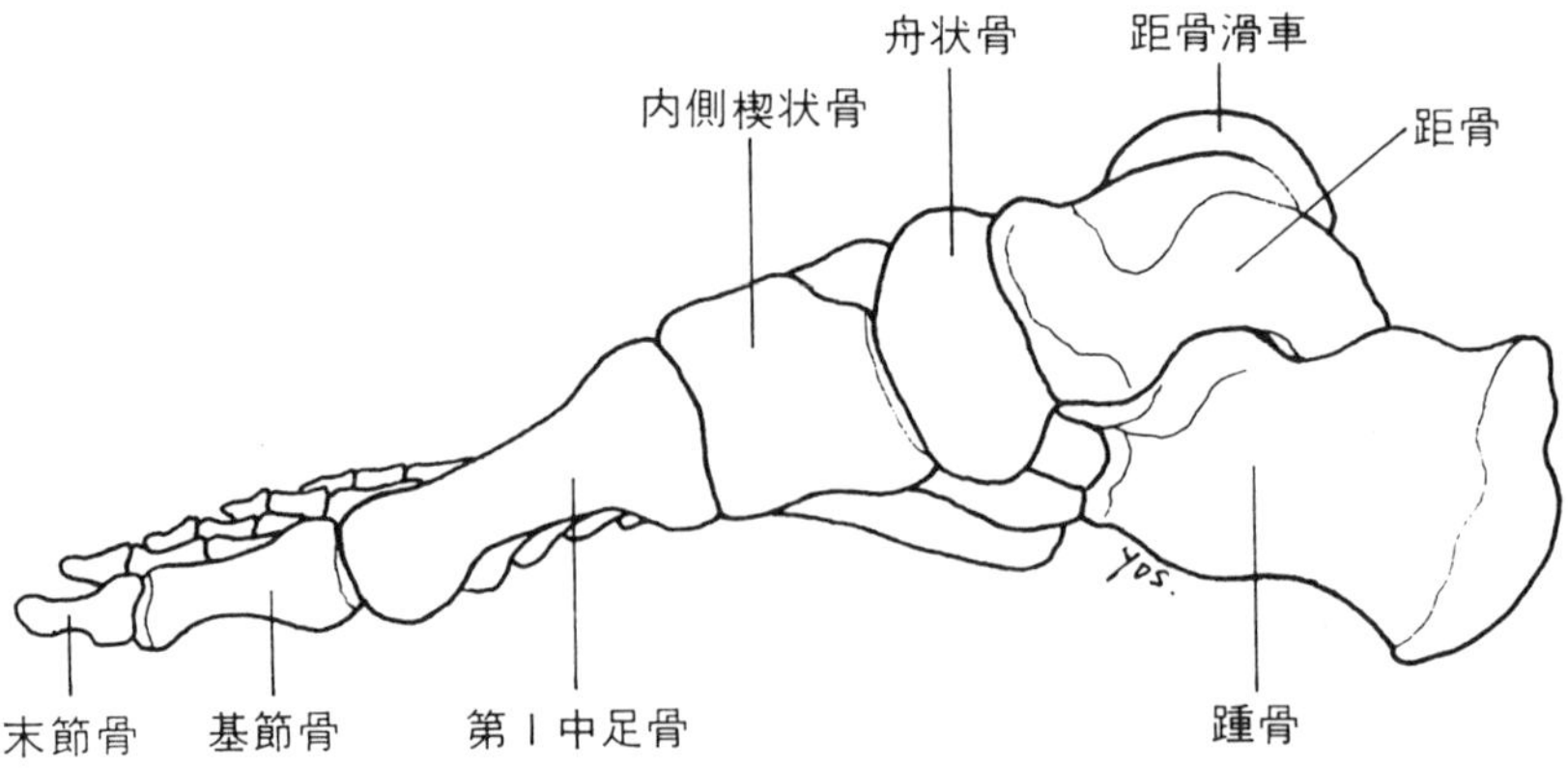

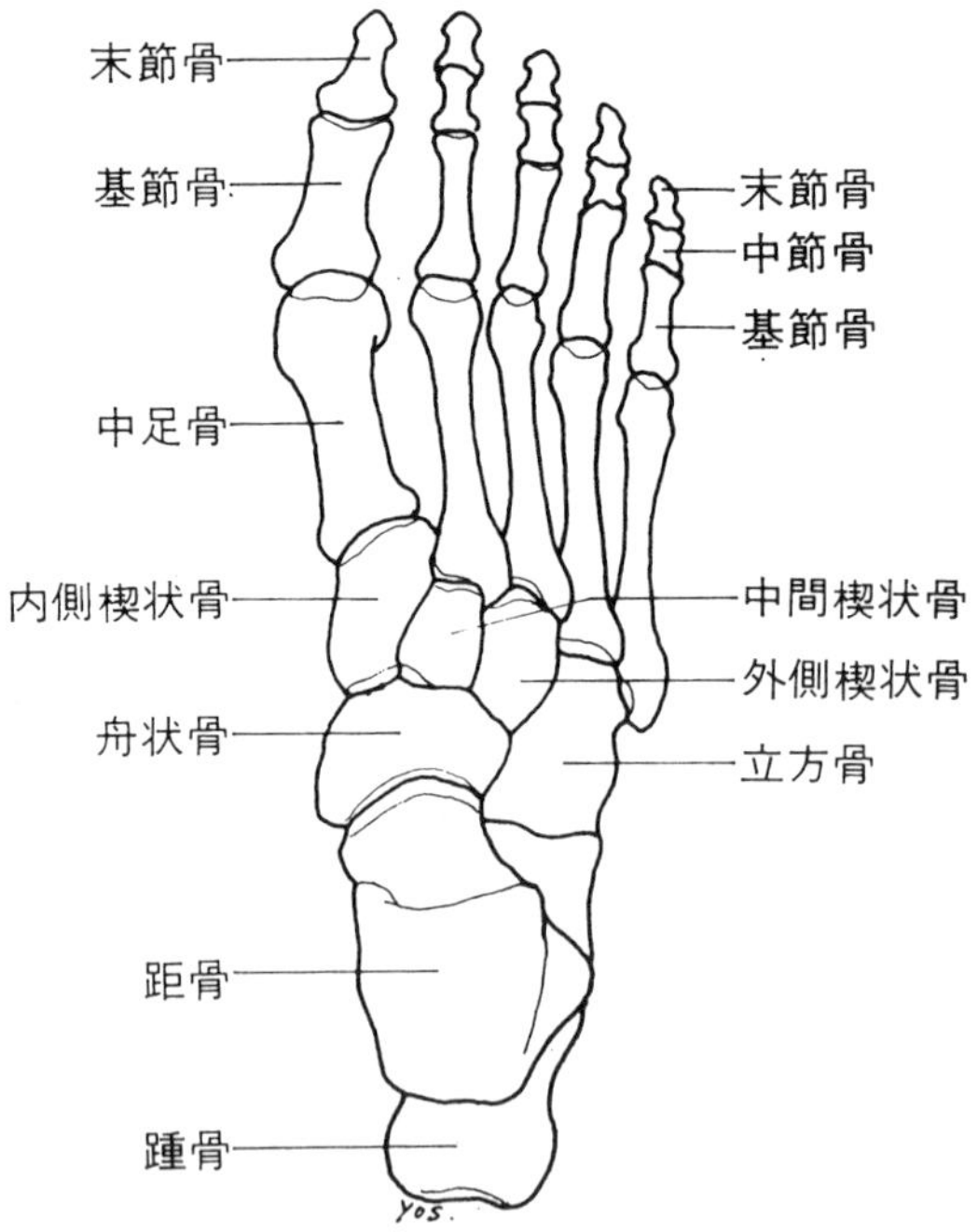

足の骨　上：右側，内側面　下：右側，背側面

この処置が始まると、それ以後、足は密封したままになるので、涼しい秋に行われた。地方によっては、旧暦八月二十四日(秋)、纏足の神様「小脚姑娘」を祭ってから施術を行った、と岡本は述べている。

月日が経つにつれて、しだいに緊縛の度を増し、指骨の次は中足骨の屈曲、次は足根骨を曲げて、舟状骨と距骨との間に、脱臼を起こさせる。指を強く折り曲げるころから、激痛を伴うようになり、腫脹、発赤、化膿、出血、鶏眼（魚の目）などができる。

布（包帯）は平均三日に一回ほどいて、湯で洗う。爪や魚の目の手入れをして、明礬《みょうばん》や砂糖をふりかけた後、ふたたび布で縛る。纏足の本場である山西省では、布、靴下、布靴で縛るだけでなく、竹箸をギプスのようにはめて締めつけた。プロスらや角田によると、包帯を毎日取りかえ、足を砂糖水でマッサージする。もし、この手入れを怠ると、ひどい潰瘍ができる、と述べている。

纏足の施術が終ると、足の接地面が小さくなり、直立して体を安定させることがむずかしくなる。そこで、美しい魅力的な纏足の歩み（蓮歩）ができるように、歩行練習が始まる。そして、纏足のマナーを習得する。宦官の手術は一瞬のうちに終るが、纏足は三年ぐらいかかって完成する。この間の苦痛と引きかえに、彼女らは結婚と美人の、二つの条件を手にすることができた。

纏足をした女性の体重は踵の一点と親指の先とで支えられているので、彼女らの体は竹馬に乗ったように、ふらふらと左右に揺れ動く。角田によると、彼女らは直立の際、常に左右いずれかの足を前に出して、体を支えている。歩くときには、倒れやすく、一部の女性は杖を使うか、付添いの腕に寄りかかって歩く。何人かの女性は子供のように、召使いに背負われて運ばれたし、ウィルヒョウらが問診した女性は、だれも見ていないと判断したときには、四つんばいになってはった、という。他方、下層階級の女性は歩くのになれているので、足を交互に出すのがうまく、跳ぶような歩調で歩いた。

G・モラーシュは、纏足女性の足の伸筋および屈筋は〝下腿が下方を指す円錐形のように〟萎縮していることを指摘し、両脚を切断して木の義足で置きかえた男の歩き方と比べ、少なくとも両者の歩き方は関係がある、といっている。

下肢骨の解剖学的変化

纏足のX線写真はヨーロッパの医学研究者によって研究されているが、日清戦争以後、台湾が日本の植民地になってから、日本の研究者による論文がいくつか発表されている。

そのX線像を見ると、中足骨はハイヒールをはいた足のように、強く傾き、足根骨は舟状骨と距骨との間で著しく屈曲している。踵骨はその長軸が垂直に近くなり、ハイヒールの踵のように立っている。その結果、つま先から踵までの長さが短くなり、接地面が著しく小さくなっている。これは足自体がハイヒールになっている、といってよい。

ハイヒールをはいた足のX線写真を見ると、足根骨の形と位置は纏足とは違うが、中足骨と指骨の間が著しく曲り、つま先立ちの状態であることは、纏足と同様である。従って、その直立姿勢は、ハイヒールも纏足も、上体がそのままだと、前に傾くので、ヒップを後につき出し、胸を前に出して、重心のバランスをとる。

普通の歩行では、指のつけ根を背屈し、次にそれらを伸ばして地面を蹴って、それを推進力にしている。ハイヒールをはくと、それだけで指が背屈しているから、それ以上曲げることができない。そこで、すり足に近くなり、歩幅も小さくなる。纏足の歩行も足のX線像からみて、ハイヒール歩行に近いのではないだろうか。纏足の接地面積はハイヒールのそれよりも小さいから、纏足歩行はハイヒール歩行よりもはるかに不安定であろう。

長谷部言人は十一例の解剖遺体により、纏足による足骨の変化を詳しく記載している。まず、長谷部は二例の纏足の個々の足骨について、その重さを正常の骨と比較している。それらを見ると、すべての骨は正常の最小値よりも小さい。しかし、長さ、幅、高さの計測値は変形のしかたによって、必ずしも正常足より小さいとは限らない。一、二の骨を例にとると、中足骨は正常足の中国人男性および日本人女性のそれらに比べて、纏足では、骨幹の横断面(径)が著しく小さい。踵骨は、纏足では体の横断面積が日本人女性よりもかなり小さく、中国人男性と比較すると、約二分の一にすぎない。計測値も長さ、幅、高さのすべてが、日

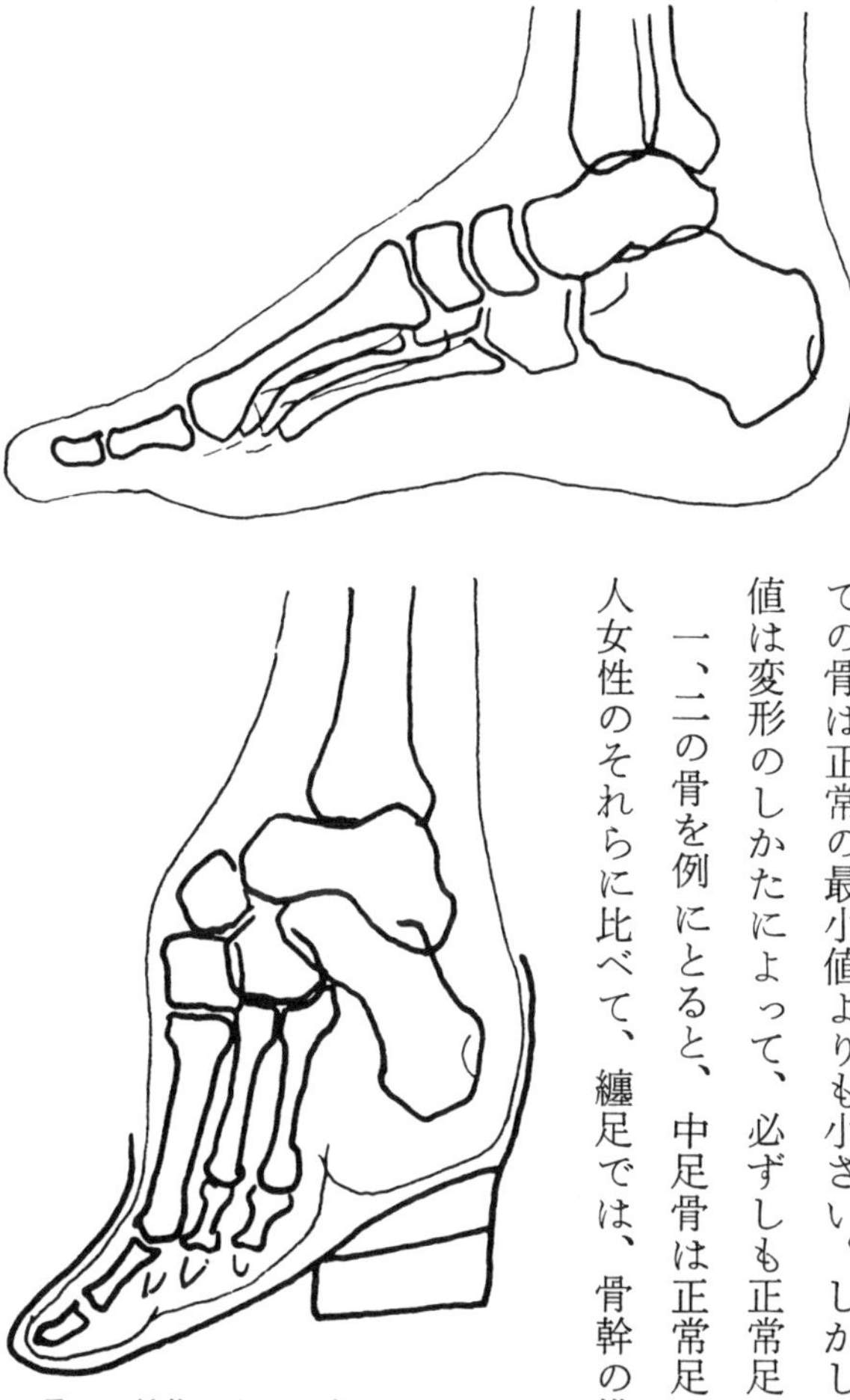

足のX線像　上：正常　下：纏足

本人女性の最小値よりも著しく小さい。それに比して、第二—五指の指骨のうち、一番根元にある基節骨（指骨は三個の骨からなる）の長さは、正常足と比べてもそれほど小さくない。第一指は自然の状態であるから、正常の大きさを保っている。

纏足をすると、腰が発達するといわれているので、纏足と正常足の女性骨盤の比較が行われているが、纏足は骨盤の大きさにはあまり影響しないようである。

ハベラー（北京）および角田（台湾）は、纏足では骨盤口はハート形をなさず、縦径と横径がほとんど同じで、円形に近い。これは恥骨下角が大きくなり、横径が広がるからだ、と推定している。それに対して、頼仲仁（台北）は、纏足女性の骨盤は正常足のそれに比べて高さが大きく、幅が小さい。恥骨下角は正常足よりも小さい、と逆の結果を発表している。

表5　骨盤計測値の比較

項目	矢内原 青島	上村ら 奉天・鞍山	鴨打 奉天	福永 基隆	鷲見 浙江・江蘇
棘間径	T>N	T<N	T>N	T<N	T>N
稜間径	T>N	T≒N	T<N	T<N	T>N
転子間径	T<N	T>N	T<N	T<N	T<N
外斜径	T<N	T>N	T>N	T>N	T>N
外結合線	T>N	T>N	T>N	T<N	T>N
傾斜角	T<N		T<N		

T：纏足女性　　N：正常足女性

生体の骨盤計測では、纏足と正常足の数値は報告者によって一定しない（表5）。詳しい説明は省略するが、骨盤傾斜角を除くと、両者の差はわずかであり、有意の差はないと考えられる。研究者の意見が一致しているのは、骨盤傾斜角の変化である。これは、金関丈夫によると、纏足女性は腰をかがめることができなくなり、体軸を重心線に近づけようとして、腰をつき出して歩くことと関連している。

角田は纏足女性が直立したとき、身体の外観の変化として、下腹が膨出すること、脊柱に沿って固有背筋の緊張によって生ずる縦のしわが著明なこと、腰椎前彎のとくに著しいこと（岬角突出著明）をあげている。腰椎前彎の著明なことは、鴨打秀夫もX線検査によって認めている。

纏足によって、骨盤以外の下肢骨に変化が生じることは、金関らによって指摘された。すなわち、大腿骨、脛骨、腓骨は骨が細く、稜が消失して骨幹が丸くなる。骨自体が軽くなり、脆い感じを与える。この変化はきわめて顕著で、一見して異常とわかるほどである、と述べている。

脛骨下端の足関節をつくる関節面では、捻転角が大きくなっている。これは直立姿勢を保つため、両足の接地面積を大きくする必要があり、足を外開きの姿勢に保つために生じた変化であろう、と推察している。

纏足の合併症として、モラーシュは組織の萎縮と膿瘍を観察している。A・パーカーは壊疽の症例を報告し、E・マルチンは死亡例を報告しているが、その他の報告者は纏足には生命の危険はない、といっている。

纏足の効用

このような苦しみと、日常生活に不自由な思いをしてまで、纏足をしなければならないのだろうか。

習俗と片づけてしまえば、それまでであるが、纏足に何らかの効用があるとすれば、どういうことであろうか。一般に次のようにいわれている。

プロスらは、纏足を最初に見たときの印象は足が極度に小さく見えることをあげている。中国では、足が小さいことは美人の条件の一つであった。M・バルテルスの所有する纏足の石膏模型では、つま先から踵までの長さがわずか八センチであった。足を小さく見せる点では、ハイヒールも同様である。踵が高くなると、足の大きさは小さく見え、纏足ではそれがいっそう強調される。

第二の効用は金蓮歩と呼ばれる歩行である。これは中国人男性にとって、非常に魅力的な歩行と考えられた。大きな足で、大またに歩く女性はとても醜い、とみなされた。男性側の美的観念がこうなると、女性としてもそれに従わざるを得なくなる。

第三の効用とされているのは、小さい下肢と対照的に、骨盤部が大きく見えることだ、といわれている。しかし、プロスらは纏足をした中国人女性のヌード写真を掲げて、彼女らの骨盤部が目立って大きいとはいえない、と否定している。

第四としては、纏足がセックスと関係があることである。おそらくこれは纏足の最も重要な目的であろう。この習俗が閨房技術のなかにまで入りこんできたからこそ、中国でこれだけ盛行した、とみられる。

そのほか、金関は纏足の効用として、次の二点をあげている。

この習俗が足骨だけでなく、他の下肢骨まで変化を来すことは、金関とその門下生によって、はじめて明らかにされたが、驚いたことには、上肢の長骨にも下肢骨と同じような変化が認められる、というのである。一口でいうと、纏足は全身の骨を繊細にし、華奢にするので、そこに一種の美的効果を生ずるのではないか、と推定している。

第二はセックスにおける効果である。多くの研究者が説くように、纏足によって、骨盤部には腰椎の前彎が起こる。金関は直立姿勢を不安定にする原因として、上体が重くなる場合と、足底が狭くなる場合をあげている。前者は大原女のように、頭に物をのせて運ぶ際、腰をつき出して、調子をとりながら歩く。後者は纏足やハイヒールをはいたときのように、腰をかがめて歩くことができない。

腰をつき出せば、自然に両足を外開きにして歩かなければならない。踵を固定してつま先を外に開くと、肛門挙筋が収縮する。脚の外旋を行う筋のうち、内閉鎖筋と梨状筋から肛門挙筋の腱が起こるので、肛門挙筋が収縮すれば、腟も収縮する。この部分は左右の肛門挙筋に挟まれており、その収縮によって締められるからである、と金関は俗説に対する理論的根拠を述べている。もしそうであれば、ハイヒールを常用している女性にも、この理論が当てはまることになる。

ただ、この説は金関もいうように、実証するのがむずかしい。一婦人科医が腟にゴム製気球を入れて、その括約力を測定したデータがあるらしいが、纏足と正常との間に、あまりはっきりした差は現れなかったそうである。金関がこの文を書いたのは、太平洋戦争中の昭和十八年であるから、今なら筋電図などを使うことができる。が、肝腎の纏足女性はもういない。

この文章の終りで、纏足女性は幼少のときから、産後の産褥体操を行っているようなものだといい、川柳の『末摘花』のなかに、大原女を妻に持つ男を羨む一句があることをつけ加えている。

纏足の終焉

中国であれほど盛行した習俗も、ついに終りを迎えるときがやってきた。それは中華民国になって行われた、風俗の大改革である。

弁髪の方は満洲族支配の屈辱的な習俗であったからスムースにいったが、纏足は漢族に特有の習俗であるうえ、セックスとも結びついていたので、すぐには事が運ばなかった。社会や生活に密着した習俗は法律によって禁止しても、すぐ改まるものではない。

山東省済南では、昔から、色白、黒髪、小足が美人の三大条件とされた。禁止令が出て足が自然の状態にもどったのは幼女だけで、少し大きくなった娘はほとんど纏足を解かなかった。しかし、時の流れには抗し難く、民国二十年（一九三一）をすぎると、湖北省の一部を除いて、二十歳以下で纏足をしている女性はほとんど見られなくなった。

昭和十三年（一九三八）、山東省青島における纏足の状況を、矢内原啓太郎の論文からまとめてみると、二十歳以下の女性には見られず、三十歳代になると過半

表6　山東省青島の纏足
（矢内原，1938）

年　齢	例数	纏足	％
20以下	18	0	0
20—30	162	25	15.4
30—40	54	43	79.6
41—62	23	23	100.0

表7　奉天・鞍山の纏足
（上村・浜田，1938）

年　齢	例数	纏足	％
15—19	84	6	7.1
20—24	193	36	18.7
25—29	109	35	32.1
30—33	13	9	69.2

表8　奉天の纏足

（鴨打，1939）

年　齢	例数	纏足	%
18—19	12	1	8.3
20—29	83	17	20.5
30—39	52	20	38.5
40—49	31	20	64.5
50	2	2	—

表9　台湾省基隆の纏足状況　（福永，1942）

	年　齢	例数
正	18—20	58
	21—30	212
常	31以上	110
纏	34—40	17
	40—50	23
足	50—60	0
	60—67	5

数に見られ、四十歳を超えると、全例が纏足をしている（表6）。

中国東北地方の報告には、漢族と満洲族との区別が記されていないが、この習俗は満洲族の間にもかなり入りこんでいた、と思われる。昭和十三年の奉天および鞍山では、二十歳代でもまだ二、三〇パーセントの女性が纏足をしていたし、十四年には、奉天で、二十歳代には約二〇パーセント、三十歳代では四〇パーセントに近く、四十歳以上の女性には過半数に見られたことが記録されている（表7・8）。

台湾では、昭和十七年ごろにも、まだ纏足がかなり残っていたが、三十歳以下の女性には認められない。福永金太は基隆で、十八—五十六歳の福老系住民（正常足）三八〇名と、三十四—六十七歳の同系纏足女性五十名の生体骨盤を計測している。最も若い三十四歳の纏足女性が、仮に五歳のときに施術を始めたとすると、大正の初期を最後として、この習俗は後を絶った、と推測される（表9）。

第二部　食人

13　食　人（カニバリズム）

食人に対する日本人の反応

明治十年（一八七七）、東京大学の初代動物学教授となったエドワード・S・モースが、はじめて上京した汽車の窓から、大森貝塚（東京都大田区山王・品川区大井）を発見したことは有名である。モースは、大森貝塚から出土した人骨が、獣骨と同じように一〇―一五センチぐらいの長さに破損し、獣骨や土器と混在しているのを見て、それらを食人の証拠と考えた。

日本で食人の習俗が学問的に取り上げられたのは、おそらくこれが最初であろう。最近まで、〝人食い人種〟は野蛮人の代表のように考えられていたので、国粋主義的な人たちにとって、モースの説は受け容れ難いものであったに違いない。

後に東京帝国大学農科大学教授となった白井光太郎は、学生のときに、モースの“Shell mounds of Omori”（和訳は『大森介墟古物編』）を読んで、日本人の祖先が食人種であったという説に驚き、真相を確かめようと発憤して、貝塚の研究に心血を注いだ、と記している。白井は〝神風山人〟というペンネームにも表れているように、国粋主義者で外人嫌いであった。

また、明治十三年（一八八〇）、埼玉県川越市氷川神社祠官、山田衛門の日記に、モースが川越に来たとき、日本で食人していたころ、という言葉が気に障ったので、わが国の歴史には人を食べたことはない、といって議論になりかけたことを記している。実際には、天明飢饉のときなどに、人肉を食べた記録があるのだが。

モースはまた、日本にはじめて進化論を紹介した人である。キリスト教の影響のない日本では、進化論は抵抗なく受け容れられたが、面白くないのは宣教師たちである。大学の講義や公開講演で進化論を説くモースを、苦々しく思っていた彼らは、モースは日本人の祖先を人食い人種だといっている、といいふらした。

当時は日本人の間でも、日本には先住民族が住んでいて、日本人の祖先は後から渡来した、と考えるのが普通であった。モースも、大森貝塚を残した種族は日本人やアイヌよりも前に住んでいたプレ

日本最初の大学紀要（和文編）
『大森介墟古物編』の表紙

アイヌだ、といっているので、日本人の祖先が食人種とはいっていない。しかし、『大森介墟古物編』には、主観的な人種論については、ほとんど述べていないので、白井のように誤解した人も少なくなかった、と思われる。いずれにしても、大森貝塚人が食人をしたという話は、当時の日本人に、かなり大きなショックを与えたようである。

食人俗とは

文化人類学的にいう食人俗（カニバリズム）cannibalism, anthropopaghy には、単に飢餓状態や精神異常のとき、食物として人肉を食べることは含まれていない。これは社会的に認められている食人や、制度化された行為として人を食べることを指している。この点では、明治の日本人はもとより、モース自身も、食人俗というものを十分に理解していなかったように思う。

〃カニバリズム〃という言葉の由来は、コロンブスの新大陸発見にまでさかのぼる。そのとき、アラワク族はコロンブスの問いに答えて、隣りのカリブは人食いといったために、〃カリブ〃は人食い人種の代名詞となった。発見者たちはカリブ Carib をカニバル canibal あるいはカリバル caribal と聞き、それからカニバリズムという言葉が生れた、といわれている。

食人の習俗に関する最も古い記録は、ヘロドトスの『ヒストリア』（歴史）に出てくるBC五世紀ごろの、スキタイ（南ロシア）の一部についての記述であろう。ローマ時代の地理学者ストラボもアイルランドの食人についての聞き書きを記しているが、彼はそれについて信頼できる証拠はない、とつけ加えている。

大航海時代になると、それまで知られていなかったヨーロッパ以外の各地の習俗が伝えられるようになり、それに伴って野蛮人の食人習俗に関する記録も著しく増加した。W・アレンズはこれらの記録の信憑性を疑い、この習俗を全面的に否定している。しかし、なかには、信頼性の高い記録もあるので、食人俗全部が否定されるには至っていない。

食人俗は犠牲者の所属や食人の動機によって、いくつかの分類が試みられている。次に一、二の例をあげる。

B・シュタインメッツ（一八九六）

Ⅰ　族内食人　犠牲者が食人者と同じ集団に属するもの。

1　単純性死体食人（葬式として）

2　老朽者食人（老人など）

3　食人的殺戮（嗜好、復讐）

4　儀礼的および呪術的食人

5　処刑的食人

Ⅱ　族外食人　犠牲者が食人者の集団に所属しない敵対者であるもの。

N・W・トーマス（一九一〇）

a　食料をうるための食人
1　余儀なく行われた食人（種々の遭難時）
2　単純性食人（人肉をうるための闘争）
b　儀礼的食人（葬式、親族によるもの）
c　呪術的食人
1　ある性質を獲得するため
2　加害者は被害者の霊魂に悩まされるために、死者の一部を食べる。
d　神に捧げる供物（古代メキシコ、フィジー諸島など）
e　刑罰および復讐
f　病気治療の目的

これらの分類は多くの信頼性の低い資料にもとづいているので、どこまでが実在したかはわからない。

人食いの〝神話〟

現在もしばしば食人の文献として引用される古典的文献の一つは、十六世紀中ごろに出版されたハンス・シュターデンの手記である。この本の英訳本は一九二九年に、ニューヨークで出版されているが、その原典を見ていないので、アレンズの著書などから要約してみよう。

シュターデンは十六世紀、平水夫としてポルトガルの船に乗り、南アメリカの東岸を訪れた。彼の乗った船は不運にも難破し、ブラジルの東海岸にたどり着いて、そこで食人者のトゥピナンバ族（トゥピン・インバ族）に捕えられた。幸いなことに、彼は食べられることなく、故郷のドイツに帰り、十カ月余りを彼らとともに生活したときの記録を刊行した。

それによると、当時ブラジル東岸の諸族間では、復讐が動機となって、戦争が行われていた。トゥピナンバ族では、復讐のために、捕虜を殺して食べていた。

ハンス・シュターデンの報告した16世紀のトゥピナンバ族の食人風俗

下図ＨＳはシュターデン

〈W. アレンズ：人喰いの神話, 岩波書店, 1982〉

捕虜は一定の期間、客人としてのもてなしを受け、食住ばかりでなく、身の回りの世話をする女性まであてがわれる。もし子供ができれば、この部族の一員として育てられる。ところが、子供が成人してから、急にその気になったとき、彼らは捕虜を殺して食べる（アレンズは、シュタ―デンが彼らの間で過ごしたのは一年に満たないので、彼はこの全過程を観察したはずはなく、この情報の根拠を知るてだてはないという）。

犠牲者の肉を食べる準備が進められ、友好的な近隣の客が招かれる。その日が来ると、「彼は件の場所に連れ出され、縛り付けられる。そして皆の前で、化粧して飾りたてた女達に、お前を食ってやるぞと、さらになぶられる。犠牲者が女達から被る心理的苦痛はこれで終りではない。女達は犠牲者の近くで火を焚き、じきに彼を先祖のもとに送るために用いられる棍棒を見せびらかす。最後に彼は男性の戦士によって処刑され……女達がその遺骸に、すぐさまとりつく。」（折島正司訳）

処刑が終ると、四人の女が手に手に一本ずつ犠牲者の手足を持ち、喜びの声をあげてムラのまわりをかけ回る。死体はそれから料理され、さも旨そうに平らげられる、というのである。

アレンズは、まず、十六世紀の一介の水夫が、独力でこの本を書いただろうか、と疑っている。この時代にもゴースト・ライターは存在したから、序文を書いたマーブルグ大学教授、ヨハン・ドリアンダーがまとめたのだろう、と推測している。

また、シュターデンはこのムラを訪れたフランス人に、自分の苦境を伝えることができなかった。それにもかかわらず、その同じ男が、インディオ同士の会話の多くを、詳しく伝えることができた。

彼は捕えられた翌日、どうやってシュターデンを食べようか、と相談している彼らの会話を、逐一書きうつしている（アレンズは、シュターデンに文字が書けたにしても、彼がノートをつけていた様子はみられない、と疑っている）。また、シュターデンの記憶力と敬虔さを物語る場面があり、彼は讃美歌「我れ深みより御身に向きて泣けり」を繰り返す。インディオは「この男は泣いているぞ。本当に悲しんでいるぞ」と反応する。アレンズは、インディオたちもドイツ語を素早く理解したところをみると、語学の才に恵まれていたのだろう、と皮肉っている。

ブラジルのインディオが食人をする、という情報はシュターデンだけでなく、それ以後も多くの著述家によって確認？され、彼らの野蛮な人食い人種としての評価は決定的なものとなった。人食い人種の典型はこのころにでき上ったものらしく、わが国でも、戦前、子供の漫画に出てくる人食い人種は、トゥピナンバ族の記述とほぼ同じで、捕虜の周りを踊るのが女性ではなく、男性である点が違うだけだった。アレンズはこういう怪しげな例をいくつもあげて、人食いの〝神話〟が作りあげられていったことを語っている。

だが、長い人類の歴史のなかには、飢餓のような特殊な条件下でなく、日常の食物として、人肉を食べていたことも、まれにはあったらしい。古代メキシコのアステカでは、一五一九年、エルナンド・コルテスの遠征隊と接触するまで、国家主催のかたちで、敵の捕虜や奴隷の肉を食べていた。哀れな犠牲者は神像の前で殺され、まだ動いている心臓が取り出されると、残りの死体は所有者に引き渡される。

マーヴィン・ハリスは、アテスカ人たちは牛馬などの草食動物を家畜として持たなかったので、人肉は効率のよい動物性食物源であった、という。彼は、人の肉を食べるからには、何かやむにやまれぬ理由があったに違いない、と考える研究者が多いのは、自民族中心の憶測にすぎない、と批判している。

先史時代の食人

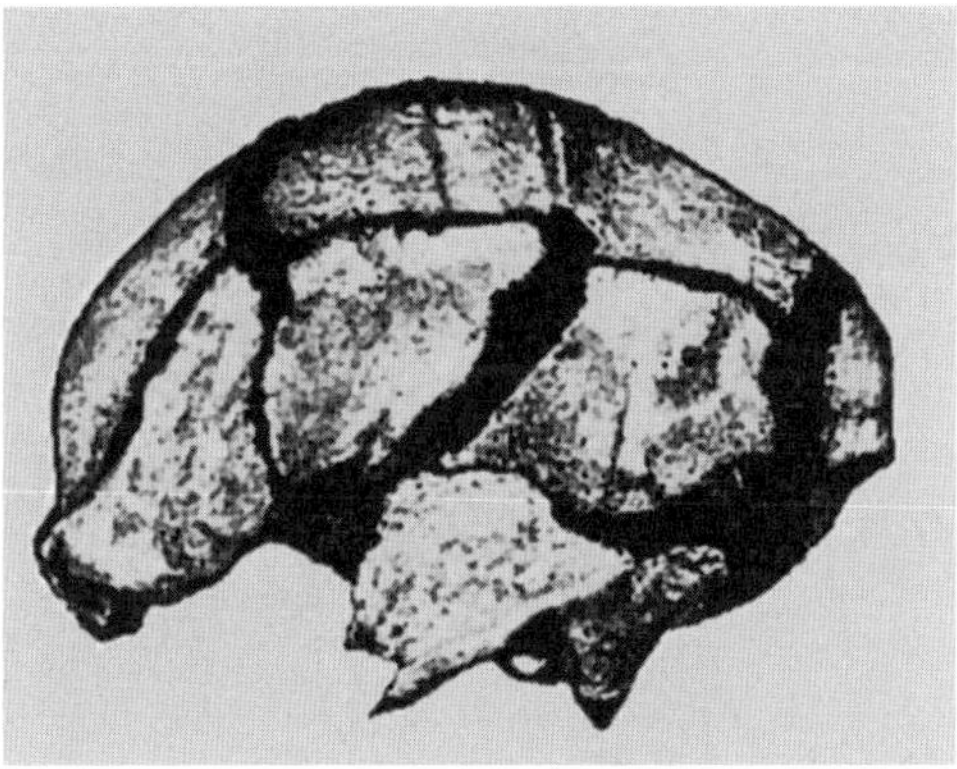

エーリングスドルフ頭蓋（Weidenreich）
〈Boule & Vallois, 1957〉

これまでの食人に関する資料が疑わしいとなると、今まで考えられてきたような、先史時代に食人が行われたことを証明することも困難になってきた。

先史時代の食人については、A・スプリングがベルギーのナムールに近いシャボー洞窟で、多数の人骨が獣骨とともに、灰や炭に混じって発見され、これを食人によるものと考えたのが最初である。

その後、フランスで、このような資料があい次いで発見されるに及んで、スプリングの説は支持されるようになった。ヨーロッパの遺跡で、食人を思わせるような出土状態は次の

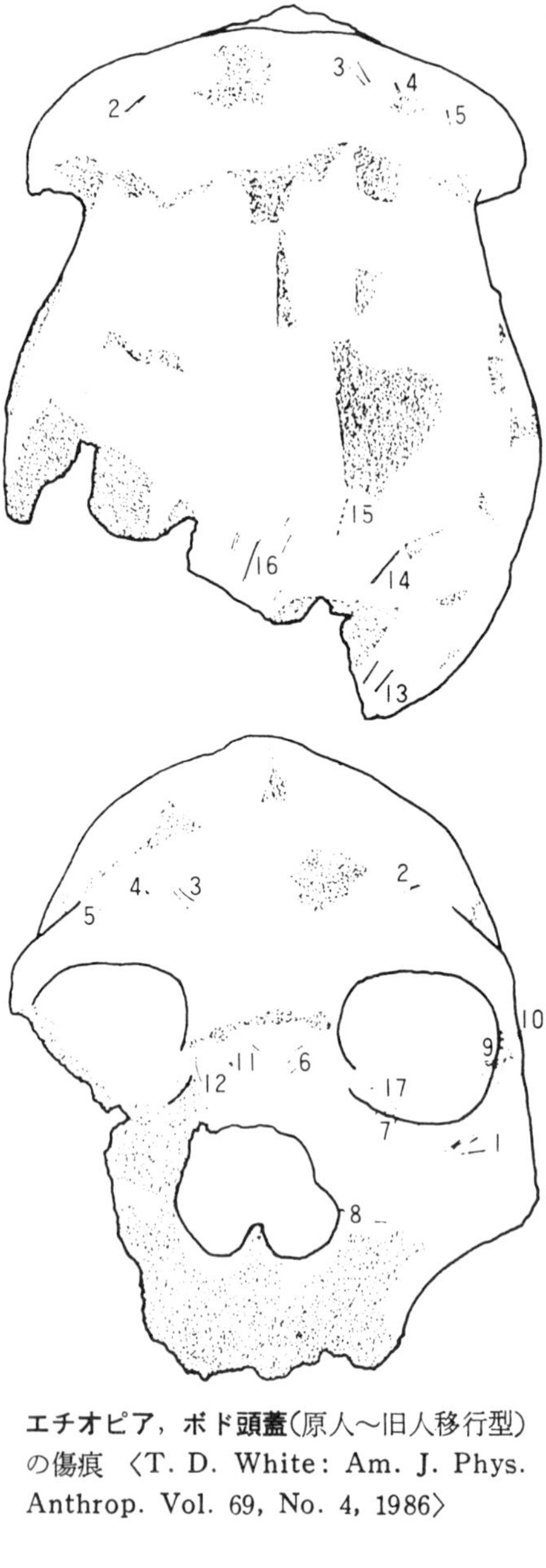

エチオピア，ボド頭蓋（原人〜旧人移行型）の傷痕　〈T. D. White: Am. J. Phys. Anthrop. Vol. 69, No. 4, 1986〉

ように要約されている。

1　二、三体ないし数体分の人骨が混在し、頭蓋や四肢骨には欠けた部分が多く、著しく偏っている。

2　これらの人骨は獣骨、土器、灰、木炭に混じって発見される。

3　人骨には焼けた部分がある。

4　切創や掻創のある人骨が発見される。

これまで、食人の証拠として、しばしば引用されてきたのは、ユーゴスラヴィアのクラピナ人骨である。後述するように、この人骨が食人を示すものかどうかについて、賛否両論があり、最近では否定的な見解が多くなりつつある。

エーリングスドルフで発見された頭蓋の一つは、F・ワイデンライヒによって、食人によるものと説かれている。この頭蓋の前頭骨には、一部に鋭く、一部に鈍い石器によると思われる創痕がある。この創が死因と思われ、それによって頭蓋が壊れ、縫合の分離を起こしているという。この頭蓋底も破壊されており、脳を取り出して食べた、と考えられた。

C・B・クルヴィーユによると、クラピナやエーリングスドルフの頭蓋も含めて、ヨーロッパ、北アフリカおよび西アジアのネアンデルタール人(旧人)頭蓋の約四〇パーセントに、傷痕が見出されるという。

これらの旧人と並んで、食人俗の議論でよく知られているのは、北京原人である。彼らが食人を行ったと唱えたのは、ワイデンライヒである。

彼によると、この人骨は、その当時、小児十五体を含む男女少なくとも四十体ぐらいが発見されている、と考えられていたにもかかわらず、頭蓋以外の骨はわずかであった。それらは上肢骨数片、鎖骨一、上腕骨二、手根骨一、大腿骨五、環椎一にすぎなかった。彼は、周口店では、どんな小さな骨でも見落される機会はない、と強調している。

これらの人骨片が、ハイエナなどの獣ではなく、人間によって洞窟内に運ばれたことは、次のような証拠があるという。

1　洞内の全域にわたって道具が散在している。

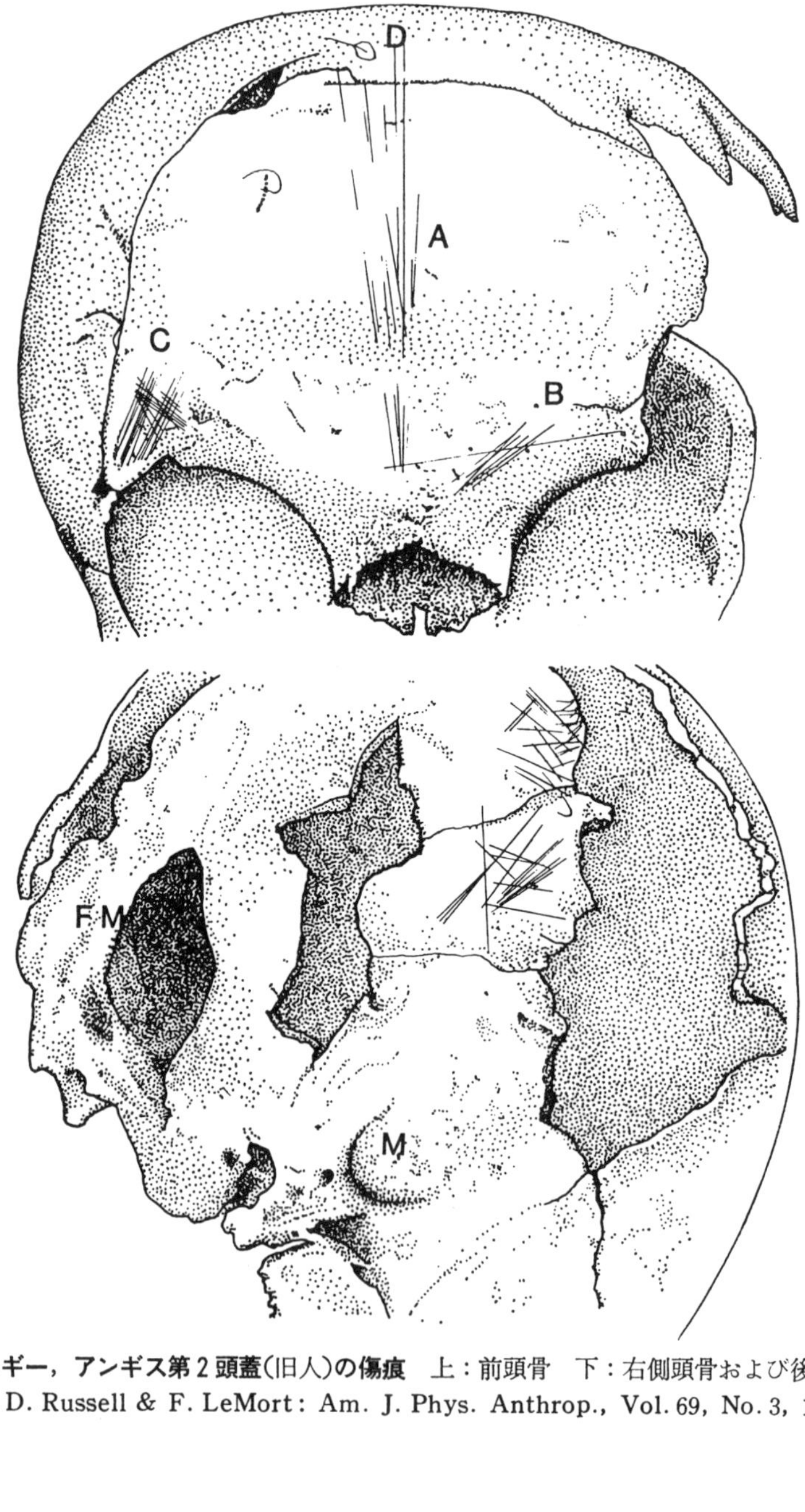

ベルギー，アンギス第2頭蓋(旧人)の傷痕　上：前頭骨　下：右側頭骨および後頭骨
〈M. D. Russell & F. LeMort: Am. J. Phys. Anthrop., Vol. 69, No. 3, 1986〉

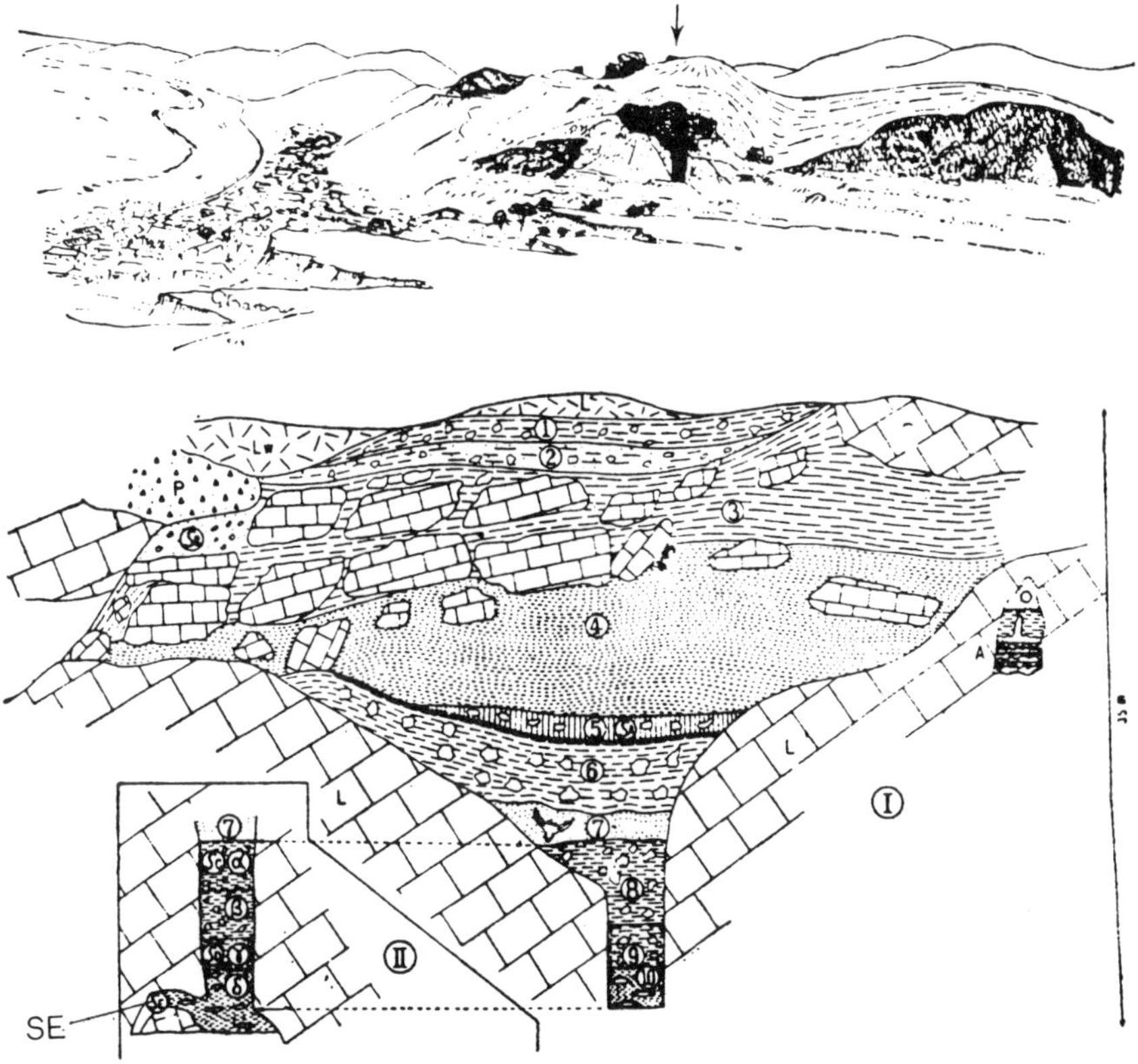

北京原人発見地　上：周口店付近の丘陵，中央に大きい洞口（第1号洞窟，矢印の下）が見える．下：第1号洞窟の堆積，SA–SE　原人骨出土地点，SE　第1号頭蓋出土地点 (Locus E). 〈M. Boule & H. V. Vallois: Fossil men, Dryden Press, 1957〉

2　火を焚いた跡があり、焼いたり割ったりした石片、獣骨片、炭、灰が見出される。

3　洞内の人骨は獣骨と混在している。

大腿骨の一つは焼けて黒くなっているし、骨髄腔が露出したり、横断された骨がある。これらの状態は獣骨と少しも変らない、とワイデンライヒは述べている。

頭蓋の大多数には、陥没、切創、亀裂がある。これらの創痕は洞窟の天井が落下してできたという説に対して、その壊れ方は押し潰されたという証拠はなく、切断線もそれらしい一定の形ではない、と彼は反論している。脳頭蓋の破片がそれ以外の部分を伴わずに、単独で発見され、また、五例の頭蓋はいずれも頭蓋底の大部分を破損しているのは、脳を取り出した、と考えられる。また、十四例の下顎骨には、完全なものは一つもなく、正中部が保存されているのは二例にすぎない。

このような所見から、北京原人は動物を狩るように、自分たちの同族を狩り、それを動物と同じ方法で処理した。彼らが人の頭蓋を壊したのは儀礼的か食べるためかを、決めることはできないが、長骨を壊したのは骨髄を取り出す目的のようであり、食人の可能性が考えられる、とワイデンライヒは結論した。しかし、この説は現在あまり支持されていない。

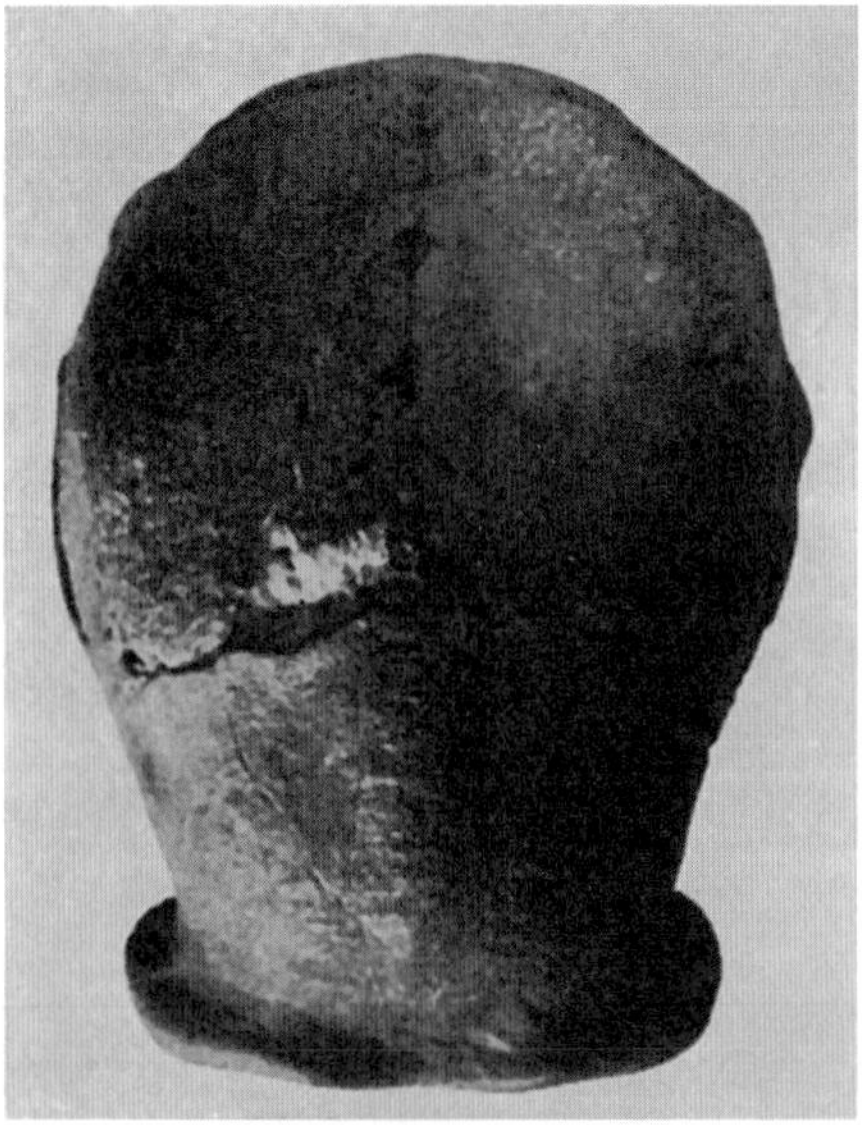
北京原人頭蓋（レプリカ）

これらの人骨が、実際に食人の証拠といえるかどうかを決めることは容易でないが、最近、クラピナ人骨について、食人説の検討が行われているので、それについて述べてみよう。

クラピナ旧人の食人説

旧石器時代人骨のなかでも、ユーゴスラヴィアのクラピナ洞窟から発見されたネアンデルタール人骨は、古くから食人の痕跡かどうかをめぐって、論争が続いている（表10）。

これらの人骨は一八九五年に発見され、それを調査したD・ゴルヤノヴィック・クランベルガーは、八〇〇個に及ぶ破片からなることを認めている。彼はこのような発見状態について、彼らの間で食人が行われ、儀礼的あるいは食料をうる目的で、骨を壊して、脳、骨髄、その他の軟部組織を取った、と説明している。

その根拠となった所見は次のようなものである。

1　頭椎および後頭骨の破片は、おそらく脳を取り出すために、頭蓋を壊したものと思われる。

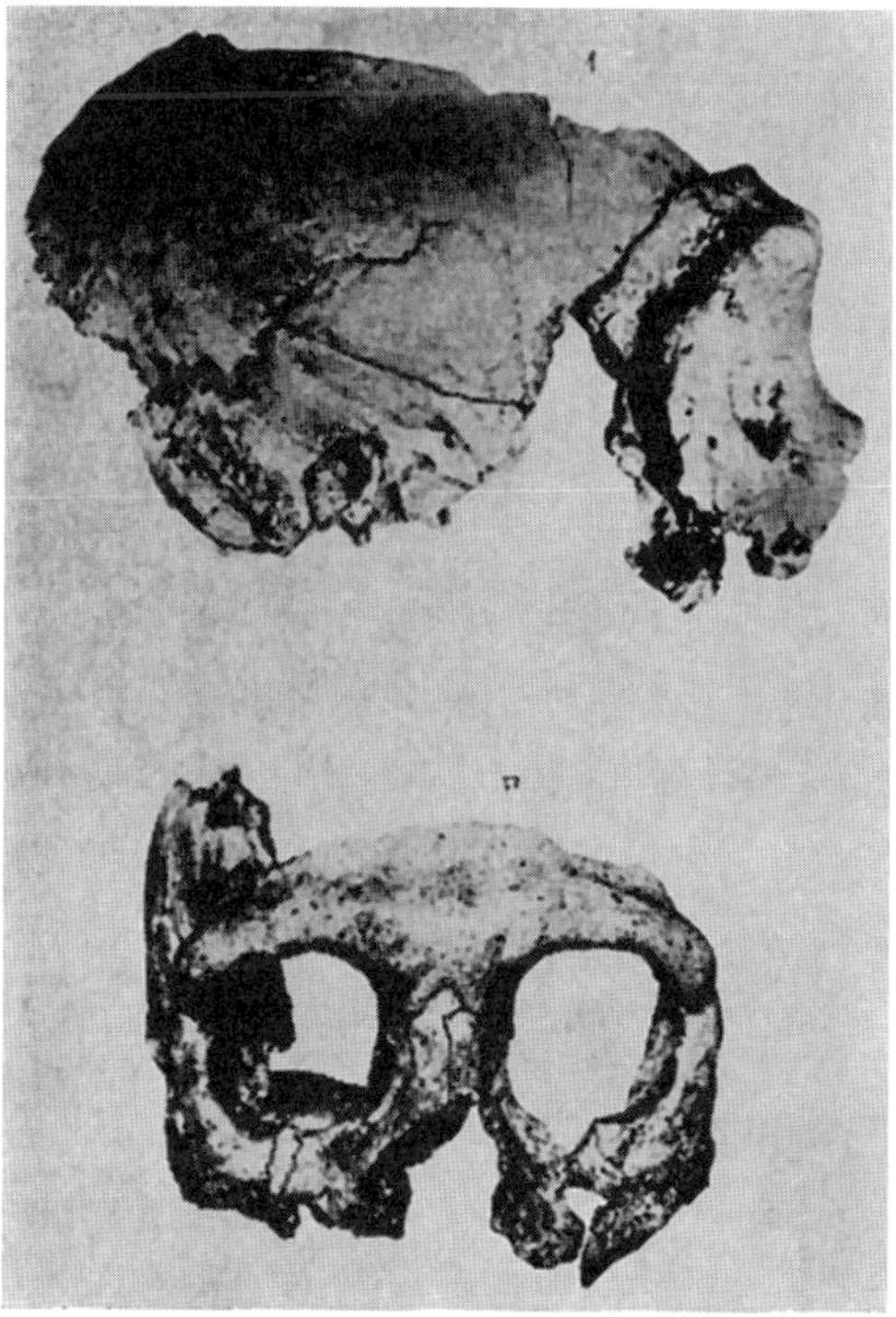

旧人頭蓋　クラピナ出土（Gorjanovič-Kramberger）〈清野・金関，1928〉

2　径の大きい長骨の骨幹部はおそらく骨髄を取り出したために、縦方向に割れている。径の小さい長骨は健全な状態にある。

3　長骨や頭蓋には"cut-mark"（創痕）がある。これは肉を切り取ったり、筋膜を剝がしたりした痕と推察される。

4　ある骨あるいはある部分が不釣合に多い。これは殺人のパターンおよび体の各部が岩陰に貯蔵されるか移されたパターンを示している。

Ⅱ. 非食人説

a. 発掘時のダイナマイト使用によるもの
- C. L. Brace 1957
- C. S. Coon 1963
- E. Trinkaus 1985

b. 大きい道具を使用したとする説
- E. Trinkaus 1985

c. 堆積土および落石の圧力によるもの
- E. Trinkaus 1985

d. 人以外の動物（食肉類）の行動によるもの
- G. A. De Mortillet 1900
- M. Martin 1907—1910
- W. C. Pei 1938
- M. Zapfe 1939
- R. Feustel 1969, 1970
- A. P. Hill 1976, 1980
- P. Shipman & J. Phillips-Conroy 1977
- L. R. Binford 1978, 1981
- H. T. Bunn 1981, 1982
- P. Shipman 1981
- P. Shipman & J. Rose 1983, 1984
- R. B. Potts & P. Shipman 1981
- R. B. Potts 1982

e. 洗骨
- M. D. Russel 1987

5　骨が焼けているのは、おそらくその部分を料理したのであろう。

6　各個体のそれぞれの骨には、関連性がない。

クラピナ人の頭蓋底はエーリングスドルフ人や北京原人と同じように、大後頭孔の周りが欠如し

表10　クラピナ人骨の出土状態に関する説

I. 食人説
- a. 脳および骨髄を得るため
  - D. Gorjanović-Kramberger 1906, 1909
  - H. Klaatsch 1923
  - A. Kieth 1928
  - A. Hrdlička 1930
  - B. Škerij 1939
  - C. B. Courville 1958
  - F. Oẑegović 1958
  - H. V. Vallois 1961
  - R. C. Howell 1965
  - M. K. Roper 1969
  - K. Tomić-Karović 1970
  - F. H. Smith 1976
  - H. Ullrich 1978
  - Z. Burian & J. Wolf 1978
  - B. Campbell 1982
  - J. Wymer 1982
- b. 骨髄を取り出すため（骨幹部の捻転・斜骨折）
  - D. Gorjanović-Kramberger 1906, 1909
  - H. Breuil 1938, 1939
  - F. Weidenreich 1941
  - R. A. Dart 1960
  - R. C. Howell 1965
  - R. Bonnichsen 1973, 1979

ている。これは現在の食人習俗においても見られる所見とされている。しかし、後頭骨の鱗部は保存されている。大腿骨や脛骨の骨幹部は縦に割れているが、数個の例外があるし、腓骨、上腕骨、尺骨、橈骨はほとんど割れていない。

また、多くの研究者はクラピナ人骨に〃カットマーク〃があることを記載している。H・ウルリッヒは、頭蓋の一四・四パーセント、それ以外の骨には三〇・一パーセントに〃カットマーク〃がある、と述べている。この〃カットマーク〃は、鎖骨、膝蓋骨、腓骨、下顎骨に多く、手骨、足骨、椎骨を除く大部分の骨にも見られる。

E・トリンカウスはクラピナ人骨の保存および破損状態を調べ、それを他の人骨の状態と比較している。クラピナでは、成人の上腕骨十七、尺骨八、橈骨九、大腿骨十四、脛骨十五、腓骨十四を数えるが、上腕骨、脛骨および腓骨の上端部、尺骨、橈骨および大腿骨の下端部は保存されていない。長骨の保存のパターンは他の遺跡でも同じであり、R・ダートもマカパンスガートの猿人で、これと同じパターンを観察しているし、〝埋葬〟されたネアンデルタール人の長骨でもほぼ同様である。すなわち、クラピナ人骨の保存状態は他のネアンデルタール人の多くの例と同じ傾向にあることを認めている。

骨が焼けているのも、ウルリッヒによると、クラピナ人骨では、頭蓋破片の六・八パーセント、それ以外の骨の〇・五パーセントにすぎない。トリンカウスによると、焼けた骨の大多数は実は人骨ではない、という。

また、クランベルガーは、人骨がばらばらになって、獣骨と混在していた、といっているが、彼の発掘技術では、同じ個体から骨がどれだけ分散していたかを決めることは不可能だ。最初信じられていたよりも、各部の骨は関連性があることを示唆している、とトリンカウスは疑っている。これは当時の発掘技術が未熟だった、といいたいのであろう。

トリンカウスはクラピナ人骨およびネアンデルタール人〝埋葬〟例の保存骨を比較し、両者とも頭蓋のほか、椎骨、肋骨、肩甲骨、指骨、寛骨のように、脆く小さい骨が多いことを指摘している。これはクラピナ人が死後まもなく広汎な破壊から保護されたことを示唆している、といっている。クラピナ人が迅速に埋れたのは、岩陰の壁が落下したと考えられるが、埋葬された可能性も否定できない、と結論している。

しかし、彼は食人説をまったく否定しているのではない。骨が焼けているのは、おそらく二、三の人骨は食人によるものであろうが、システミックな食人ではないだろう。岩陰の占拠をめぐって、彼らの間で暴力が偶発的に起こった可能性も述べている。

トリンカウスはクラピナ人骨についての観察はしているが、詳しいテストや比較はしていない。一九八七年、マリー・D・ラッセルはクラピナ人骨の破損状態についての顕微鏡的検査を行い、その二三パーセントは十九世紀末の発掘で、不注意に破壊されたことを示している、と発表している。そして、先史時代に破壊されたものは、骨髄を取り出すための特徴のある壊れ方ではないとして、堆積物あるいは落盤の圧力によって起こった、という仮説を支持している。

彼女はまた、クラピナ人骨の〝カットマーク〟といわれる線状の創痕を、ムステリアンの屠殺されたトナカイの骨、およびミシガン州ジァンツネン遺跡から出土した二十二例の人骨と比較している。ジァンツネン人骨はＡＤ一三二〇±七五年のもので、二次的に洗骨埋葬されたものである。

これらの資料を比較した結果、クラピナ人の〝カットマーク〟の解剖学的位置、肉眼的所見、線条の出現頻度はトナカイの屠殺痕とは似ていないが、ジァンツネン人骨の〝カットマーク〟と非常によく一致している。この〝カットマーク〟は最初の埋葬後、二次的埋葬の際、解体されて石器で肉を取ったものである。

これらのデータから、ラッセルは、クラピナ人骨の線条は石器で死体に刻まれたもので、おそらく洗骨葬のときの処置であろう、と述べている。このような詳しい検査はその他の食人の疑いのある人

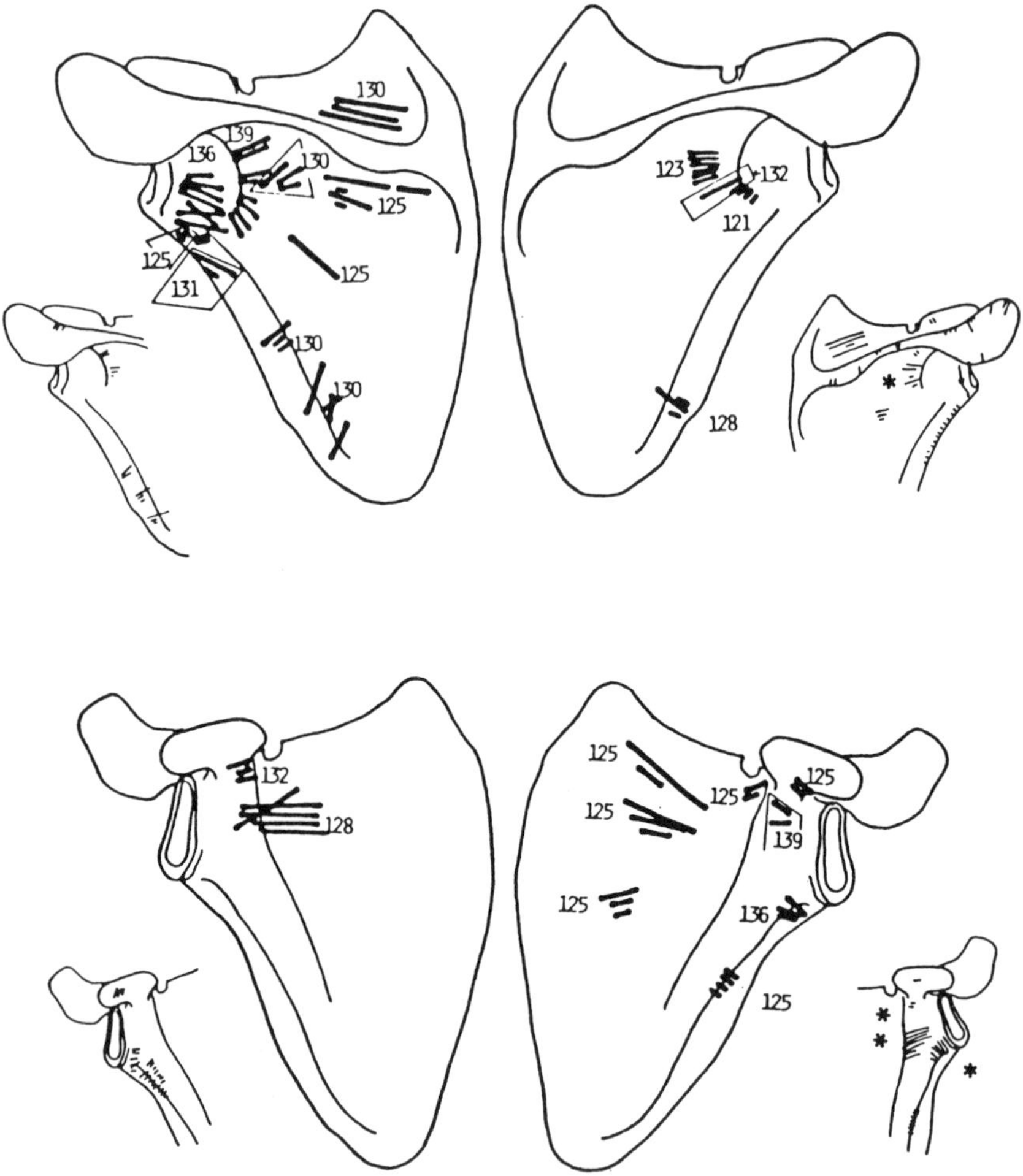

クラピナ（大きい図）およびジャンツネン（小さい図）出土肩甲骨のカットマーク

〈M. D. Russell: Am. J. Phys. Anthrop., Vol. 72, No. 3, 1987〉

骨に対しても行う必要がある。儀礼的、呪術的な食人あるいは偶発的な食人が行われた可能性は否定できないが、それを先史時代までさかのぼって証明することは、よほど条件に恵まれていなければ、むずかしいのではないだろうか。

中国における食人

中国文学には、しばしば食人が現れる。『水滸伝』『三国志演義』をはじめ、近代文学でも、魯迅の「狂人日記」「薬」「范愛農」などがあげられる。

吉元昭治によると、前漢時代ごろまで存在していたとみられる『黄帝内経』には、死体解剖がすでに行われていたことを示す記事があり、解剖と食人とは密接な関係が

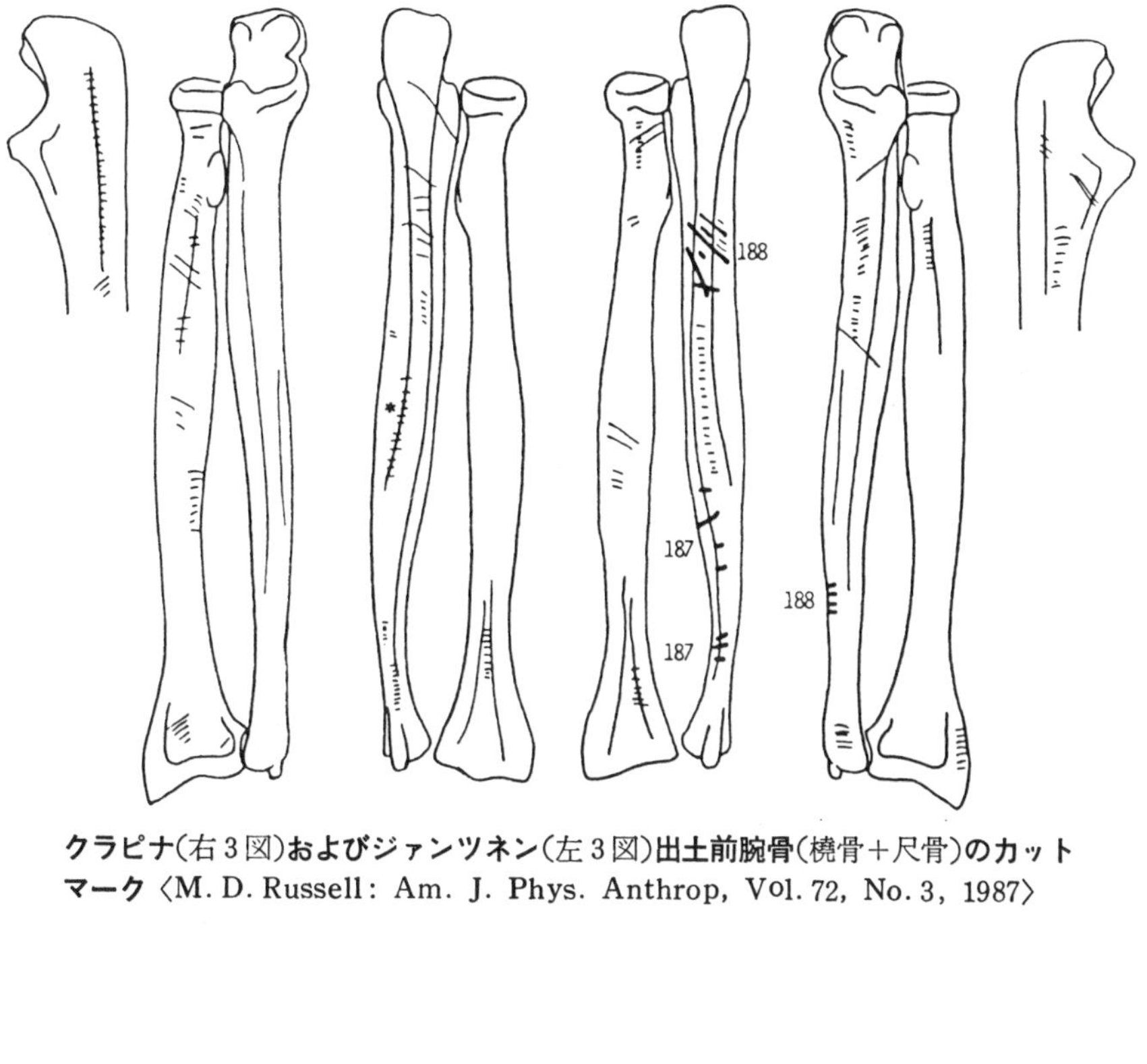

クラピナ（右３図）**およびジャンツネン**（左３図）**出土前腕骨**（橈骨＋尺骨）**のカットマーク**〈M. D. Russell: Am. J. Phys. Anthrop, Vol. 72, No. 3, 1987〉

ある、と説いている。

中野美代子によると、呉虞は『喫人と礼教』（一九一八）のなかで、古書から食人の証拠をいくつも引用している。『韓非子』には、コックの易牙《えきが》が主君の桓公のために、自分の子供を殺して献じた、ということが出てくる。『戦国策』には、魏の大将楽羊《がくよう》が中山の城を攻めたとき、その城主は楽羊の子を殺して、楽羊に進呈した話が載っている。また、元末の『輟耕録』には、「想肉」という項があり、人肉の味は「小児を以て上となし、婦女これに次ぎ、男子またこれに次ぐ」といって、その料理法を記し、古来の人肉嗜食者のリストをあげている、という。

宋代の荘綽《そうしやく》の著した『鶏肋編《けいろくへん》』では、人肉を「両脚羊」（二本足の羊）と呼び、子供の肉は「和骨爛」（骨ごとよく煮える）、女の肉は「不羨羊」（羊よりうまい）、男の肉は「饒把火」（たいまつよりはまし）とそれぞれ隠語で呼ばれ、その料理法も記されている。

中野はこのような例をあげて、中国人には食人を罪悪視ないしタブーとみなす気持がなかったのではないか、と疑っている。

中国の文献に出てくる食人を、桑原隲蔵は次のように分類している。

1　飢餓のとき。
2　籠城して糧食がつきたとき。
3　嗜好物として食べる場合。
4　憎悪の極、怨敵の肉を食べる場合。

5　医療の目的で食べる場合。

1―4は中国以外にもあり得るが、5は中国ではかなり行われていたらしい。医療の目的で人肉を食べるのは、吉元によると、唐代に陳臟器の著した『本草拾遺』（現在は散逸）に出てくるのが最初といわれている。『新唐書』の孝友伝には、父母の病気を治すために、自分の肉を割いて与えた孝子三十八人の名を載せているほか、数編の文献にも同じような例をあげている。はじめは、この行為を社会も官憲も奨励していたが、後にはあまりにも多くなり、売名行為として人肉を与えるものも出てきたので、一二六六年と一二七〇年には禁令が出た。しかし、この行為はいっこうに収まらず、明末になっても、まだ行われていた。清朝でも、一六五二年に禁令を出しているが、あまり効果がなかった、といわれる。

一七二八年、李盛山というものが、母親のために自分の肝臓を割いて与え、母の病気は治ったが、自分は死んでしまった。ときの皇帝雍正帝はそれを賞めた、という。また、米人アーサー・スミスは、ある中国人が自分の肉を割いたという傷痕を、得意そうに見せてくれた、といっている。

人肉が薬になるという根拠はどこから由来しているのだろうか。これは中国の民間療法ないし迷信であるから、現在のわれわれの常識で判断することはできない。吉元は、中国人の通訳から、中国では昔から、脚が悪ければ脚、肝臓が悪ければ肝臓を食べるとよい、といわれている。その通訳自身は体が疲れて調子が悪いときには、猿の脳を食べる、ということを聞いた。また、吉元は彼の祖父から、日清戦争のとき捕虜から、中国では死人が出ると、すぐ墓をあばいて持って行ってしまう、という話を聞いたことを記している。直接人肉を食べたというのではないが、これらの話も治療薬としての食人と関係がありそうである。

オセアニアにおける食人

日本人にとって比較的身近な食人の伝承は、中国よりもむしろ、インドネシア、オーストラリア、ニューギニア、ビスマルク諸島、フィジー諸島などのそれであろう。これらの地域の住民たちは最近まで〝人食い人種〟の汚名を着せられ、日本人研究者の間でも、現代食人俗の一大中心地として知られていた。これは欧米人によるこれらの地域の報告によるところが大きいが、これらの報告のなかには、疑わしいものも少なくない。これらの記録はどこまで信頼できるか疑わしいが、主なものを拾ってみよう。

オーストラリアでは、白人が入植するまで、原住民の間では、広く食人が行われていた。多くの種族では、死者も殺した人も食べた。これは食料不足と、その人の能力を自分のものにすることができるという呪術的な理由による、といわれる。

ニューギニアでは、食人はパプア人の間にかなり普及した習俗であったが、キリスト教の感化によって、なくなったという。この辺りに、何か作為めいたものを感じる。彼らは同族間の食人は非常にまれで、殺した敵の肉を食べる。白人は殺されたことはあるが、まだ食べられたことはないという。

その理由は、白人を食べると、その霊が彼らに移って苦しめる、というのであるが、この話も実際に食人の現場を確認していないことをうかがわせる。

フィジー諸島を中心とするポリネシアでも、かつては広く食人が行われていた、と信じられている。信憑性の有無は別として、フィジーでの食人はわが国でも詳しく紹介されているし、最近では、石毛直道も書いている。

ヨーロッパ人が来たとき、フィジーの住民は彼らを捕えて、しばらくは食物を与えて肥らせ、それから殺した。祭りのとき、この捕虜は小屋から連れ出され、苦しめられた末に殺された。肉の味は苦しめると甘くなる、と信じられたからだという。その肉は石を焼いた炉の上で煮た。この話は前にあげたシュターデンの話によく似ている。

人肉は平たい木皿の上に置かれ、木製のフォークで食べた。焼けた人肉を指で触れるのは禁じられていたからである。このフォークは家族の宝物として、父から子供に伝えられた。松岡静雄は明治三十一年（一八九八）、青年海軍士官として、フィジー島のスヴァに上陸したとき、道に迷って畑の中に踏みこんだ。その前日、旧酋長宅で、いろいろの殺人具を見せられ、また、内陸ではまだ食人の習俗があると聞いていたので、思わず首筋をなでて苦笑したと回顧している。しかし、松岡は食人の習俗については確認していない。

清野謙次は次のようなイギリス教会の報告を引用している。それによると、フィジーでは、一人の酋長が一人の人間を食べた。この酋長は食べた人間の数を記録するため、一人食べるごとに一個の石を置いて石積みをつくった。彼の死後、その子供が石を数えてみたら八二七個あった。これがこの酋長が一生の間に食べた人間の数にあたる、という。ただし、清野は、この記録はかなりおおげさで疑わしい、とつけ加えている。

このような話は信用できないとしても、葬儀のときに死者の肉を食べる儀礼的食人や、死者の能力を取りこむための呪術的食人は、あり得ることであろう。サモア諸島のアヌア島で、コーワンは、ある兄弟は父の肉を食べたと語り、それは亡父に対する追憶の情と、父が持っていた神性と魔力とを受けつぐためだ、という。しかし、ニューギニアやソロモン群島で伝えられている食人の話は、多くは推測にすぎない、と松岡は述べている。また、ミクロネシアのポナペ島でも、一八九〇年ごろ、食人があったといわれているが、単に伝承だけで証拠はない。

食人俗の疑われる縄文人骨

わが国の縄文時代に食人の習俗があった、とはじめて主張したのは、モースである。彼は大森貝塚の報告書“Shell mounds of Omori”（矢田部良吉訳『大森介墟古物編』）のなかで、四肢骨は十七個（上肢骨六、下肢骨十一）もあるのに、頭骨はわずか二個にすぎない。そのうち、九個以上は上下両端を欠き、一つには加工の跡がある。これらはまったくばらばらで、獣骨と混在して発見された。四肢骨の現存長は八〇―三〇四ミリで、一五〇―二〇〇ミリのものが過半数を占めることを記している。

ハインリッヒ・フォン・シーボルトは、食人の証拠と考えられる人骨は大森貝塚一カ所だけだと批判したのに対して、モースは、東京の貝塚（文京区小石川植物園内貝塚）、常陸の陸平《おかだいら》貝塚（稲敷郡美浦村馬掛岡平貝塚）、肥後の貝塚（下益城郡松橋町大野当尾貝塚）からも、まったく疑う余地のない食人の資料が発見されている、と反論している。

この説は、坪井正五郎、鳥居龍蔵、N・G・マンローにも引きつがれた。鳥居は、武蔵、下総、常陸の貝塚では、まだ埋葬場が見出されず、これらの人骨は食人の跡としか説明できない、といっている。

モースは、フロリダ州セント・ジョーンズ河畔の貝塚から発見された食人の証拠と、大森貝塚の人骨とは同じ状態だといって、次のようなジェフリス・ワイマンの報告を引用している。

1　死体は普通に埋葬されたものではなく、埋没時すでに破損していたことが明らかである。
2　人骨は獣骨と同じように、小さく割れていた。
3　骨の割り方には一定の方法があり、関節面を外し、骨幹は中央で折っている。

この記述は大森貝塚の人骨と完全に一致するので、日本に食人の風習があったことは間違いない、と結論づけている。

その後、全国各地の縄文遺跡から、埋葬された人骨が多数発見されるに及んで、食人説は影が薄くなった。小金井良精は、大森貝塚の人骨が短く折れて、獣骨と混じっているのは、貝塚が長い間に攪乱されたのであろう、と考えた。

小金井が食人説を否定して以来、わが国では、彼の権威によって、昭和十年代まで、食人説を主張した人はいなかった。昭和十三年になって、鈴木尚は数ヵ所の貝塚から発見された縄文人骨に、鋭利な創痕があるのを認めた。

愛知県渥美郡伊川津町伊川津貝塚
岩手県陸前高田市広田町中沢浜貝塚
北海道室蘭市本輪西貝塚
岡山県倉敷市粒江羽島貝塚

の四ヵ所である。とくに、中沢浜貝塚の人骨には、焼けて黒色ないし灰色になった大腿骨があることをあげている。

鈴木はそれに続いて、富山県氷見市大境白山社洞窟、愛知県宝飯郡小坂井町稲荷山貝塚の人骨器を報告し、これらを食人に関係あるものと考えた。そのほか、栃木県宇都宮市大谷寺洞窟（小片丘彦）、神奈川県横須賀市吉井城山第一貝塚（鈴木）、愛知県知多郡東浦町宮西貝塚（吉岡）の縄文人骨でも、食人が疑われた。

弥生時代のものとしては、出土人骨が少ないこともあって、食人俗が疑われているのは、神奈川県三浦市大浦山洞窟の人骨だけである。

鈴木はモースの発掘した大森人骨を再調査し、骨は短く折れているし、創もあるが、これを切創とするには、ややちゅうちょする、と述べている。しかし、山口敏はこれらの骨を再記載し、二本の大腿骨に小さな切創があることを認めている。

鈴木は、大森人骨の食人説には否定的であるが、自分の報告した人骨については、次のような根拠をあげて、食人の可能性を説いている。

1　伊川津人骨の埋葬状態は人骨本来の位置関係が崩れている反面、自然の位置関係を保っている。これは洗骨よりも食人を考える方が容易である。

2　一定の個所に切創があることは、一定の方式に従って解体されたと考えられる。とくに、四肢骨では、関節面とそれに近い部分に集中していることは、関節から離断されたことを示している。

3　切創の性質は人と獣を解体する際の利器と同じであったと思われる。

4　日本の周辺地域には食人俗があり、過去の日本に食人の風習があったとしても、不思議ではない。

5　伊川津人のほとんどの頭蓋には抜歯があるのに、食人の疑われる人骨にはそれがない。これは伊川津人とあい容れない他部族の人骨ではないだろうか。

伊川津人骨以外の骨については、その出土状態について、詳しい記載がないが、食人が疑われる根拠として、

1　完全なものが少なく、獣骨と同様に割られている。

2　失われた部分が多く、保存されている部分が偏っている。

3　切創があり、一定の個所に多い。
4　骨の割り方に一定の方法がある。
5　獣骨と混在している。

があげられる。大森人骨もこれらの条件を満たしており、大森人骨だけを除外するのは妥当でない。

国分直一はいくつかの民俗例をあげて、縄文人骨の食人説を検討している。彼は、縄文遺跡にも二次的に収骨したと考えられる埋葬例がいくつか報告があり、弥生時代の箱式石棺のなかにも、明らかに骨寄せを行った形跡を示すものがある、と指摘している。また、鈴木が抜歯のない人骨に食人の疑いがあると述べているのに注目し、この人骨の鎖骨や肩甲骨に創があるという記載から、馘首《かくしゅ》（首狩り）が行われた可能性がある、と述べている。

また、中沢浜貝塚の大腿骨のように、中央部に切創があるのは、必ずしも食人でないかも知れないといって、次のような事例をあげている。大分県速見郡日出町では、近年まで、死者の脛骨を折り、それによって血液が流れ出るのを防ぐために、甕の底にわらを敷いて、坐葬にした。下関市安岡付近でも、脚を折って甕に収めた例があり、薩南（鹿児島県）では、脚を「打ち折るぞ」といいながら、折るまねをして、坐葬にする事例がある。このように、死者の骨を折ったり、手足を切り取る例は、オーストラリア、アフリカ、インドネシアにわたっている、と述べている。

これらの事例から推測されるように、大森貝塚の人骨には切創がなくても、台湾原住民のように、骨を叩き割ってしゃぶった、と考えられることと、死者の骨を叩き折って埋葬した可能性が考えられることを示した。そして、中沢浜貝塚の創痕は下肢を折る習俗、と国分はみている。

私はこれらの人骨が食人の行われた可能性があることを否定するものではないが、国分のあげた事例は、食人以外の可能性をも示唆するものとして、興味がある。今後はさらに、ラッセルがクラピナ人骨で行ったような、詳しい検査が必要であろう。

日本における食人

日本に食人の習俗があったという記録はないが、飢饉のときに、人肉を食べたことが記録されている。最も古いものは、養和年間（一一八一―一一八二）、東北大飢饉のとき、人々があい食いした、ということを、鴨長明が書いている。

高山彦九郎の『北行日記』には、東北地方の天明飢饉の惨状が記されている。寛政二年（一七九〇）六月七日、彼は江戸を発ち、十日以後、食人の記録が現れる。

それには、死人を墓から掘り出して、手の指を切り、それを串に挿して、炉で焼いて食べたり、川に流れてきた死体の肉をそぎ取る話が出てくる。強者は弱者を殺して食べ、あるいは馬を取り入れて食べた。小屋に火をかけて焼いた跡を見ると、そこには人骨・馬骨が山のようにあった。今まだ生きている自分の母が餓死したら、その死体を譲るという条件で、他家に死体を乞う話などがある。人肉は脂が強く、馬、猪、鹿の肉よりも味が優れていること、食べ方には、生食、煮食、焼食があったことが書かれている。

近くは、明治十年(一八七七)の西南の役の最中、肥後や薩摩では、しばしば人肉を食べた、と寺石正路が記している。しかし、これらの食人は偶発的なものであって、習俗として行われていたものではない。

わが国で報告されている事例で、比較的多いのは、葬式のときに行う儀礼的食人である。田代安定は、沖縄県八重山群島で、昔、人が死ぬと、みんな寄り集って、その肉を割いて食べた、という伝承を報告している。

国分もまた、儀礼的食人かそれに類する事例を集めている。沖縄では、人が死ぬと、親類縁者が集って、その肉を食べたが、後世それを改めて、人肉の替りに豚肉を食べるようになった。だから、今でも近い親類のことを真肉親類(マッシンオエカ)という。宮古島では、葬儀に行くことを「骨嚙りに行く」といい、石垣島では、それを「人食いに行く」という。対馬や鹿児島県伊佐郡では、葬式の手伝いに行くことを「骨こぶり」に行くといい、下関市吉見、彦島、内日では、葬儀のとき、親族はこげた飯をかじり、それをホネカミまたはホネカジリと呼んでいる。下関市安岡、小野、高道、勝山では、ホネカミと称して小豆を嚙む。

山口県豊浦郡豊浦町川涌田では、火葬の後、その灰をなめると、夏やせしないといわれ、両親の灰をなめたから、父母は自分の体のなかにいる、という自覚を持っている青年がいた、という。この事例も儀礼的、呪術的食人に入れてよいだろう。

日本の南島には、第二次葬のとき、獣肉を食べる習俗がある。南種子町や薩南では、法事のとき、獣骨や魚骨に焼酎を注いで飲むことを「骨洗い」という。この言葉は洗骨によって、本格的な葬礼が終ったことを意味する過去の名残りであろう、と国分は述べている。大隅の高山、串良では、鶏骨や魚骨を入れた吸物に焼酎を入れて飲む、ホネカミという行事がある。国分町ではホネススギといい、この際には祝事のはじめに行われる。国分はこれらの行事も洗骨儀礼の反映とみている。

これらの事例は西南日本に限られているが、日本でも、かつては儀礼的、呪術的食人や洗骨の習俗が広く行われていたことを、推察させるものであろう。

さきに、中国では、古くから治療薬として人肉を食べる習俗があることを述べたが、日本でも、それに類する行為が行われている。

寺石は、明治二十六年、大分県速水郡杵築村で、母親の眼病の治療薬として、胆《きも》(肝臓)を黒焼きにして食べさせるため、妻を殺して逮捕された男の話を載せている。また、西南の役に従軍した九州人のなかには、戦死者から肝臓や心臓を取って持っている人が多い。これは古くから全国的に、人の肝臓を食べると病気に効験があるという迷信が、秘かに流布しているのだろう、と述べている。

抗生物質が普及する以前、肺結核や梅毒などは不治の病とされてきた。これらの難病に苦しむ人々の一部には、死体、どくろ水、脳漿(脳脊髄液?)、頭骨を黒焼きにした粉末などを飲むとよい、という迷信が秘かに伝えられてきた。

藤井正雄によると、山形県山寺(宝珠山立石寺)に慈覚大師の遺骨があり、この地方に疫病が流行したとき、その遺骨をいただいて治った、という伝説がある。昭和二十三年十一月の調査で、その骨に削り取られた跡が認められ、この伝説の信憑性が確かめられた。

藤井は明治以降の新聞記事などから、治療薬としての食人の事例を集めている。それを見ると、明治十六年から昭和二十年までに、その分布は、神奈川、静岡、岐阜、愛知、富山、京都、大阪、岡山、広島、香川、熊本の各府県にわたり、十七件を数えている。使用された部分と適応症をまとめると、次のようになる。

脳	肺病、梅毒
脳の黒焼き	肺病、ぜんそく、その他の難病
どくろ水	肺病
脳漿	性病
頭蓋の黒焼き	梅毒
人骨	梅毒（どくだみとともに煎じて服用）
人骨の黒焼き	中風
人骨の粉末	肺病、梅毒、骨折
人骨灰	肺病、火傷（塗布）

これを見ると、病気治療としての食人が意外に多く、根強く伝えられているのに驚かされる。

日本では、古来、食人はタブーとされてきたせいか、明治以前の古い記録は、私の知る限りではないようである。しかし、東洋医学の普及していた日本でも、治療としての食人は早くから伝わっていただろうし、江戸時代あるいはそれ以前から、民間で行われていたことは容易に想像できる。ただ、中国と違う点は、この伝承は水面下で秘かに伝えられていたので、習俗として表面に表れたり、記録されることがなかったのであろう。藤井のあげた例は事件として警察ざたになったものがほとんどであり、世に表れていないものも、少なくなかったに違いない。

14　大後頭孔損傷

大後頭孔損傷の報告例

死後、頭蓋に損傷を加えたものとして、大後頭孔損傷と呼ばれる変化がある。頭蓋底には、脳に続いて脊髄の出る大後頭孔という大きな孔がある。これは長径が三―四センチもある、楕円形ないし卵円形の孔であって、その周縁が壊されていることがある。大後頭孔の下方には、脊柱が連結しているので、生きている間に、この部分を露出することはできない。

大後頭孔損傷は古く旧石器時代の頭蓋に見られる、とされている。ドイツのエーリングスドルフおよびシュタインハイム、イタリアのモンテ・チルチェオ、ジャワのガンドン(ソロ人)から発見されたネアンデルタール頭蓋である。エーリングスドルフ頭蓋は、F・ワイデンライヒによると、前頭骨に猛打の跡をとどめ、頭蓋底が欠損している。シュタインハイム頭蓋も大後頭孔の全周がえぐり取られている、とH・ワイナートは記している。ローマ南方のモンテ・チルチェオから発見された頭蓋では、大後頭孔の周囲が横楕円形に拡大されている。ジャワのガンドン頭蓋の一つは頭蓋底の前部から顔面頭蓋にかけて、完全に失われている。

C・マキシアとA・フロリスは、カグリアリ、ササリおよびローマの人類学博物館のコレクションを調査し、五・三—一二・二パーセントの頭蓋損傷を認めている。ヨーロッパでは、そのほか、イタリアのサクソニーの青銅器時代頭蓋、プロシア・ブランデンブルグのプラチコ頭蓋に、頭蓋底の損傷

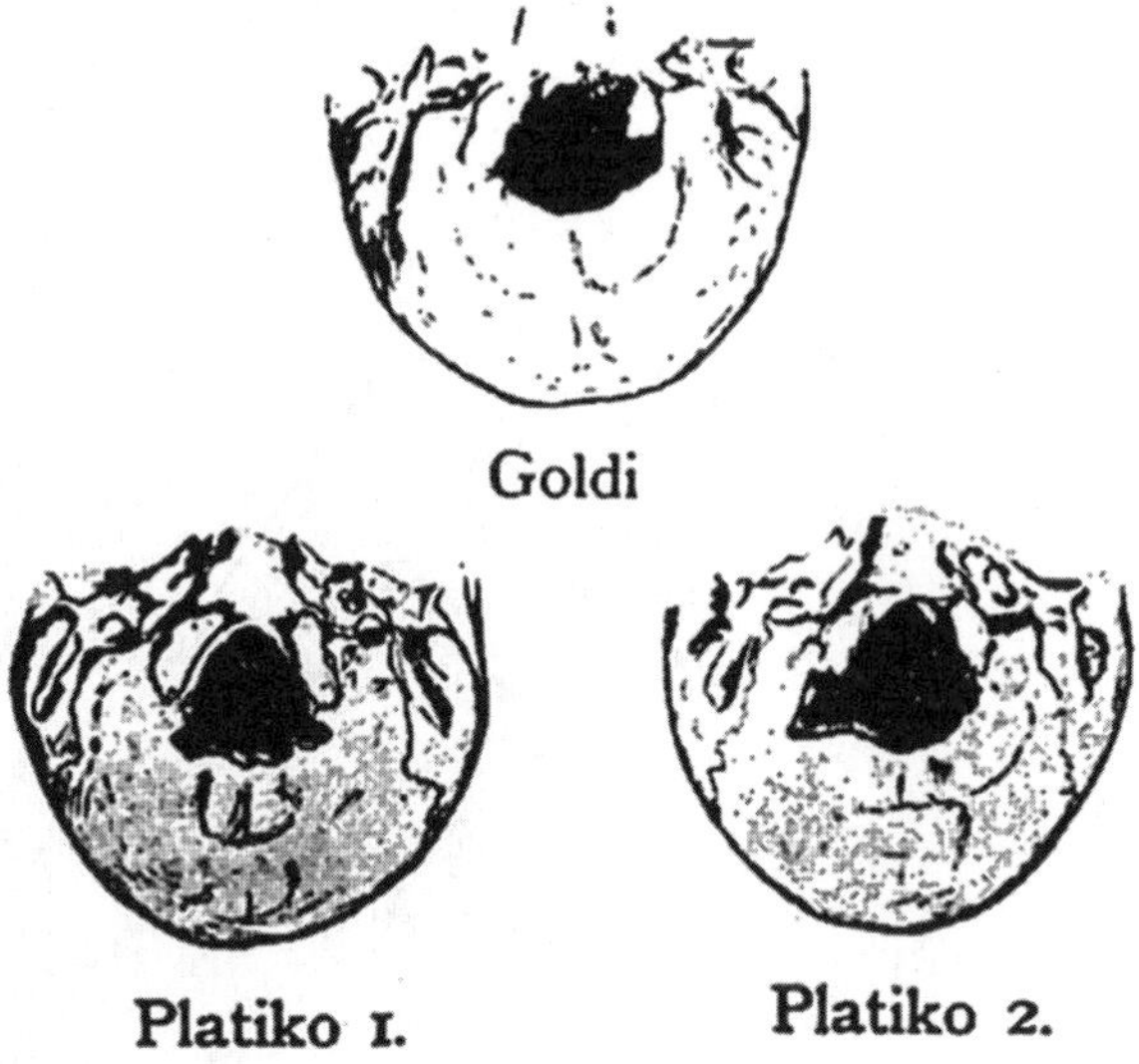

大後頭孔損傷　上：ゴルチ頭蓋　下：プラティコ頭蓋（スラブ族）〈S. Kodama: Ainu, 1970〉

表11　大後頭孔損傷報告例（アイヌ）

報告者	地域	頭蓋数	例数	%
Kopernicki 1881,1886	樺太	20	12	60.0
Virchow 1882	樺太,北海道	7	2	28.6
小金井 1890,1892	北海道	166	20	12.0
Terenetzky 1890,1893	樺太	44	多	——
清野 1925,1928	樺太	52	6	11.5
Montangdon 1927	樺太,北海道	10	3	30.0
児玉 1970*	北海道	546	109	20.0
〃　〃	樺太	50	9	0.2
〃　〃	占守島	30	0	0
総計**		881	161	18.3

* 大後頭孔以外の頭蓋損傷を含む.
** Terenetzky の報告例を除く.

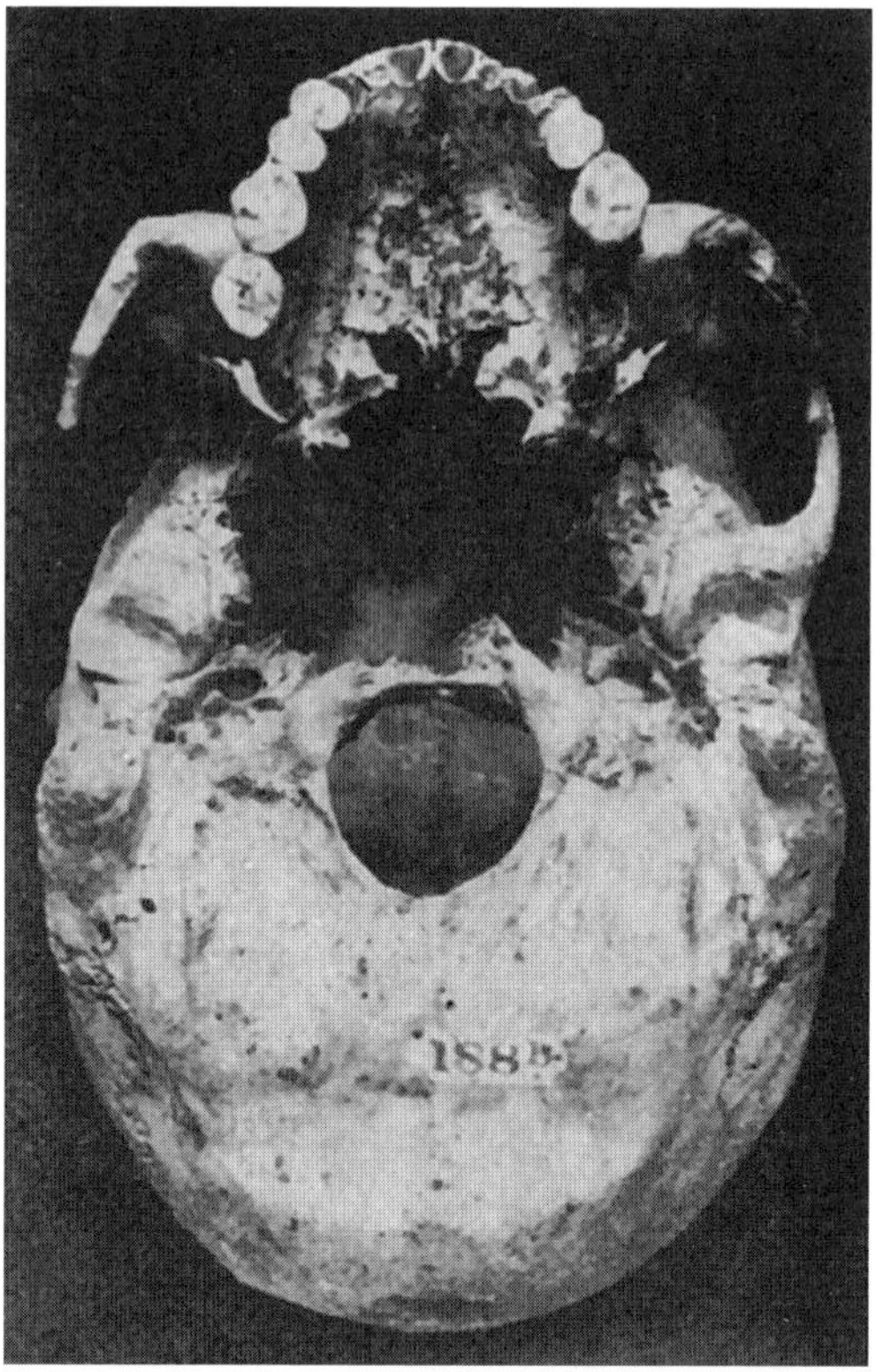

頭蓋底損傷　キリスト教伝来以前のヌビア頭蓋
〈D. Brothwell: Diseases in antiquity, 1967〉

が認められている。

アジア地域での大後頭孔損傷の報告は多い。ワイデンライヒは、北京原人の頭蓋五例全部が頭蓋底の大部分を失っていることを認めているが、これを大後頭孔損傷とするのは疑問である。

I・コペルニッキーは樺太アイヌ頭蓋二十個のうち、過半数の十二個に大後頭孔損傷を認めた。R・ウィルヒョウは樺太および北海道のアイヌ七例中二例に、小金井良精は北海道アイヌ一六六例中二十例に、大後頭孔損傷があることを報告している。A・テレネッキーは四十四個のアイヌ頭蓋を調査し、多くの損傷が認められたと述べているが、はっきりした数は記していない。G・モンタンドンは樺太と北海道のアイヌ頭蓋十例のうち三例に、この損傷を認めている。

清野謙次は樺太アイヌ五十二頭蓋のうち六例に大後頭孔損傷を認めた、と報告している。彼はまた樺太および北海道の近世アイヌ墓（金属器時代）の頭蓋には、八パーセントぐらいの頻度でこの損傷が見られるが、地方差がある、と述べている。

多数のアイヌ頭蓋について、その人工的損傷を調査したのは、児玉作左衛門である。彼は北海道、樺太、千島から収集した六二六個に及ぶアイヌ頭蓋を調べ、一六一例、一八・三パーセントに頭蓋の損傷があることを報告している。これらのなかには、大後頭孔損傷のほか、眼窩縁、下顎枝、第一頸椎の損傷を合併したものが少数含まれている（表11）。

清野は樺太ススヤ（鈴谷）貝塚の石器時代墓地から出土した五頭蓋のうち、三個に大後頭孔の損傷を認め、これをアイヌの古俗と考えた。後に、児玉は、これらの頭蓋は石器時代のものであるから、オホーツク文化を持ったモヨロ（最寄）貝塚人であるとして、アイヌから除外している。

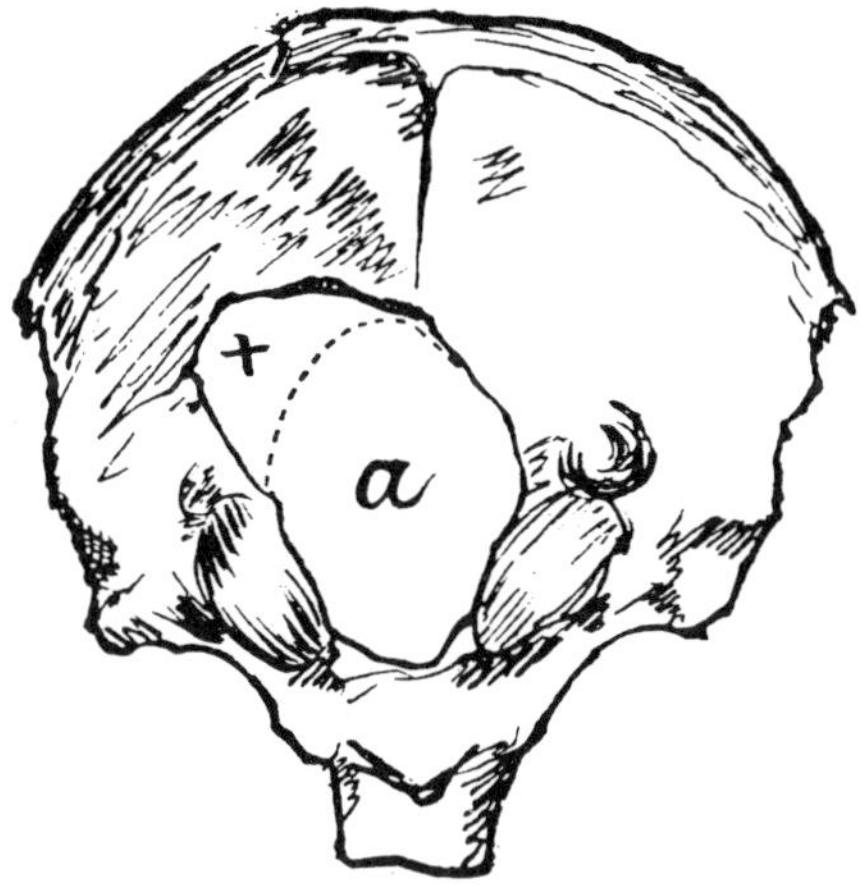

大後頭孔損傷（×印）　a：大後頭孔（金沢市柳原）〈鈴木文太郎：北陸人類学会誌１編，1896〉

このような損傷が日本にもあったことは、意外と知られていない。明治二十六年（一八九三）、鈴木文太郎は金沢医科大学（金沢大学医学部の前身）解剖学教室所蔵の後頭骨を報告している。この人骨は金沢市柳原の墓地から発見されたもので、大後頭孔の後縁左側が破損している。

そのほか、アジアでは、シベリア・アムール河流域のゴルヂ人およびオルチュア人、中国熱河省赤峰郊外の後山後出土頭蓋（金石併用時代）、北アメリカでは、カナダ・バフィン湾のエスキモー、アフリカでは、ガボンおよ

表12　大後頭孔損傷報告例（アイヌを除く）

種族	地域	報告者	頭蓋数	例数	%
日本人	金沢市	鈴木(文) 1893	——	1	——
モヨロ貝塚人	モヨロ貝塚	児玉 1970	85	3	3.5
	樺太ススヤ貝塚	清野 1925	5	3	60.0
	〃	児玉 1970	12	6	50.0
	千島・石器時代	〃　〃	——	0	——
中国人	熱河省赤峰	三宅 1937	——	1	——
ゴルヂ人	シベリア・ボロンシー	Virchow 1893	——	1	——
オルチュア人	シベリア・コト	Schrenck	——	1	——
オーストラリア人	オーストラリア	山口 1964	420	13	3.1
パプア人	ニューギニア	〃　〃	——	1?	——
ポリネシア人	マカテア島	三宅 1937	——	1	——
ニグロ	ガボン	Benington 1912	——	1	——
	コンゴ・バテテラ族	〃　〃	——	1	——
エスキモー	バフィン湾	Kopernicki 1886 Montandon 1927	——	1	——
スラブ	プロシア・ブランデンブルグ	Virchow 1893	4	2	50.0
イタリア人	新石器時代	Maxia & Floris 1961	20	11	55.0
	中世・近世	〃　〃	274	2	0.7
	Cagliari	〃　〃	180	22	12.2
	Sassari	〃　〃	908	48	5.3
	Roma	〃　〃	292	24	8.2

びコンゴの黒人などに、その少数例が報告されている。

山口敏はオーストラリア原住民の三・一パーセントに、大後頭孔損傷を認め、仏領ツアモツ群島のアカテア島住民、パプア人にも知られている（表12）。

頭蓋の損傷状態

コペルニッキーは、樺太アイヌの頭蓋では、大後頭孔の後部、ときには外側部あるいは後頭顆が損傷されているという。ウィルヒョウは、大後頭孔の左あるいは右が壊れ、拡大されているものが多いと述べた。小金井は、観察した八例のアイヌ頭蓋はすべて大後頭孔の後方が損傷し、孔の左右どちらかに偏っていたと報告している。

児玉は多数のアイヌ頭蓋の観察から、大後頭孔損傷を次の五型に分けている。

Ⅰ　損傷が正中線を越えて右方へ拡がるもの。
Ⅱ　損傷が正中線を越えて左方へ拡がるもの。
Ⅲ　損傷が大後頭孔の後角に限局するもの。
Ⅳ　損傷が大後頭孔後縁の両側にわたるもの。
Ⅴ　損傷が大後頭孔後縁の片側に限局するもの。
　1　左側に限局するもの。
　2　右側に限局するもの。

これらのタイプでは、Ⅳ型が最も多く（四〇・九パーセント）、Ⅲ型がそれに次いで多い（一九・三パーセント）（表13）。

表13　アイヌ頭蓋の大後頭孔損傷
（児玉，1970）

型	例数	%
Ⅰ	12	13.6
Ⅱ	9	10.2
Ⅲ	17	19.3
Ⅳ	36	40.9
Ⅴ	14	15.9
1	4	
2	10	

表14　アイヌ頭蓋の大後頭孔損傷
（児玉，1970より作成）

型	ヤクモ	オシャマンベ	オトシベ	ウラホロ	サカエハマ	その他	計
Ⅰ	2	2	2	2	2	3	13
Ⅱ	3	1	1	2	1	4	12
Ⅲ	12	2	3	0	0	2	19
Ⅳ	13	0	14	7	1	2	37
Ⅴ1	1	1	3	0	0	3	8
Ⅴ2	8	0	0	1	0	1	10
計	39	6	23	12	4	15	99

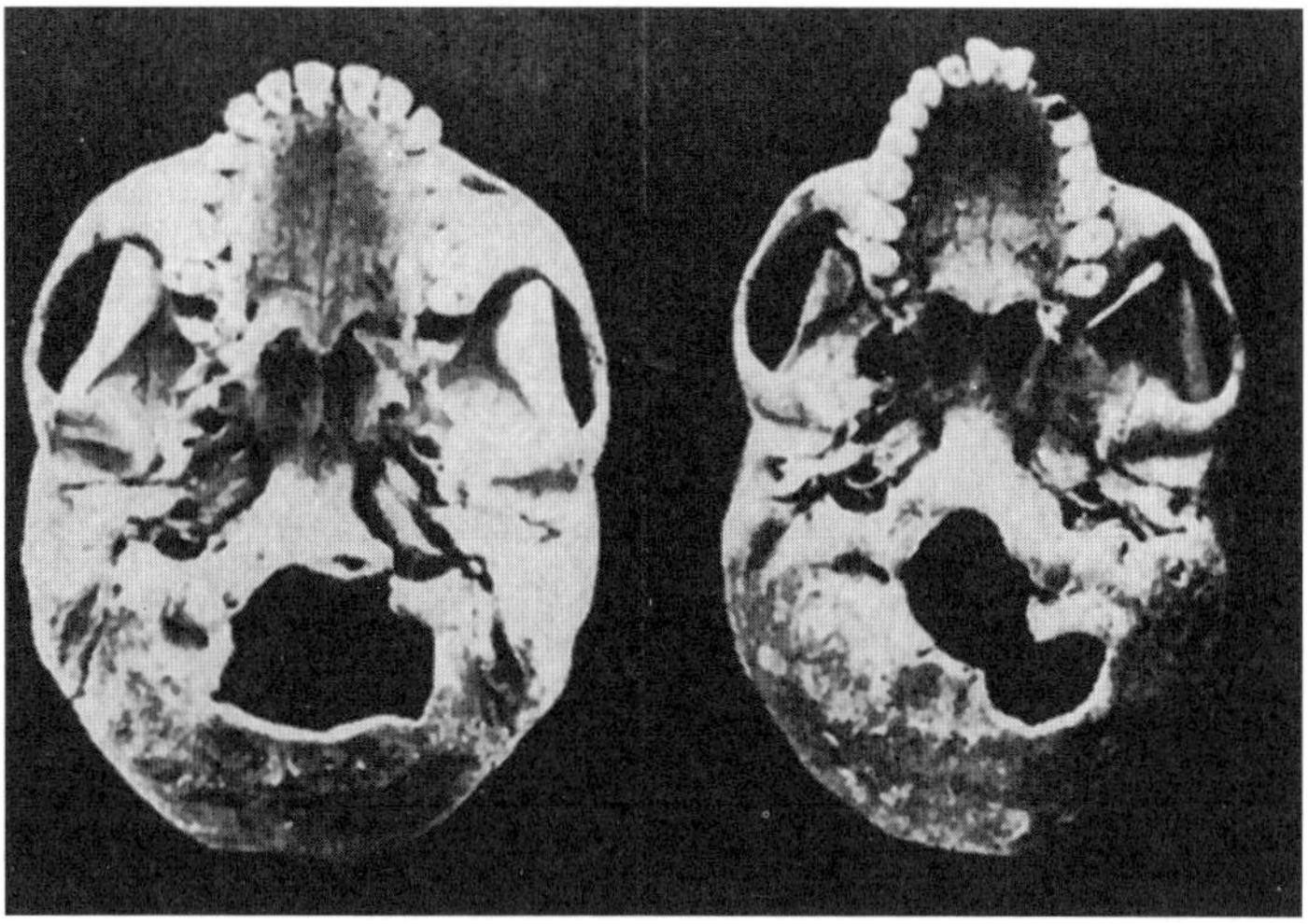

大後頭孔損傷　浦幌アイヌ頭蓋〈Kodama，1970〉

児玉は、アイヌの頭蓋損傷の頻度が、村落によって異なることを示している。すなわちオトシベ（落部）は最も頻度が高く、三六・四パーセントに見られるのに対し、シズナイ（静内）ではわずか三・〇パーセントにすぎず、モリ（森）およびシュムシュ（占守）島には一例も見られない、と記している。また、報告者によって、その頻度に差があるのは、地域差だけでなく、埋葬の年代にもよるのだろう、と児玉は述べている（表14）。

性差は、男性二二八例中二一・九パーセント、女性二〇九例中二二・〇パーセントと、ほとんど差はない。年齢は乳歯の生えている若年から老年にわたり、成人が多い（児玉）。

頭蓋の損傷部位は、大後頭孔のほか、下顎骨（下顎枝前縁、下顎切痕）、眼窩（上縁、下縁、上壁）、上顎骨前壁、頬骨などがある。そのほか、児玉はアイヌにおいて、二七三例中六・二パーセントに第一頸椎の損傷を伴うことを指摘している。

頭蓋底の手術法

大後頭孔周辺の骨を切る方法については、いろいろの推測がなされている。コペルニッキーは鋸を用いて、大小の骨片あるいは二、三の骨片を切り取ったのだろうという。ウィルヒョウおよびモンタンドンは人間が生きているときに、突然後から首を打たれたのだろうといい、鋭利な刃物で切られたと推測している。

小金井は、アイヌ頭蓋ではその切断縁が平滑でなく、ナイフを使ったと考えた。この切断面の方向は頭蓋底の平面に垂直か、頭蓋腔内の上後方から下前方に向かって、斜めになっている例があり、頭を胴から切り離した後で、孔の周りを切断したと考えられる。ただ一個だけは、その切断面が刃物を下後方、すなわち項部（後頭部）から刺したように見える、と述べている。また、大後頭孔の損傷が左側に多いのは、死体の右側頭部を下に、顔面を前方に向け、術者が左手で地面に固定して首を切り落

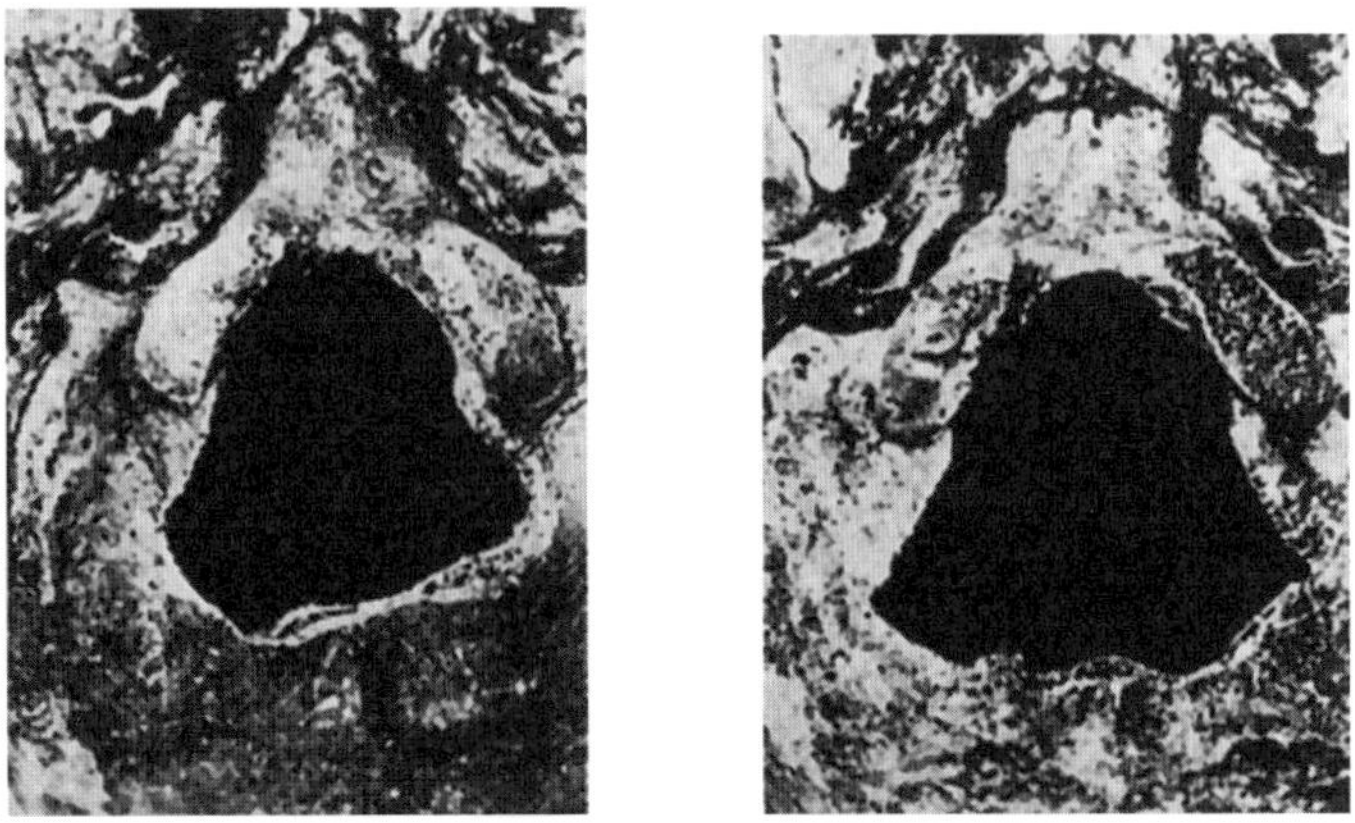

大後頭孔損傷　樺太・鈴谷貝塚〈清野，1949〉

としたからだ、と推測した。

それに対して、清野は樺太魯礼のアイヌ墓地およびススヤ貝塚の損傷例では、頭蓋が胴に付いていた位置で発見されたのを観察した。この出土状態から、これらは死体から頭を切り取ったのではなく、頸の前部はそのままとし、後方のみを切り離して手術をしたらしい、と考えた。

児玉はナイフでこのような手術ができるかどうかを、死体で試みた結果、次のように述べている。大後頭孔後縁の損傷は頭を切り落とさずに手術したものであろう。死体の頭は鋭利な刃物に十分なスペースを与えるように、強く前屈されたと思われる。この手術はアイヌ墓地で、迅速に行われたと考えられる。頭を胴から切り離すことは、あまり行われなかったであろう。なぜなら、切り離した頭は失われたからである。頭蓋のどちら側が損傷されたかは、術者の位置と利き手によって異なる。

大後頭孔損傷の目的

北海道や樺太から出土する頭蓋に、大後頭孔損傷が認められて以来、頭蓋を傷つける習俗はアイヌ古来のものか、あるいは墓をあばいた日本人のしわざかが論じられてきた。現在では、アイヌ古来の習俗と考える方に傾いているが、それがどういう目的で行われたかは、まだ決着がついていない。

コペルニッキーは、アイヌには、頭蓋から骨片を切り取って護符（アムレット）に使う風習はない。だから、頭蓋底を壊したのはアイヌではなく、日本人、ロシア人、ギリアク人、オロッコ人、ゴルヂ人のいずれかである、と考えた。しかし、大後頭孔損傷の写真を見ると、護符にするために骨片を切り取ったとは思えないものが、少なくない。

小金井は、アイヌは死者を極端に怖れる。死者を埋葬して家に帰るとき、彼らは決して後をふり返らないし、決して墓を訪れない。内地人の間には、人の脳は頑固な梅毒の妙薬になるという迷信があるので、彼らが脳を取る目的で、アイヌの墓を荒した結果ではないか、と疑っている。

一方、清野は、樺太では損傷頭蓋は石器時代の貝塚から、埋葬時のままの状態で発見されるので、死体を棺に入れる前に手術が行われた。この習俗は金属器時代よりも石器時代に盛んであった、樺太アイヌの古俗である、といっている。

児玉は、アイヌに大後頭孔損傷の習俗があるかと尋ねたが、このような習俗はアイヌ社会には存在しない、この行為はおそらく日本人だろう、と答えたという。しかし、児玉は次のようにいっている。この習俗は日本人がかつて入ったことのない奥地のアイヌ集落で見出される。損傷頭蓋が石器時代の貝塚から発掘されることも、注意すべきことである。アイヌが非常に勢力のあった古い時代に、日本人がアイヌ部落に入って墓をあばくことは、ほとんど不可能であったと思われる。それ故、頭蓋の損傷はアイヌの習俗であった、と考えられると。

このように、頭蓋を損傷する習俗は、本来アイヌの習俗である可能性が強いが、日本にも脳髄を難病の妙薬とする考えがあり、とくに明治以降には、日本人がアイヌの墓をあばいて脳を取り出すことがあったかも知れない。

大後頭孔損傷は地域や種族によって、その目的が異なると思われ、研究者はそれぞれ自分の得た材料にもとづいて、自説を主張しているが、これらは次のように要約することができるだろう。

1　食　人　A・C・ブランクは、ボルネオやメラネシアのある種族では、生れた子供に、名前のはっきりしている人を殺し、首を取ってから、やっと名がつけられる。子供の父親か近親者が犠牲者の頭蓋底を壊して脳を取り出し、サゴといっしょに焼いて食べる。その後で、子供に死者の名がつくのである。壊された頭蓋骨は神聖なものとして、新たに名前のつけられたものが死ぬまで保存される、と述べている。

ジャワのガンドン、ドイツのシュタインハイムおよびエーリングスドルフ、イタリアのモンテ・チルチェオなどのネアンデルタール頭蓋の損傷は、脳を食べる目的で取り出した、と考える人類学者が多い。その根拠とされているのは、近年まで行われていたとみられる民族誌的な事例である。ワイデンライヒはオーストラリア原住民やアンダマン諸島民の習俗から、脳を食べる目的で、頭だけを目あてにした首狩りが行われた、と推測している。

F・ヘンシェンも、大後頭孔の周りが破損しているのは、土壌の圧力や肉食動物によって傷つけられることもあり得るが、大多数の頭蓋は味のよい栄養のある脳髄を取り出すために壊された。これは出土人骨や民族学的事例から、十分に証明されたとみなしている。最近でも、K・ローレンツやR・アードレイなど、食人説を信奉する研究者は少なくない。

2　病気の治療　食人のなかに含まれるべきものであるが、食物とする目的で脳を取り出す場合と区別した。小金井は、内地人、とくに北海道の内地人には、人の脳を梅毒の妙薬とする迷信が盛んであるから、脳を取る目的で大後頭孔の周囲を壊したのではないか、と想像している（前章参照）。

3　頭蓋の保存　清野は、樺太アイヌには、死体の腐敗を防ぐため、死後、内臓を取り出す習俗があったのではないかといって、次の文献を引用している。近藤重蔵の『辺要分界図考』（一八〇四）には、「カラフト地ノ葬礼ハ死者ノ臓腑ヲ刃物ヲ以テエグリ屍ヲ干シ乾シテ棺ニ入ル」「死者ノ後門ヲエグリ、其穴ヨリ臓腑ヲ抜キ出ス」とある。間宮林蔵の『北蝦夷図説』（一八五五）には、樺太では、

葬礼は蝦夷島（北海道）と大に異にして、凡酋長たるもの死する時は、先腹をさいて腸を去り、屋外に床を設けて其上にあげ置、日々女夷をして水をそそぎ是を洗はしめ、日に乾して腐敗のことなからしむ。是を名付てウフイと云。

と記している。P・シーボルトの『日本』にもこれと同じ内容の記述があり、おそらく『北蝦夷図説』からの引用であろう。

アシュレー・モンタギューは、頭蓋底を拡大して脳を取り出すのは、頭蓋冠を砕いて取り出すよりも、はるかにむずかしい方法だ、と食人説を疑っている。彼は、その主な目的は頭蓋を無庇で残すことにあるのではないかといい、メラネシア、ボルネオなどに現在も残っている頭蓋骨崇拝の儀式を行うためであろう、と推測している。そして、頭蓋底全体を欠くものは頭蓋を容器として用いた可能性があることをあげている。

4　来世観の反映　また、清野は次のようにいう。アイヌの来世観は現世の逆と考えている。彼らは死者を葬るとき、女性には鍋、男性には大刀を副葬するが、その一部を故意に壊したり、刀身を折り曲げている。これは現世で不完全なものは来世で完全なものになる、と信じられているからである。この思想を延長すれば、来世で健全な身体になるために、遺体を傷つけたのではないか、と推定している。

近世アイヌの頭蓋には、眼球の入っている部分(眼窩)の骨の薄いところに、穴があいていることがある。清野は、この穴も大後頭孔損傷と同じ目的であけたもので、ここから脳をかき出した、と考えている。

5　動物の咬痕　児玉は、大後頭孔損傷の理由を、齧歯類がその穴の周囲をかじったとすることは、非常に困難であるが、一つ確かなことは、ネズミが頭蓋腔に侵入しようとしていることだという。

彼は北海道大学解剖学教室の骨漂白場にあった数個の頭蓋で、ネズミが大後頭孔の周りをかじって、頭蓋腔内に巣を作っていたことを記している。

以上の諸説のうち、しばしば説かれるのは食人説である。しかし、この部分の損傷は地域や種族によって、それぞれ事情が異なっているので、ただ一つの理由だけですべてを説明することはできない。W・アレンズは、脳髄を食べるという種族に関する報告はよく調べてみると、その行為を直接見て描写したものはない、というT・ジァコブの論文を引用して、食人説に強い疑いを抱いている。私も食べる目的だけで脳を取り出すならば、大後頭孔を広げるという面倒な処置をする必要はない、と考えている。

頭蓋を保存する習俗があれば、頭蓋底から脳を取り出したと推察できるし、樺太アイヌのように、それを埋葬したとしても、矛盾はない。他方、日本や中国のように、病気の治療として脳が使われたとすれば、墓をあばいて、それが取り出された可能性も否定できないだろう。

参考文献

本書に引用した単行本に限り、論文はすべて省略させていただいた。

青木英夫『おしゃれは下着から』新紀元社、一九六〇。

Ardrey, R.（徳田喜三郎訳）『狩りをするサル』河出書房新社、一九七八。

Arens, W.（折島正司訳）『人喰いの神話』岩波書店、一九八二。

Bakay, L.（古和田正悦訳）『開頭術の起源と発展』西村書店、一九八八。

Bettelheim, B.（岸田　秀訳）『性の象徴的傷痕』せりか書房、一九八二。

Bitschai, J. & Brodny, M. L. "A history of urology in Egypt, Riverside Press, 1956.

Boule, M. & Vallois, H. V. "Fossil men" Dryden Press, 1957.

Brasch, R.（堀たお子訳）『性＝男と女』サイマル出版会、一九七七。

Brothwell, D. R. "Digging up bones" British Mus. & Cornell Univ. Press, 1981.

Columbus, C.（林屋永吉訳）『コロンブス航海誌』（岩波文庫）、岩波書店、一九七七。

Day, M. H. "Guide to fossil man" 3rd ed., Univ. of Chicago Press, 1977.

土肥直美・田中良之「古墳時代の抜歯風習」『日本民族・文化の生成1　永井昌文教授退官記念論文集』六興出版、一九八八。

Eliade, M.（堀　一郎訳）『生と再生―イニシエーションの宗教的意義』東京大学出版会、一九七一。

Ellis, H.（草深熊一訳）『全訳　性之心理』一一巻、日月社、一九二八。

藤井正雄『骨のフォークロア』弘文堂、一九八八。

van Genep, A. "Les rites de passage étude systématique des rites" Émille Nourry, 1909（秋山さと子・弥永信美訳『通過儀礼』思索社、一九七七。綾部恒雄・裕子訳『通過儀礼』弘文堂、一九七七）。

埴原和郎他『シンポジウム　アイヌ—その起源と文化形成』北海道大学図書刊行会、一九七二。

Harris, M.（板橋作美訳）『食と文化の謎 Good to eat の人類学』岩波書店、一九八八。

春山行夫『おしゃれの文化史』I、平凡社、一九七六（『化粧　おしゃれの文化史』1、平凡社、一九八八）。

Henschen, F.（鈴木　誠・高橋　護訳）『頭骨の文化史』築地書館、一九七四。

Herodotos（松平千秋訳）『歴史』上（岩波文庫）、岩波書店、一九七一。

平野義太郎・清野謙次『太平洋の民族=政治学』日本評論社、一九四二。

堀田吉雄『手づつ考　そのほか』光書房、一九八一。

池田次郎「日本の抜歯風習」『人類学講座』五巻、二四五—二六〇頁、雄山閣出版、一九八一。

小片丘彦・金　鎮晶・吉田俊爾・峰　和治「韓国礼安里遺跡出土の人工変形頭蓋」『日本民族・文化の生成1　永井昌文教授退官記念論文集』六興出版、一九八八。

石毛直道『食生活を探検する』文芸春秋、一九六九。

石井米雄監修『世界の民族11　東南アジア大陸部』平凡社、一九七九。

石川栄吉他編『文化人類学事典』弘文堂、一九八七。

江坂輝弥『土偶』校倉書房、一九六〇。

金関丈夫『発掘から推理する』朝日新聞社、一九七五（『考古と古代』法政大学出版局、一九八二）。

金関丈夫『木馬と石牛—民族学の周辺—』大雅書店、一九五五（『木馬と石牛』角川書店、一九七六。法政大学出版局、一九八二）。

木下　忠編『背負う・担ぐ・かべる』弘文堂、一九八九。

清野謙次『日本石器時代人研究』岡書院、一九二八。

――『増補版　日本原人の研究』荻原星文館、一九四三（復刻　第一書房、一九八〇）。

――『日本民族生成論』日本評論社、一九四六（復刻　第一書房、一九八五）。

――『日本歴史のあけぼの』潮流社、一九四七。

――『古代人骨の研究に基づく日本人種論』岩波書店、一九四九。

Kodama, S. "Ainu. Historical and anthropological studies" Hokkaido Univ. School of Medicine, 1970.

児玉作左衛門・伊藤昌一「アイヌの文身（其一　北海道アイヌ）」『人類学先史学講座』一六巻、雄山閣、一九四〇。

小金井良精『人類学研究』大岡山書店、一九二八。

近藤四郎『足の話』（岩波新書）、岩波書店、一九七九。

甲野　勇『未開人の身体装飾』（史前学会パンフレット3）一九二九（『日本考古学選集二〇巻　甲野勇集』築地書館、一九七一）。

倉野憲司校注『古事記・祝詞』（日本古典文学大系）、岩波書店、一九五八。

Lisowski, F. P.: Prehistoric and early historic trepanation. "Diseases in antiquity" (Brothwell, D. & Sandison, A. T. ed.), Thomas, 1967.

Lorenz, K.（日高敏隆・久保和彦訳）『攻撃―悪の自然誌』みすず書房、一九七〇（新版、一九八五）。

間宮林蔵『北蝦夷図説』一八五五（名著刊行会、一九七九）。

松田　修『刺青・性・死―逆光の日本美―』平凡社、一九七二。

――『日本刺青論』青弓社、一九八九。

松岡静雄『太平洋民族誌』岩波書店、一九四一。

――――『ミクロネシア民族誌』岩波書店、一九四三。

Margetts, E. L.: Trepanation of the skull by the medicine-men of primitive cultures, with particular reference to present-day native east African practice. "Diseases in antiquity" (Brothwell, D. & Sandison, A. T. ed.), Thomas, 1967.

Mead, M.（田中寿美子・加藤秀俊訳）『男性と女性』東京創元社、一九七一。

三田村泰助『宦官』（中公新書）、中央公論社、一九六三。

三宅宗悦「南島婦人の入墨」『人類学先史学講座』一巻、雄山閣出版、一九三八。

宮内悦蔵「所謂台湾蕃族の身体変工」『人類学先史学講座』一九巻、雄山閣出版、一九四〇。

Montagu, A.（尾本恵市・福井伸子訳）『暴力の起源―人はどこまで攻撃的か』どうぶつ社、一九八二。

名嘉真宜勝『南島入墨習俗の研究』沖縄県読谷村歴史民俗資料館、一九八五。

中野美代子『カニバリズム（人肉嗜食）論』潮出版社、一九七五（福武文庫、福武書店、一九八七）。

成田令博『抜歯の文化史』口腔保健協会、一九八三。

大林太良『邪馬台国』（中公新書）、中央公論社、一九七七。

小片丘彦「日本古人骨の疾患と損傷」『人類学講座』五巻、一八九―二二八頁、雄山閣出版、一九八一。

岡本隆三『纏足』弘文堂、一九六三（『纏足物語』東方書店、一九八六）。

小野直治「人工変形頭蓋概説」『人類学先史学講座』一二巻（二版）、雄山閣出版、一九四一。

Ploss, H., Bartels, M. & Bartels, P. "Das Weib in der Natur- und Völkerkunde" Bd. 1. Neufeld & Henius Verlag, 1927 ("Woman" Vol. 1. William Heineman, 1935).

de Rachewiltz, B.（佐藤信行・石川郁雄訳）『ブラック・エロス』二見書房、一九六八。

Reizenstein, F. & Fehlinger, H.（高山洋吉訳）『未開社会の性生活』刀江書院、一九七三。
Rowling, J. T.: Urology in Egypt. "Diseases in antiquiy" (D. Brothwell & A. T. Sandison ed.), pp. 532—537. Thomas, 1967.
Rudofsky, B.（加藤秀俊・多田道太郎訳）『みっともない人体』鹿島出版会、一九七九。
Saint-Laurent, C.（深井晃子訳）『女の下着の歴史』文化出版局、一九八一。
坂本太郎他校注『日本書紀　上』（日本古典文学大系）、岩波書店、一九六七。
Sandison, A. T. & Wells, C.: Diseases of the reproductive system. "Diseases in antiquity" (D. Brothwell & A. T. Sandison ed.), pp. 498—520. Thomas, 1967.
M・シャクリー（河合信和訳）『ネアンデルタール人』学生社、一九八五。
篠田八郎編『喰人族の世界』大陸書房、一九七八。
Siebold, Philip von（加藤九祚他訳）『日本』六巻、雄松堂書店、一九七九。
Spiel, C.（関　植生訳）『食人の世界史』講談社、一九七四。
Stratz, C. H.（高山洋吉訳）『女体美と衣服』刀江書院、一九七九。
鈴木　尚「人工的歯牙の変形」『人類学先史学講座』一二巻、雄山閣出版、一九四〇。
――『骨』学生社、一九六〇。
Sygerist, H. E. "A history of medicine" Vol. 1. Oxford Univ. Press, 1951.
高山　純『縄文人の入墨』講談社、一九六九。
竹内理三他編『考古遺物遺跡地名表』柏書房、一九八三。
田辺　悟・田辺弥栄子『潮騒の島　神島民俗誌』光書房、一九八〇。
Weidenreich, F.（赤堀英三訳編）『人の進化』岩波書店、一九五六。

柳田国男『海上の道』筑摩書房、一九六一（『定本柳田国男集』一巻、筑摩書房、一九六八）。

吉岡郁夫『身体の博物誌』大学教育社、一九八〇。

――『日本人種論争の幕あけ　モースと大森貝塚』共立出版、一九八七。

吉岡郁夫・武藤　浩『性の人類学』共立出版、一九八三。

あとがき

昭和六十三年四月から翌平成元年三月までの一年間、私は愛知大学名古屋校で、文化人類学（一般教養）の講義を担当した。講義の準備を行うに当って、私は独自性を出すために、前期のメインテーマを「身体の民族誌」、後期のそれを「自然と民俗」とした。

「身体の民族誌」では、文化人類学と医学の学際領域をとりあげ、とくに人体に関係のある身体変工と食人について、話すことにした。

講義の準備にかなりの時間を割いたためか、幸いにも学生諸君には好評のようであった。また、割礼とか頭蓋穿孔などの習俗も、はじめて耳にした学生も多く、新鮮な驚きと知的好奇心をもって迎えてくれたことは、講義の準備に負担を感じるようになった私を、勇気づけてくれた。これに気をよくして、講義のノートに手を加えてまとめたのが、本書である。入墨と抜歯の習俗は一般によく知られているので、講義では意識的に除外した。従って、この二章は新たに書き加えたものである。

資料の収集から脱稿までの期間が短かかったので、漏れた文献があるだろうし、脱稿後に出て収録できなかった論文もある。この内容に御不満の方もあるだろうが、私自身もこの小著が身体変工のすべてを網羅できるとは考えていない。が、文化人類学ではあまり参照されていない医学の文献をできるだけ取り上げるように努めたので、研究者にも参考になると思う。

このあとがきを書いている間に、木下忠先生が突然入院された、という知らせが届いた。一日も早く回復されて、出来上がった本を見ていただき、種々御批判、御教示いただきたいと念じている。

平成元年四月二十五日

吉岡郁夫

■著者紹介

吉岡 郁夫（よしおか　いくお）

1916年名古屋市に生まれる。医学博士。

1958年広島大学医学部卒、名古屋大学医学部解剖学研究室大学院修了。愛知医科大学教授、愛知学院大学教養部教授などを歴任。日本民俗学会会員、日本民族学学会会員、名古屋民俗研究会会員。

主な著書『人体の不思議』（1986年、講談社現代新書）『日本人種論争の幕あけ―モースと大森貝塚』（1987年、共立出版）『いれずみ（文身）の人類学』（1989年、雄山閣〔2021年 新装版〕）『人魚の動物民俗誌』（1998年、新書館）ほか多数。

著者あるいは関係者のご連絡先をご存知の方は、小社までご連絡下さいますようお願い申し上げます。

1989年12月5日　初版発行
2022年5月25日 新装版第一刷発行　　《検印省略》

身体《しんたい》の文化人類学《ぶんかじんるいがく》―身体変工《しんたいへんこう》と食人《しょくじん》【新装版《しんそうばん》】

著　者　吉岡郁夫
発行者　宮田哲男
発行所　株式会社 雄山閣
東京都千代田区富士見2-6-9
TEL　03-3262-3231 / FAX　03-3262-6938
URL　http://www.yuzankaku.co.jp
e-mail　info@yuzankaku.co.jp
振　替：00130-5-1685

印刷・製本　株式会社ティーケー出版印刷

ISBN978-4-639-02811-6　C1039
N.D.C.383 312p 21cm